300 Strickmuster

300 Strickmuster

leicht erklärt & schnell gestrickt

Weltbild

Lesley Stanfield

Titel der Originalausgabe *The New Knitting Stitch Library*
Genehmigte Lizenzausgabe für Verlagsgruppe Weltbild GmbH,
Steinerne Furt, 86167 Augsburg
Copyright © by Quarto Publishing plc, 2001
Copyright © der deutschen Übersetzung by Bassermann Verlag, München,
ein Unternehmen der Verlagsgruppe Random House GmbH, 2002

Übersetzung ins Deutsche: Berliner Buchwerkstatt, Vera Olbricht
Redaktion der deutschen Ausgabe: Berliner Buchwerkstatt, Regine Felsch
Gestaltung, Layout: Berliner Buchwerkstatt, Britta Dieterle
Umschlaggestaltung: Atelier Lehmacher, Friedberg (Bay.)
Umschlagmotive: Georg Lehmacher, Friedberg (Bay.)
Gesamtherstellung: Star Standard Industries (Pte) Ltd., Singapur
Printed in Singapore

ISBN 978-3-8289-2542-7

2011   2010   2009   2008   2007
Die letzte Jahreszahl gibt die aktuelle Lizenzausgabe an.

Alle Rechte vorbehalten. Nachdruck, auch auszugsweise, sowie Verbreitung durch Film, Funk und Fernsehen, durch fotomechanische Wiedergabe, Tonträger und Datenverarbeitungssysteme jeder Art nur mit schriftlicher Genehmigung des Verlags.

Die Ratschläge in diesem Buch sind von Autorin und vom Verlag sorgfältig erwogen und geprüft, dennoch kann eine Garantie nicht übernommen werden. Eine Haftung der Autorin bzw. des Verlags und seiner Beauftragten für Personen-, Sach- und Vermögensschäden ist ausgeschlossen.

Einkaufen im Internet: www.weltbild.de

Inhalt

Einführung
Seite 6

Galerie der Strickmuster
Seite 8

Wie man die Strickschriften liest
Seite 18

Abkürzungen und Symbole
Seite 21

Muster aus rechten und linken Maschen
Seite 25

Zopfmuster
Seite 51

Loch- und Noppenmuster
Seite 123

Muster aus verkreuzten Maschen
Seite 175

Einführung

Als ich mit den Überlegungen zu diesem Buch begann, stellte ich fest, dass ich auf hunderte alter, viele davon vergessener, Strickmuster zurückgreifen konnte. Das Buch bot mir eine wunderbare Entschuldigung, mich damit ausgiebig zu beschäftigen. Beim Nacharbeiten der Muster wurde mir anhand mancher unschöner Ergebnisse auch rasch klar, warum einige in Vergessenheit geraten waren. Dennoch wurde jede Enttäuschung durch die Entdeckung vieler schöner Muster ausgeglichen, die nun diese Sammlung bereichern.

Mein Bestreben war, traditionelle Strickmuster aus vielen Ländern aktuell aufzubereiten, um so zu zeigen, dass Stricken keineswegs eine statische, sondern eine sich weiterentwickelnde Kunst ist. Die umfangreiche Mustersammlung spiegelt meine Begeisterung darüber wider, welch eine Vielfalt an dekorativen Mustern aus zwei Stricknadeln und einem Knäuel Wolle entstehen können.

Der erste Teil des Buches stellt das einfachste Strickprinzip vor: die Kombination aus rechten und linken Maschen mit Reliefstrukturen – von einfachen Karos bis hin zu raffinierten bildhaften Mustern. Der zweite Teil ist den Zopfmustern gewidmet, den vielseitigsten Mustern mit der wohl stärksten plastischen Wirkung. Zöpfe können einzeln eingestrickt oder auch mit anderen Mustern kombiniert werden. Der dritte Teil beinhaltet Loch- und Noppenmuster, die sich hervorragend ergänzen. Einzeln oder in Gruppen beleben Noppen das Erscheinungsbild des Gestrickten, wohingegen Loch- oder filigrane Muster durch ihre Transparenz und vermeintliche Fragilität bezaubern. Der letzte Teil bietet eine bunte Sammlung vieler Muster aus vorwiegend verkreuzten Maschen – eine oft übergangene Technik, die lineare, zopfartige Effekte ganz ohne Hilfsnadel erlaubt.

Anhand von Strickschriften werden die einzelnen Muster erläutert; sie sind übersichtlicher und anschaulicher als Masche für Masche beschreibende Anleitungen.

Um mit der Strickschrift vertraut zu werden, stehen für Ungeübte beide Formen der Darstellung zunächst nebeneinander. Stricken nach der Strickschrift ist jedoch leicht zu lernen, wenn man schrittweise vorgeht. Ein Anfänger mit Grundkenntnissen im Stricken wird erstaunt sein, wie rasch er Muster für Fortgeschrittene arbeiten kann, sobald er Strickschriften lesen kann. Das Prinzip wird ausführlich erklärt und um eine Liste der Abkürzungen und Symbole dieses Buches ergänzt. Alle Kapitel enthalten eine Palette an Mustern, nach unterschiedlichen Schwierigkeitsgraden gestaffelt – von Mustern für Anfänger bis zu solchen für Fortgeschrittene.

Bei der Auswahl eines Musters sollte neben dem dekorativen auch der praktische Zweck in die Überlegungen einbezogen werden. Denn einige Gestricke sind stabiler als andere, manche dichter, andere dagegen transparenter, einige dehnen sich leicht, andere wiederum ziehen sich zusammen – alles Aspekte, die es bei der Wahl des Garns und Musters zu berücksichtigen gilt. Um die unterschiedlichen Charakteristika zu zeigen, sind die Beispiele dieses Buches in unterschiedlichen Garnsorten gearbeitet. Probieren Sie einfach aus, welches Muster Ihnen am besten gefällt und sich für Ihr Vorhaben eignet. Und scheuen Sie sich nicht, ab und zu eine Regel zu brechen. Was zunächst als Fehler erscheint, mag sich später als Glücksfall herausstellen.

Die meisten Muster des Buches sind leicht nachzuarbeiten; und selbst umfangreiche Strickschriften basieren eher auf Wiederholung statt auf Komplexität. Haben Sie also keine Angst vor großen oder kompliziert erscheinenden Mustern. Also denn: Frisch gewagt ist halb gewonnen! Ich wünsche Ihnen ein frohes Stricken.

Lesley Stanfield

Muster aus rechten und linken Maschen

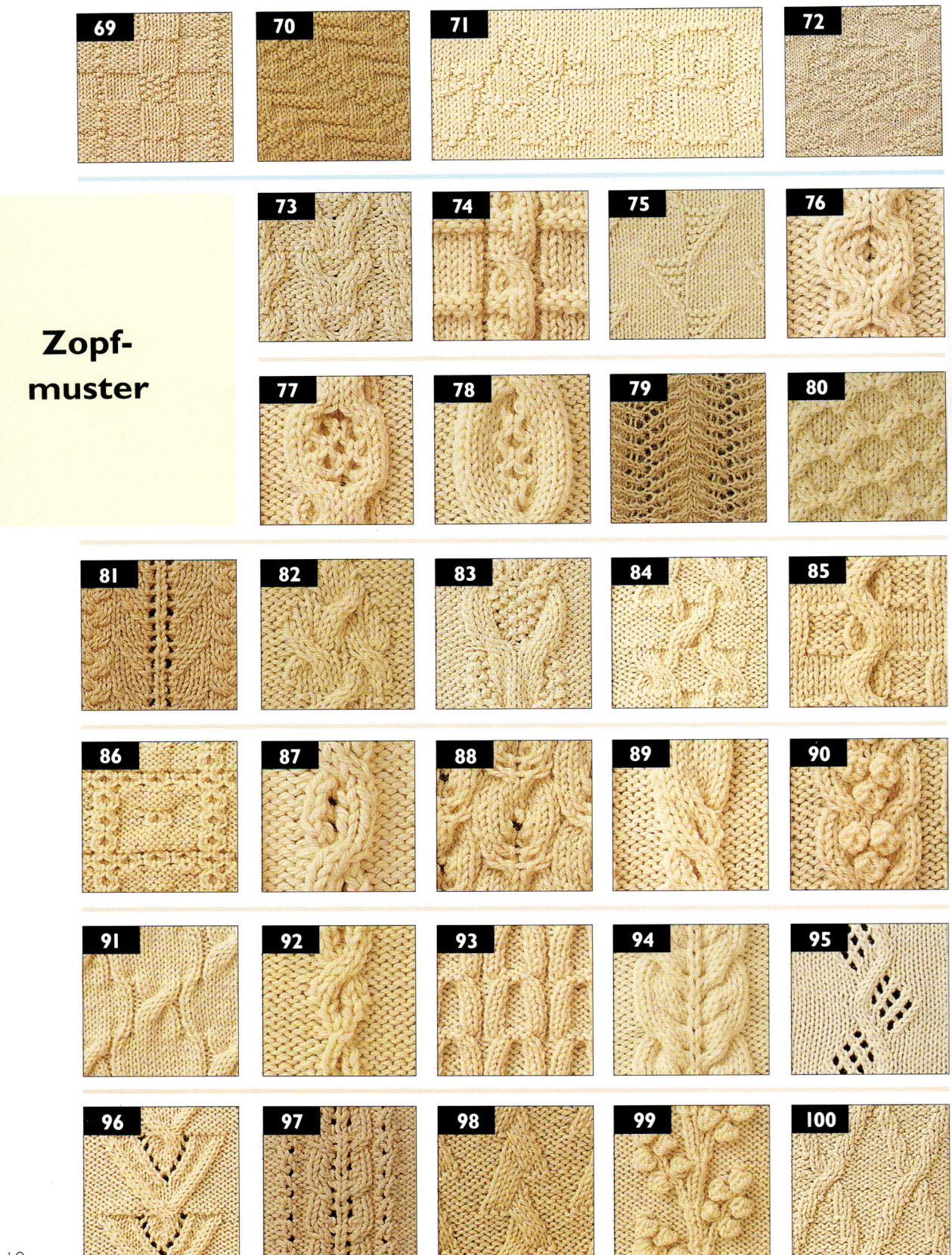

Zopf-muster

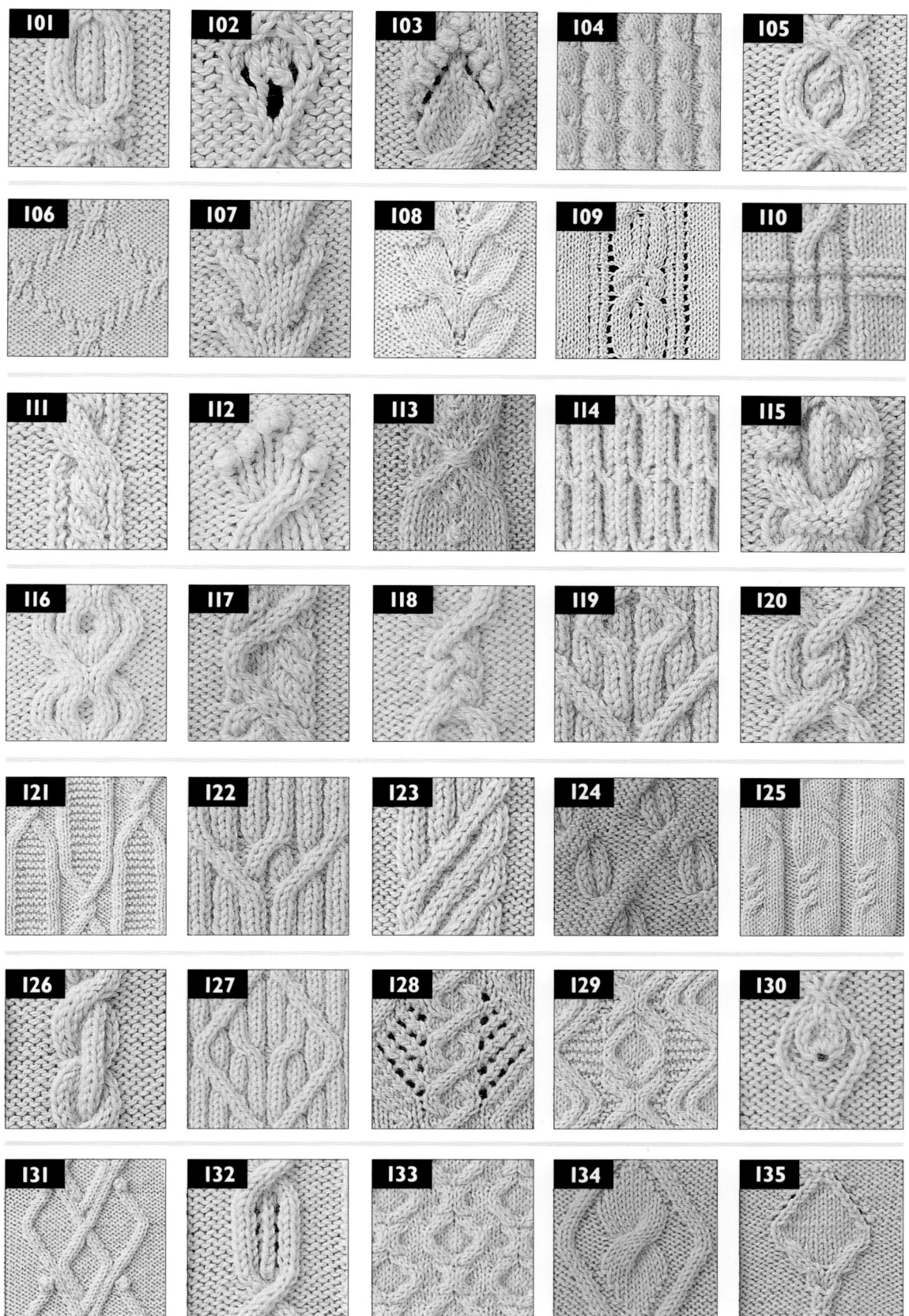

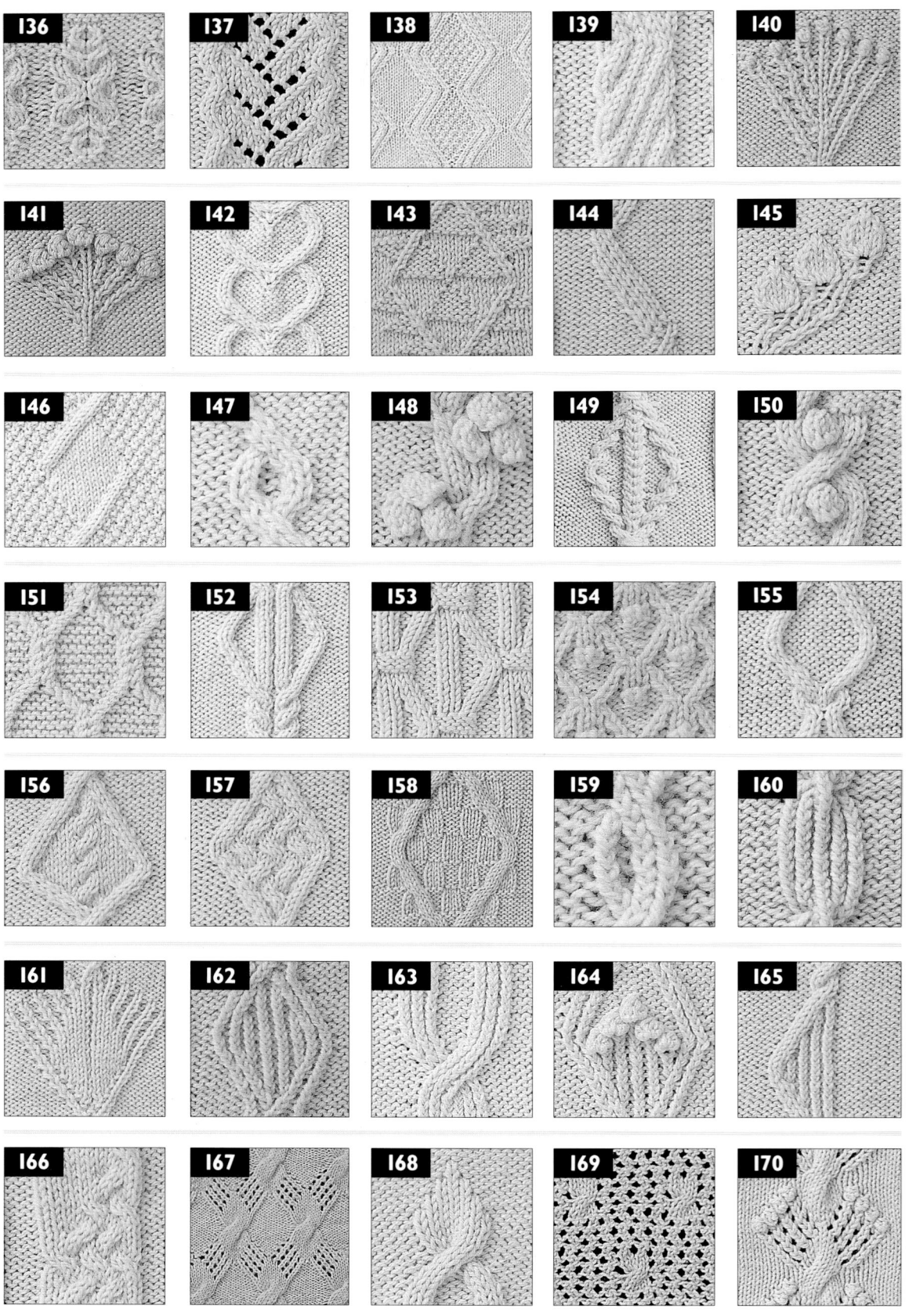

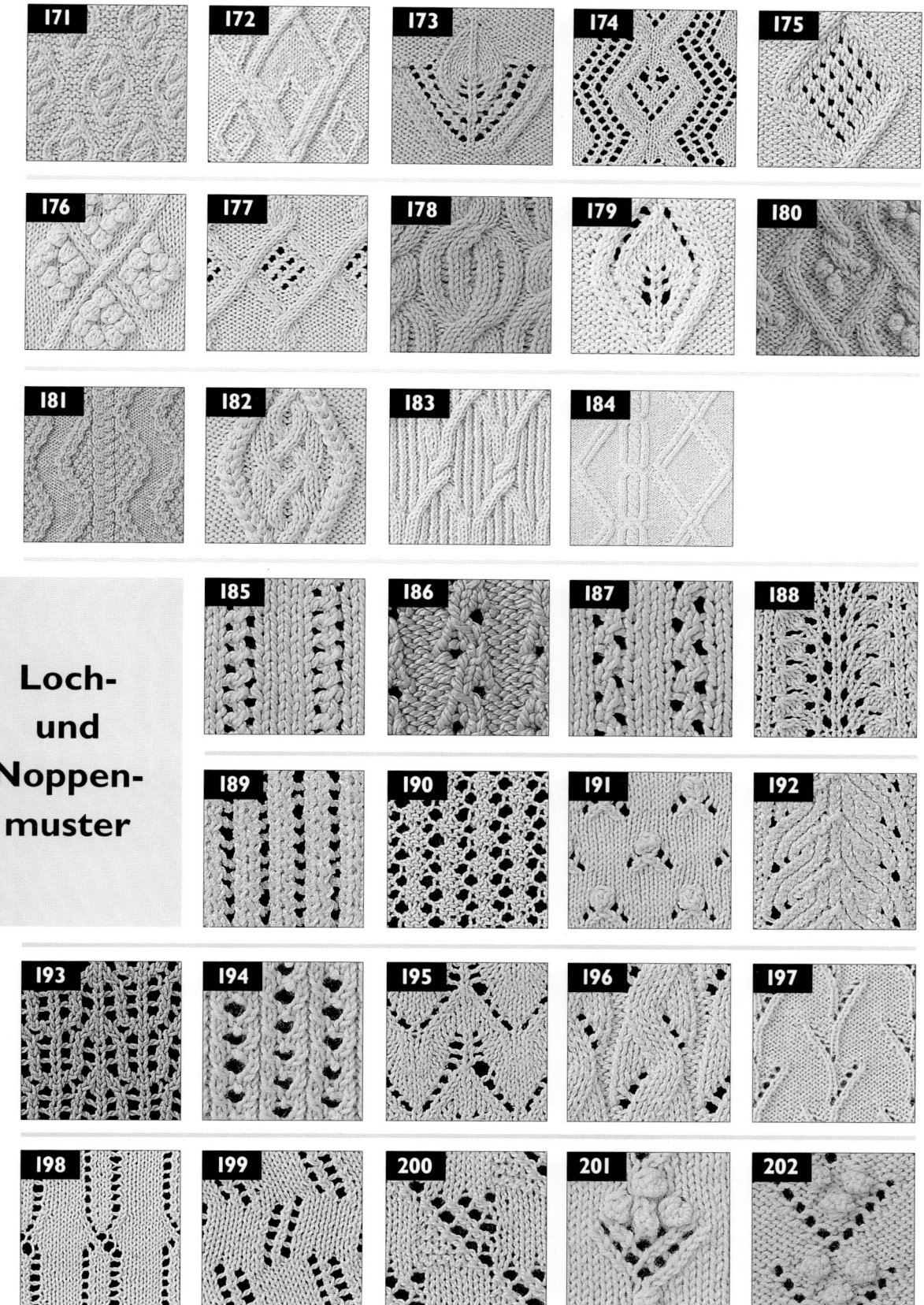

Loch- und Noppen- muster

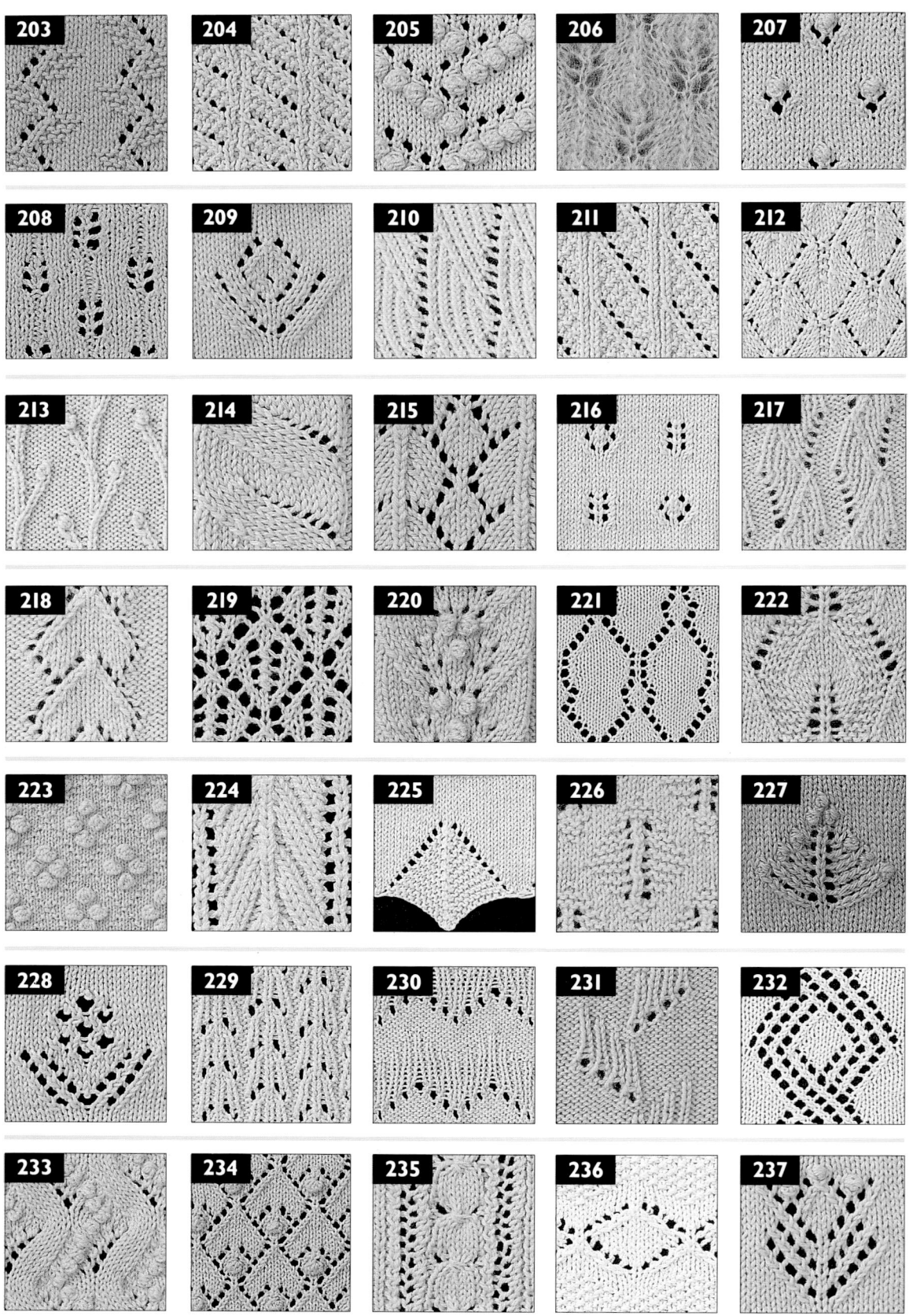

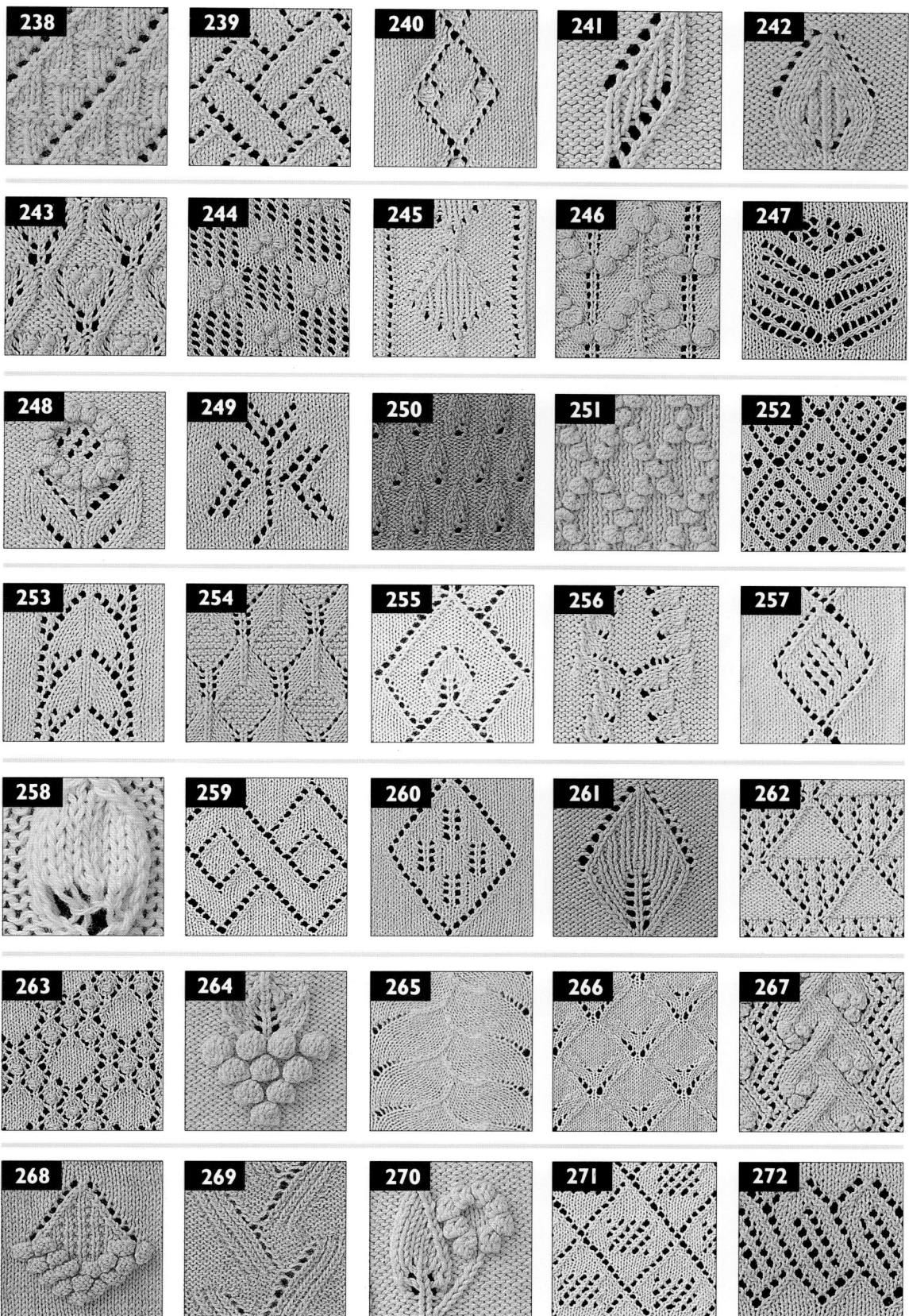

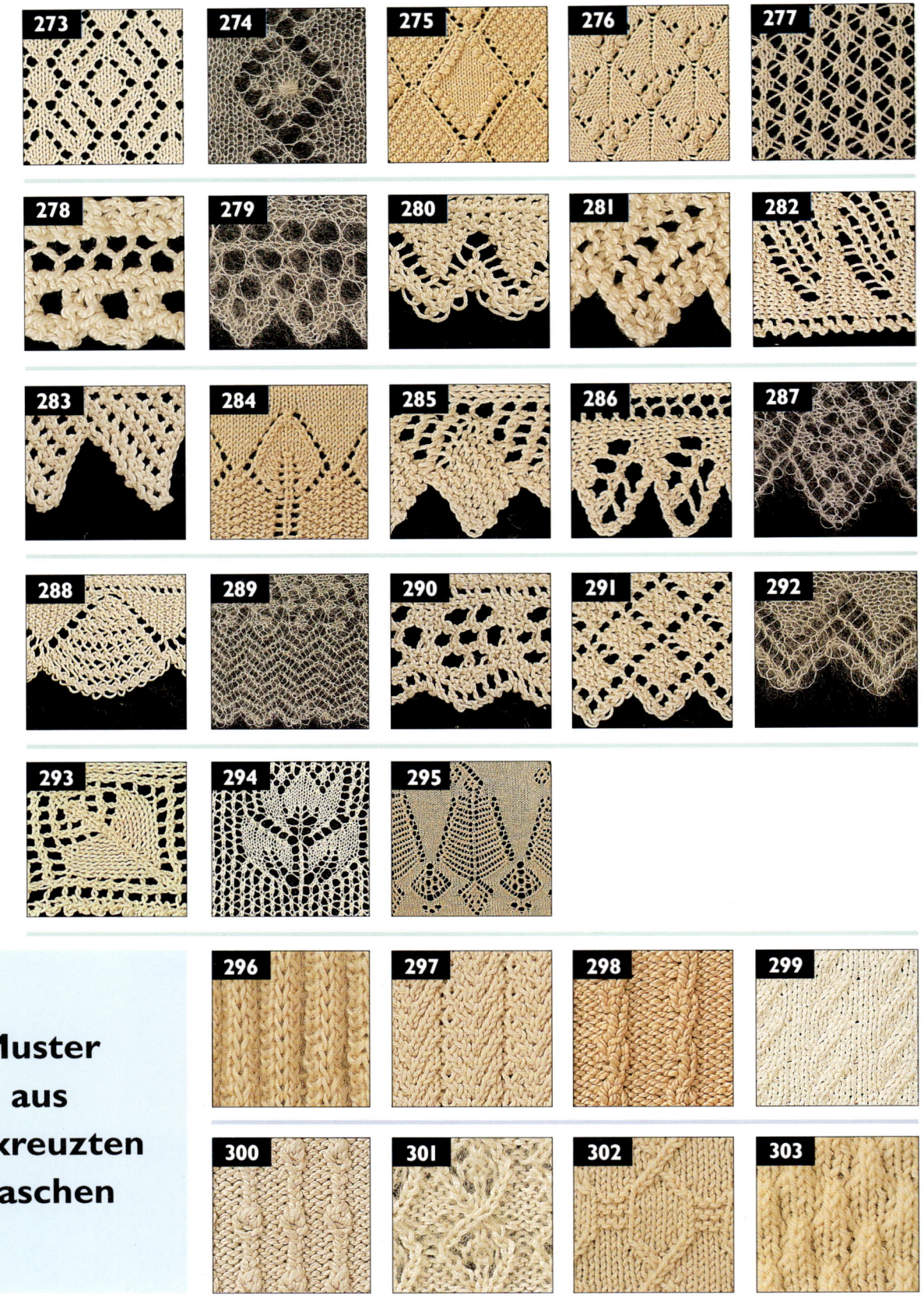

Muster aus verkreuzten Maschen

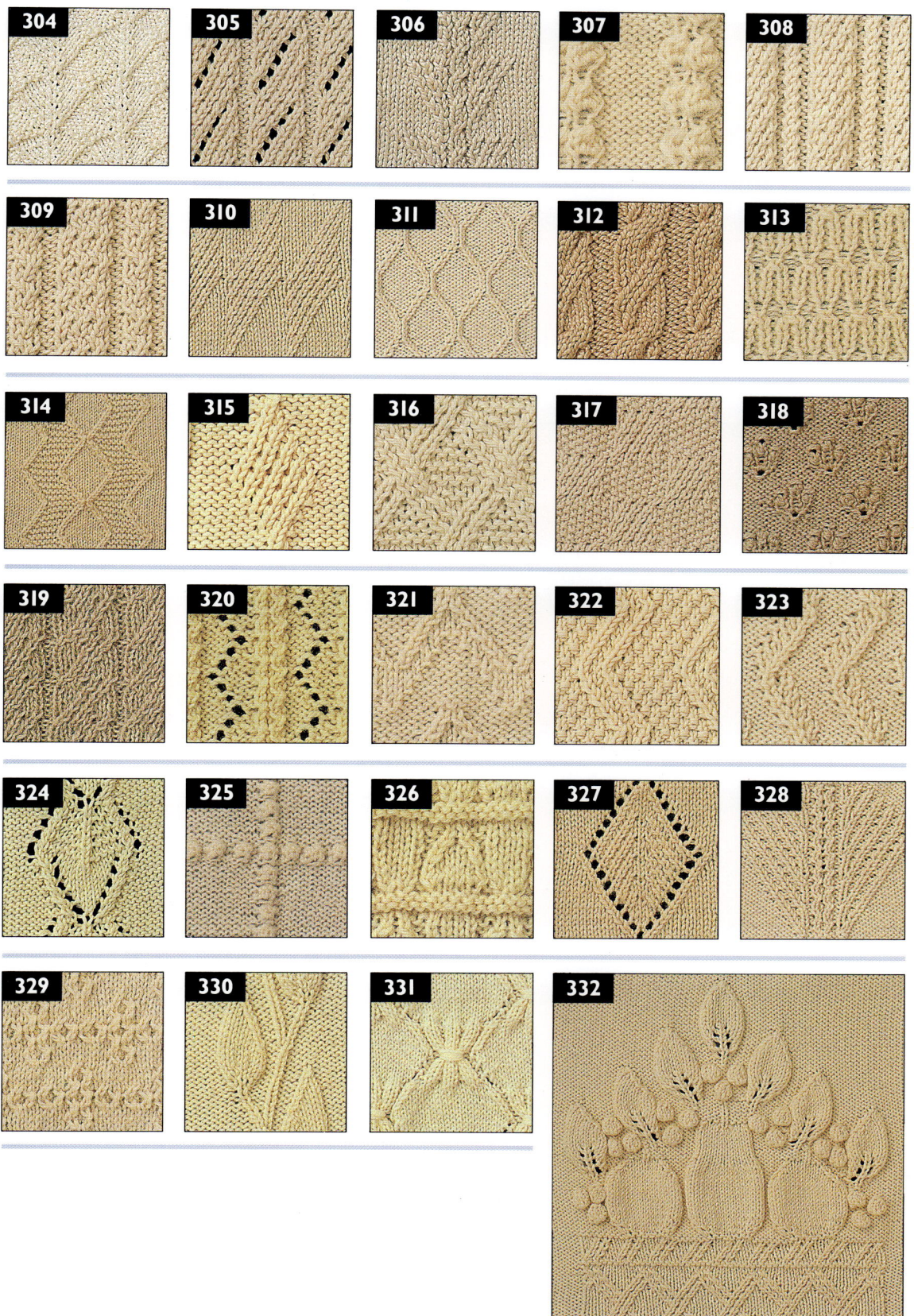

Wie man die Strickschriften liest

Strickschriften bieten vor allem den Vorteil, dass man sich ein Muster sofort bildlich vorstellen kann. Es macht seinen Aufbau und den Bezug zwischen Maschen und Reihen auf einen Blick ersichtlich. Der Strickrhythmus lässt sich so leichter merken. Darüber hinaus regen Strickschriften zum Notieren eigener Varianten und Kreationen an. Die Strickschrift eines Musters enthält immer nur eine überschaubare Anzahl von Symbolen. Sie sind leicht zu lernen, da die verwendeten Symbole nicht einfach abstrakt sind, sondern eher bildhaft die Maschen oder Techniken darstellen.

Strickschrift A liest sich also folgermaßen:
1. **R (rechte Seite):** 5 M re, 1 M li, 1 M re (von rechts nach links).
2. **R:** 1 M li, 1 M re, 5 M li (von links nach rechts).
3. **R:** 4 M re, 1 M li, 2 M re (von rechts nach links).
4. **R:** 2 M li, 1 M re, 4 M li … usw., wobei die Hinreihen von rechts und die Rückreihen von links gelesen werden, so wie man strickt.
• Wird ein Muster auf der Rundstricknadel gearbeitet, werden alle Reihen – beim Blick auf die rechte Maschenseite – als Hinreihen gelesen.

Strickschrift B

Die Kästchensymbole geben vor, wie eine Masche ausgeführt wird. Anfänger mag es irritieren, dass ein Kästchen für zwei Maschen steht, je nachdem von welcher Seite die Arbeit betrachtet wird. Ein leeres

Strickschrift A

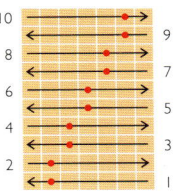

Strickschrift A

• Jedes Kästchen der Strickschrift steht für eine Masche; jede Kästchenreihe ist eine Maschenreihe.
• Die Zahlen am Rand der Strickschrift nennen die Reihenzahl von unten nach oben, also genauso wie gestrickt wird.
• Die Zahlen auf der rechten Seite der Strickschrift werden auch von dieser Seite aus gelesen und stehen für die Hinreihen.
• Die Zahlen auf der linken Seite der Strickschrift werden auch von dieser Seite aus gelesen und stehen für die Rückreihen. Diese Leserichtung ist stets zu beachten und insbesondere bei unsymmetrischen Mustern wichtig.

Strickschrift B1

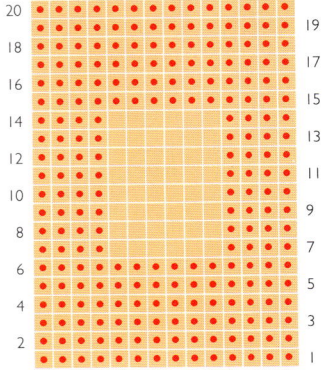

Strickschrift C1   **Strickschrift C2**

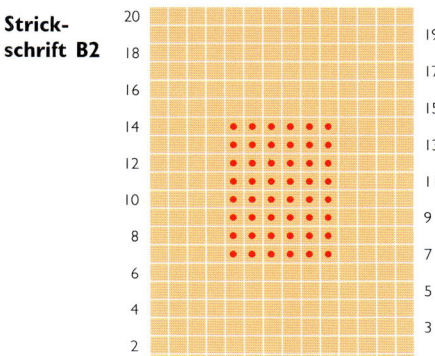

Strickschrift B2

Strickrichtung nach vorn zeigt (zum Reihenende), liegt die Zopfnadel vor der Arbeit. Anders ausgedrückt am Beispiel der Strickschrift C1: 2 M auf die Zopfnd heben und hinter die Arbeit legen, 2 M re, dann die 2 M der Zopfnd re str. Strickschrift C2: 2 M auf die Hilfsnadel heben und vor die Arbeit legen, 2 M re, dann die 2 M der Zopfnadel re str.

Strickschrift D und E

Damit die Strickschriften den fertigen Zopfmustern mehr gleichen, sind zusätzliche Hilfslinien eingezeichnet. Sie dienen nur der besseren Unterscheidung von Maschengruppen im Zopfmuster und haben keinen Einfluss auf das Stricken selbst. Ähnliche Linien gibt es in Strickschriften mit sehr eng stehenden und nur schwierig zu lesenden Symbolen.

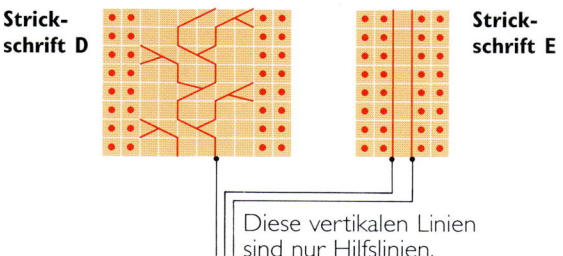

Strickschrift D   **Strickschrift E**

Diese vertikalen Linien sind nur Hilfslinien.

Zusätzliche Symbole sind neben den jeweiligen Strickschriften erklärt.

Kästchen z. B. steht für eine rechte Masche in der Hin- und für eine linke in der Rückreihe; ein Punkt meint eine linke Masche in der Hin- und eine rechte in der Rückreihe. Der Vergleich von Strickschrift und Gestrick zeigt aber die Logik: Die leeren Kästchen entsprechen der Glätte des Rechtsgestrickten auf der Vorderseite, die Pünktchen eher der unruhigeren Rückseite dieser Maschen (siehe B1 und B2). Man muss also nur wissen, auf welcher Seite man arbeitet, um zu wissen, wie die Masche gestrickt wird.

Strickschrift C

Die Symbole für Zopfmuster umfassen alle Maschen, die im Zopf gekreuzt werden. In der Liste finden Sie also Symbolbreiten von 2 bis 9 Maschen. Die Strickschrift ist hierbei weitgehend ein Abbild des Zopfes. Die Zöpfe dieses Buches werden nur auf der Vorderseite gekreuzt. Das hilft bei folgender Vorstellung: Bei einer Diagonalen, die schräg zurück zeigt (zum Reihenanfang), wird die Zopfnadel mit den Maschen hinter die Arbeit gelegt. Bei einer Diagonalen, die in

Strickschrift F

Alle komplett ausgefüllten Kästchen ohne Symbol sind nur Platzhalter für nicht vorhandene Maschen, z.B. nach dem Abnehmen, wenn erst später wieder zugenommen wird. Solche Kästchen ohne Bedeutung werden im Muster nicht mitgezählt und beim Weiterstricken einfach übergangen.
Strickschrift F beispielsweise wird folgendermaßen wie gezeichnet gestrickt: Mit 5 M beginnen, in Reihe 3

und 5 je 2 M zunehmen bis zu 9 M in R 6, 7 und 8; dann in R 9 und 11 je 2 M abnehmen bis auf 5 M in Reihe 12.

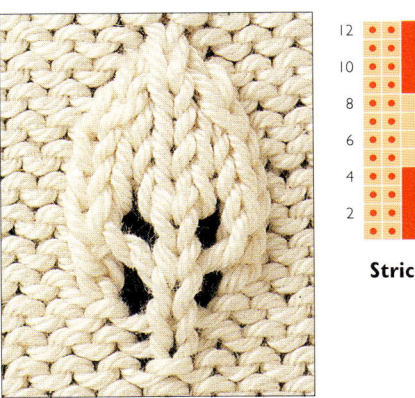

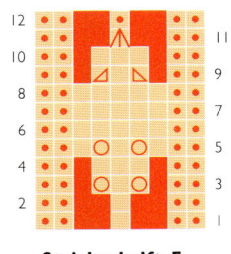

Strickschrift F

Strickschrift H und I

Der nicht grau unterlegte, mit H-förmiger Klammer eingefasste Teil zeigt die Bordüren- oder Motivbreite. Die graue Fläche steht für beliebig viele Zusatzmaschen an den Seiten. Bordürenreihen werden stets wiederholt. Ein Motiv, auch mit ungerader Reihenanzahl, kann von beliebig vielen Maschen und Reihen eingerahmt sein.

Strickschrift G

- Der nicht grau unterlegte, mit einer Klammer eingefasste Teil einer Strickschrift stellt die Maschen des zu wiederholenden Rapports dar.
- Eine grau schattierte Fläche markiert die Zusatzmaschen am Anfang oder Ende einer Reihe, die dort den Rapport symmetrisch ausgleichen.
- Die Anzahl der Maschen für Ihr Gestrick wird als »Maschenzahl teilbar durch … « (Rapportbreite) und die Anzahl weiterer Maschen mit »+ … M« angegeben. – In Strickschrift G bedeutet »Maschenzahl teilbar durch 8 + 1 M«, dass Sie eine Maschenzahl anschlagen müssen, die durch 8 teilbar ist, zuzüglich 1 Masche für den Ausgleich.

Strickschrift H

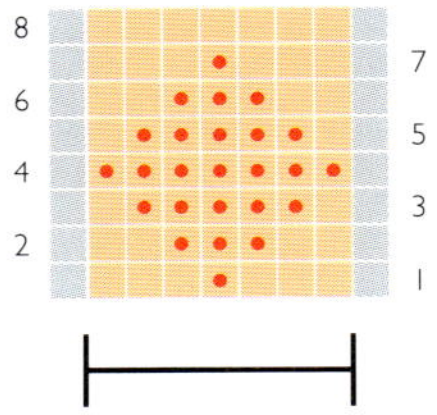

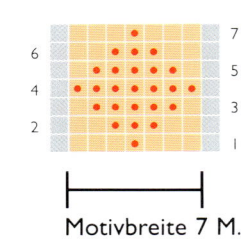

Bordürenbreite 7 M.

Strickschrift G

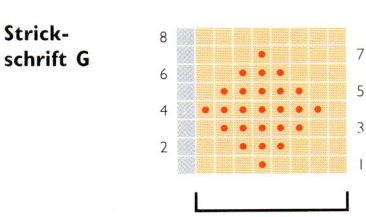

Maschenzahl teilbar durch 8 + 1 M.

Strickschrift I

Motivbreite 7 M.

Abkürzungen und Symbole

Abkürzungen

abh	abheben
Hinr	Hinreihe
li	links
M	Masche
Nd	Nadel
R	Reihe
re	rechts
Rückr	Rückreihe
str	stricken
U	Umschlag: Faden über Nadel legen
Überz	einf. Überzug: 1 M re abh, 1 M re str, die abgeh M überziehen
verkr	verkreuzen, verkreuzt
verschr	verschränkt: ins hintere Maschenglied stechen
Zopfnd	Zopfnadel, Hilfsnadel
zusstr	zusammenstricken
2 M re verkr	2 M rechts verkreuzen: 2 M re zusstr, auf Nd lassen; die 1. M erneut re str, dann beide M von Nd gleiten lassen
2 M li verkr	2 M links verkreuzen: Nd hinter der Arbeit, die 2. M der li Nd verschr re str, 1. M re str; dann beide M von Nd gleiten lassen

1 M re in Hinr,
1 M li in Rückr.

1 M li in Hinr,
1 M re in Rückr.

1 M re verschr in Hinr,
1 M li verschr in Rückr.

1 M re verschr in Rückr.

1 M li abheben, Faden liegt hinter der Masche.

1 M li abh, Faden liegt vor der Masche.

Umschlag: Zur Maschenbildung Faden von vorn über Nd legen.

1 M zunehmen: aus Querfaden 1 M re verschr herausstr.

1 M zunehmen: aus Querfaden 1 M li verschr herausstr.

1 M zunehmen: 1 M re und 1 M re verschr aus 1 M herausstr.

1 M zunehmen: 1 M li verschr und 1 M li aus 1 M herausstr.

2 M zunehmen: 1 M re, 1 M li und 1 M re aus 1 M herausstr.

2 M zunehmen:
zuerst 1 M re verschr und 1 M re aus 1 M herausstr; dann den senkrechten Faden zwischen den letzten M mit li Nd aufnehmen und daraus 1 M re verschr str.

Mehrfach-Zunahme: wird neben jeweiliger Strickschrift erklärt.

2 M re zusstr in Hinr,
2 M li zusstr in Rückr.

Überz in Hinr,
2 M li verschr zusstr in Rückr.

2 M zusstr in Hinr,
2 M re zusstr in Rückr.

2 M li verschr zusstr in Hinr.

3 M re zusstr.

3 M re verschr zusstr.

3 M li zusstr.

Dopp. Überz: 1 M re abh, 2 M re zusstr, abgeh M überz.

2 M li abh, 1 M re,
abgeh M überziehen.

1 M abketten.

M, die nach dem Abketten auf der rechten Nd bleibt.

Knoten: 5 M aus 1 M herausstr (re/li im Wechsel);
2. bis 5. M einzeln über 1. M ziehen.

Großer Knoten: 7 M aus 1 M herausstr (re/li im Wechsel);
2. bis 7. M einzeln über 1. M ziehen.

Kl. Noppe: 5 M aus 1 M herausstr (re/li im Wechsel), wenden;
5 M li, wenden; 2. bis 5. M einzeln über 1. M ziehen, diese 1 M re verschr str.

Gr. Noppe: 5 M aus 1 M herausstr (re/li/re/li/re), wenden; 5 M li, wnd;
5 M re, wnd; 5 M li, wnd;
2. bis 5. M einzeln über 1. M ziehen, diese 1 M re verschr str.

Linksnoppe: 5 M aus 1 M herausstr (li/li verschr im Wechsel), wenden, 5 M re, wenden, 5 M li, wenden, 5 M re, wenden; 2. bis 5. M einzeln über 1. M ziehen, diese re verschr stri.

Breite Noppe: 2 x [2 M re, wenden, 2 M li, wenden], 2 x nächste M mit entsprechender M der ersten Noppenreihe re zusstr.

3 M auf Zopfnd legen, Faden 8 x im Uhrzeigersinn um die Basis dieser M wickeln, zum Schluss liegt der Faden hinten; die 3 M auf re Nd heben.

4 M auf Zopfnd legen, Faden 4 x im Uhrzeigersinn um die Basis dieser M wickeln, zum Schluss liegt der Faden hinten; die 4 M auf re Nd heben.

5 M auf Zopfnd legen, Faden 4 x im Uhrzeigersinn um die Basis dieser M wickeln, zum Schluss liegt der Faden hinten; die 5 M auf re Nd heben.

6 M auf Zopfnd legen, Faden 4 x im Uhrzeigersinn um die Basis dieser M wickeln, zum Schluss liegt der Faden hinten; die 6 M auf re Nd heben.

10 M auf Zopfnd legen, Faden 4 x im Uhrzeigersinn um die Basis dieser M wickeln, zum Schluss liegt der Faden hinten; die 10 M auf re Nd heben.

Keine M; Feld ohne Bedeutung.

2 M rechts verkreuzen: 2 M re zusstr, auf Nd lassen; zusätzlich 1. M re str (re Nd zwischen die M stechen), dann erst beide M von Nd gleiten lassen.

2 M links verkreuzen: Nd hinter der Arbeit, die 2. M re verschr str, 1. M re str; beide M zusammen von Nd gleiten lassen.

Linke M rechts kreuzen: Nd vor die Arbeit, die 2. M re str., die 1. M li str, beide M zusammen von Nd gleiten lassen.

Linke M nach links kreuzen: Nd hinter die Arbeit, die 2. M li verschr, die 1. M re str, beide M zusammen von Nd gleiten lassen.

3 M verkreuzen: Nd hinter die Arbeit, die 3. M auf li Nd re str., dann die 2. M und 1. M re str; alle M von Nadel gleiten lassen.

Zöpfe

1 M auf Zopfnd heben und nach hinten legen; 1 M re, dann die 1 M der Zopfnd re str.

1 M auf Zopfnd heben und nach vorn legen; 1 M re, dann die 1 M der Zopfnd re str.

1 M auf Zopfnd heben und nach hinten legen; 1 M re, dann die 1 M der Zopfnd li str.

1 M auf Zopfnd heben und nach vorn legen; 1 M li, dann die 1 M der Zopfnd re str.

2 M auf Zopfnd heben und nach hinten legen; 1 M re, dann die 2 M der Zopfnd re str.

1 M auf Zopfnd heben und nach hinten legen; 2 M re, dann die 1 M der Zopfnd re str.

2 M auf Zopfnd heben und nach hinten legen; 1 M re, dann die 2 M der Zopfnd li str.

1 M auf Zopfnd heben und nach vorn legen; 2 M li, dann die 1 M der Zopfnd re str.

2 M auf Zopfnd heben und nach hinten legen; 1 M re, letzte M der Zopfnd zurück auf li Nd heben und li str, dann die 1 M der Zopfnd re str.

1 M auf Zopfnd heben und nach vorn legen; 1 M re, 1 M li, dann die 1 M der Zopfnd re str.

1 M auf Zopfnd heben und nach hinten legen; 2 M re, dann die 1 M der Zopfnd re str.

2 M auf Zopfnd heben und nach vorn legen; 1 M re, dann die 2 M der Zopfnd re str.

1 M auf Zopfnd heben und nach hinten legen; 2 M re, dann die 1 M der Zopfnd li str.

2 M auf Zopfnd heben und nach vorn legen; 1 M li, dann die 2 M der Zopfnd re str.

1 M auf Zopfnd heben und nach hinten legen; 2 M re verkr, dann die 1 M der Zopfnd li str.

2 M auf Zopfnd heben und nach vorn legen; 1 M li, dann von Zopfnd die 2 M re verkr.

2 M auf Zopfnd heben und nach hinten legen; 2 M re, dann die 2 M der Zopfnd re str.

2 M auf Zopfnd heben und nach vorn legen; 2 M re, dann die 2 M der Zopfnd re str.

2 M auf Zopfnd heben und nach hinten legen; 2 M re, dann die 2 M der Zopfnd li str.

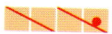
2 M auf Zopfnd heben und nach vorn legen; 2 M li, dann die 2 M der Zopfnd re str.

1 M auf Zopfnd heben und nach hinten legen; 3 M re, dann die 1 M der Zopfnd li str.

3 M auf Zopfnd heben und nach vorn legen; 1 M li, dann die 3 M der Zopfnd re str.

3 M auf Zopfnd heben und nach hinten legen; 2 M re, die letzte M der Zopfnd auf li Nd heben und re str; dann die 2 M der Zopfnd re str.

2 M auf 1. Zopfnd nach vorn legen; 1 M auf 2. Zopfnd nach hinten legen; 2 M re; dann die 1 M der 2. Zopfnd re str und die 2 M der 1. Zopfnd re str.

3 M auf Zopfnd heben und nach hinten legen; 2 M re, die letzte M der Zopfnd auf li Nd heben und li str; dann die 2 M der Zopfnd re str.

2 M auf 1. Zopfnd heben und nach vorn legen; 1 M auf 2. Zopfnd heben und nach hinten legen; 2 M re; dann die 1 M der 2. Zopfnd li str und die 2 M der 1. Zopfnd re str.

1 M auf 1. Zopfnd heben und nach vorn legen; 3 M auf 2. Zopfnd heben und nach hinten legen; 1 M re; dann die 3 M der 2. Zopfnd li str und die 1 M der 1. Zopfnd re str.

2 M auf Zopfnd nach hinten legen; 3 M re; dann die 2 M der Zopfnd li str.

3 M auf Zopfnd nach vorn legen; 2 M li; dann die 3 M der Zopfnd re str.

1 M auf Zopfnd nach hinten legen; 2 M re verkr, 2 M li verkr; dann die 1 M der Zopfnd re str.

4 M auf Zopfnd nach vorn legen; 1 M re; dann von der Zopfnd 2 M re verkr und 2 M li verkr.

1 M auf Zopfnd nach hinten legen; 3 M re verkr, 2 M li verkr; dann die 1 M der Zopfnd li str.

4 M auf Zopfnd nach vorn legen; 1 M li; dann von der Zopfnd 2 M re verkr und 2 M li verkr.

1 M auf Zopfnd nach hinten legen; 2 M li verkr, 2 M re verkr; dann die 1 M der Zopfnd li str.

4 M auf Zopfnd nach vorn legen; 1 M li; dann von der Zopfnd 2 M li verkr und 2 M re verkr.

3 M auf Zopfnd nach hinten legen; 3 M re; dann die 3 M der Zopfnd re str.

3 M auf Zopfnd nach vorn legen; 3 M re; dann die 3 M der Zopfnd re str.

4 M auf Zopfnd nach hinten legen; 2 M re; die letzten beiden M der Zopfnd auf li Nd heben und li str; dann die anderen 2 M der Zopfnd re str.

2 M auf 1. Zopfnd nach vorn legen; 2 M auf 2. Zopfnd nach hinten legen; 2 M re; dann die 2 M der 2. Zopfnd li str; dann die 2 M der 1. Zopfnd re str.

4 M auf Zopfnd heben und nach hinten legen; 3 M re; die letzte M der Zopfnd auf li Nd heben und re str; dann die anderen 3 M der Zopfnd re str.

4 M auf Zopfnd heben und nach hinten legen; 3 M re; die letzte M der Zopfnd auf li Nd heben und li str; dann die anderen 3 M der Zopfnd re str.

4 M auf Zopfnd nach hinten legen; 4 M re; dann die 4 M der Zopfnd re str.

4 M auf Zopfnd nach vorn legen; 4 M re; dann die 4 M der Zopfnd re str.

5 M auf Zopfnd nach hinten legen; 4 M re; dann die 5 M der Zopfnd re str.

4 M auf Zopfnd nach hinten legen; 5 M re; dann die 4 M der Zopfnd re str.

Muster aus rechten und linken Maschen

Rechte und linke Maschen sind die Basis für alle Strickarbeiten, wobei die Kombinationsmöglichkeiten unendlich sind. Die Gleichmäßigkeit glatt rechts gestrickter und die raue Struktur links gestrickter Flächen können je nach Anordnung der Maschen so unterschiedlich aussehen wie Perlmuster und Brokatgewebe. Senkrecht werden die Maschen für Rippenmuster gruppiert und waagerecht für Querrippen. Es sind aber auch Mauermuster und Flechtmuster und viele andere denkbar. Einfache Muster aus rechten und linken Maschen werden für Strickarbeiten häufig nicht in Betracht gezogen, obgleich ein Pullover, verziert mit einer feinnoppigen Perlmusterbordüre, sehr reizvoll ist. Ein Klassiker dieser Kategorie ist der traditionelle Fischerpullover von der Insel Guernsey, der mit geometrischen Rechts-Links-Mustern dekoriert ist. Welches Design auch immer – es empfiehlt sich, ein glattes festes Garn zu verwenden, um den Kontrast zwischen den glatten und krausen Maschen gut zur Geltung zu bringen.

MUSTER AUS RECHTEN UND LINKEN MASCHEN

1

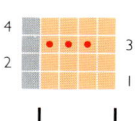

Maschenzahl teilbar durch 4 + 1 M.

1. R (rechte Seite): rechte Maschen.
2. R: linke Maschen.
3. R: * 1 M re, 3 M li; ab * fortl. wiederh., dazu 1 M re.
4. R: linke Maschen.
Reihe 1 bis 4 stets wiederholen.

2

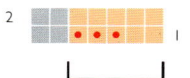

Maschenzahl teilbar durch 5 + 2 M.

1. R (rechte Seite): * 2 M re, 3 M li; ab * fortl. wiederh., dazu 2 M re.
2. R: linke Maschen.
Reihe 1 und 2 stets wiederholen.

3

Maschenzahl teilbar durch 6 + 1 M. Das Gestrick ist beidseitig gleich.

1. R (rechte Seite): * 1 M li, 5 M re; ab * fortl. wiederh., dazu 1 M li.
2. R: 1 M li, * 5 M re, 1 M li; ab * fortl. wiederh. bis Ende.
Reihe 1 und 2 stets wiederholen.

4

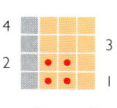

Maschenzahl teilbar durch 3 + 1 M.

1. R (rechte Seite): * 1 M re, 2 M li; ab * fortl. wiederh., dazu 1 M re.
2. R: 1 M li, * 2 M re, 1 M li; ab * fortl. wiederh. bis Ende.
3. R: rechte Maschen.
4. R: linke Maschen.
Reihe 1 bis 4 stets wiederholen.

5

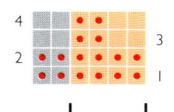

Maschenzahl teilbar durch 4 + 2 M.

1. R (rechte Seite): linke Maschen.
2. R: rechte Maschen.
3. R: * 2 M re, 2 M li; ab * fortl. wiederh., dazu 2 M re.
4. R: 2 M li, * 2 M re, 2 M li; ab * fortl. wiederh. bis Ende.
Reihe 1 bis 4 stets wiederholen.

6

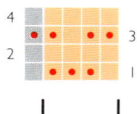

Maschenzahl teilbar durch 4 + 1 M.

1. R (rechte Seite): * 1 M re, 3 M li; ab * fortl. wiederh.; dazu 1 M re.
2. R: linke Maschen.
3. R: * 2 M li, 1 M re, 1 M li; ab * fortl. wiederh., dazu 1 M li.
4. R: linke Maschen.
Reihe 1 bis 4 stets wiederholen.

7

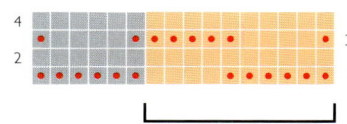

Maschenzahl teilbar durch 10 + 6 M.

1. R (rechte Seite): * 6 M li, 4 M re; ab * fortl. wiederh., dazu 6 M li.
2. R: linke Maschen.
3. R: *1 M li, 4 M re, 5 M li; ab * fortl. wiederh., dazu 1 M li, 4 M re, 1 M li.
4. R: linke Maschen.
Reihe 1 bis 4 stets wiederholen.

8

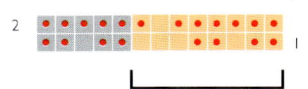

Maschenzahl teilbar durch 8 + 5 M.

1. R (rechte Seite):
* 2 M li, 1 M re, 2 M li, 3 M re; ab * fortl. wiederh., dazu 2 M li, 1 M re, 2 M li.
2. R: 5 M re, * 1 M re, 1 M li, 6 M re; ab * fortl. wiederh. bis Ende.
Reihe 1 und 2 stets wiederholen.

9

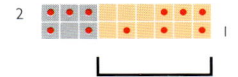

Maschenzahl teilbar durch 6 + 3 M. Das Gestrick ist beidseitig gleich.

1. R (rechte Seite): * 1 M li, 1 M re; ab * fortl. wiederh., dazu 1 M li.
2. R: 3 M re, * 3 M li, 3 M re; ab * fortl. wiederh. bis Ende.
Reihe 1 und 2 stets wiederholen.

10

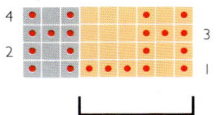

Maschenzahl teilbar durch 6 + 3 M.

1. R (rechte Seite): * 1 M li, 1 M re, 4 M li; ab * fortl. wiederh., dazu 1 M li, 1 M re, 1 M li.
2. R: 1 M re, 1 M li, 1 M re, * 3 M li, 1 M re, 1 M li, 1 M re; ab * fortl. wiederh. bis Ende.
3. R: * 3 M li, 3 M re; ab * fortl. wiederh., dazu 3 M li.
4. R: 1 M re, 1 M li, 1 M re, * 3 M li, 1 M re, 1 M li, 1 M re; ab * fortl. wiederh bis Ende.
Reihe 1 bis 4 stets wiederholen.

MUSTER AUS RECHTEN UND LINKEN MASCHEN

MUSTER AUS RECHTEN UND LINKEN MASCHEN

11

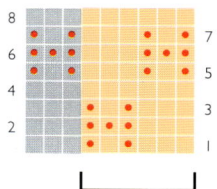

12

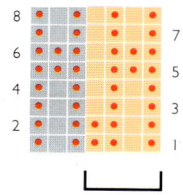

13

Maschenzahl teilbar durch 6 + 3 M.

1. und 3. R (rechte Seite):
* 3 M re, 1 M li, 1 M re, 1 M li;
ab * fortl. wiederh., dazu 3 M re.
2. R: 3 M li, * 3 M re, 3 M li;
ab * fortl. wiederh. bis Ende.
4. R: linke Maschen.
5. und 7. R: * 1 M li, 1 M re, 1 M li,
3 M re; ab * fortl. wiederh., dazu
1 M li, 1 M re, 1 M li.
6. R: 3 M re, * 3 M li, 3 M re;
ab * fortl. wiederh. bis Ende.
8. R: linke Maschen.
Reihe 1 bis 8 stets wiederholen.

Maschenzahl teilbar durch 4 + 3 M.

1. R (rechte Seite): * 1 M li,
1 M re, 2 M li; ab * fortl. wiederh.,
dazu 1 M li, 1 M re, 1 M li.
2. R: 1 M re, 1 M li, 1 M re,
* 2 M re, 1 M li, 1 M re;
ab * fortl. wiederh. bis Ende.
3. R: * 1 M li, 1 M re;
ab * fortl. wiederh., dazu 1 M li.
4. R: 1 M re, * 1 M li, 1 M re;
ab * fortl. wiederh. bis Ende.
5. R: * 3 M li, 1 M re;
ab * fortl. wiederh., dazu 3 M li.
6. R: 3 M re, * 1 M li, 3 M re;
ab * fortl. wiederh. bis Ende.
7. R: wie die 3. Reihe.
8. R: wie die 4. Reihe.
Reihe 1 bis 8 stets wiederholen.

Maschenzahl teilbar durch 2 + 1 M.

1. und 3. R (rechte Seite): rechte Maschen.
2. und 4. R: linke Maschen.
5. R: * 1 M re, 1 M li;
ab * fortl. wiederh., dazu 1 M re.
6. R: 1 M li, * 1 M re, 1 M li;
ab * fortl. wiederh. bis Ende.
Reihe 1 bis 6 stets wiederholen.

14

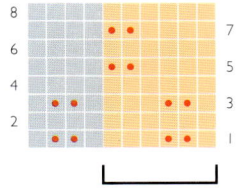

Maschenzahl teilbar durch 6 + 4 M.

1. und 3. R (rechte Seite):
* 1 M re, 2 M li, 3 M re; ab * fortl. wiederh., dazu 1 M re, 2 M li, 1 M re.
2. und alle anderen Rück-R: linke Maschen.
5. und 7. R: * 4 M re, 2 M li; ab * fortl. wiederh., dazu 4 M re.
8. R: linke Maschen.
Reihe 1 bis 8 stets wiederholen.

15

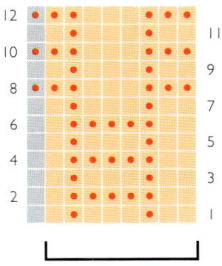

Maschenzahl teilbar durch 8 + 1 M.

1., 3., 5. und 7. R (rechte Seite):
* 2 M re, 1 M li, 3 M re, 1 M li, 1 M re; ab * fortl. wiederh., dazu 1 M re.
2., 4. und 6. R: 1 M li, * 1 M li, 5 M re, 2 M li; ab * fortl. wiederh. bis Ende.
8. und 10. R: 1 M re, * 2 M re, 3 M li, 3 M re; ab * fortl. wiederh. bis Ende.
9. und 11. R: * 2 M re, 1 M li, 3 M re, 1 M li, 1 M re; ab * fortl. wiederh., dazu 1 M re.
12. R: wie die 8. Reihe.
Reihe 1 bis 12 stets wiederholen.

16

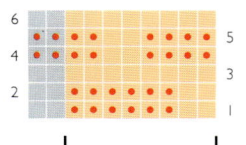

Maschenzahl teilbar durch 8 + 2 M.

1. R (rechte Seite): * 2 M re, 6 M li; ab * fortl. wiederh., dazu 2 M re.
2. R: 2 M li, * 6 M re, 2 M li; ab * fortl. wiederh. bis Ende.
3. R: rechte Maschen.
4. R: 2 M re, * 2 M re, 2 M li, 4 M re; ab * fortl. wiederh. bis Ende.
5. R: * 4 M li, 2 M re, 2 M li; ab * fortl. wiederh., dazu 2 M li.
6. R: linke Maschen.
Reihe 1 bis 6 stets wiederholen.

MUSTER AUS RECHTEN UND LINKEN MASCHEN

MUSTER AUS RECHTEN UND LINKEN MASCHEN

17

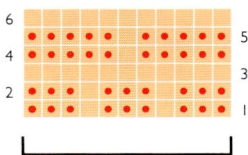

Maschenzahl teilbar durch 11.

1. R (rechte Seite): * 3 M li, 1 M re, 3 M li, 1 M re, 3 M li; ab * fortl. wiederh. bis Ende.
2. R: * 3 M re, 1 M li, 3 M re, 1 M li, 3 M re; ab * fortl. wiederh. bis Ende.
3. R: rechte Maschen.
4. R: * 5 M re, 1 M li, 5 M re; ab * fortl. wiederh. bis Ende.
5. R: * 5 M li, 1 M re, 5 M li; ab * fortl. wiederh. bis Ende.
6. R: linke Maschen.
Reihe 1 bis 6 stets wiederholen.

18

Maschenzahl teilbar durch 12 + 8 M.

1. R (rechte Seite): * 8 M li, 4 M re; ab * fortl. wiederh., dazu 8 M li.
2. R: 8 M re, * 4 M li, 8 M re; ab * fortl. wiederh. bis Ende.
3. R: * 2 M li, 4 M re, 6 M li; ab * fortl. wiederh., dazu 2 M li, 4 M re, 2 M li.
4. R: 2 M re, 4 M li, 2 M re, * 6 M re, 4 M li, 2 M re; ab * fortl. wiederh. bis Ende.
Reihe 1 bis 4 stets wiederholen.

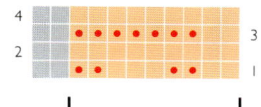

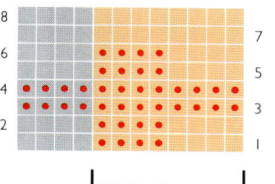

Maschenzahl teilbar durch 9 + 2 M.

1. R (rechte Seite): * 2 M re, 2 M li, 3 M re, 2 M li;
ab * fortl. wiederh., dazu 2 M re.
2. R: linke Maschen.
3. R: * 2 M re, 7 M li;
ab * fortl. wiederh., dazu 2 M re.
4. R: linke Maschen.
Reihe 1 bis 4 stets wiederholen.

Maschenzahl teilbar durch 8 + 4 M.
Das Gestrick ist beidseitig gleich.

1. R (rechte Seite): * 4 M re, 4 M li;
ab * fortl. wiederh., dazu 4 M re.
2. R und alle anderen Rück-R: alle re M re stricken,
alle li M li stricken, so wie sie erscheinen.
3. R: linke Maschen.
5. R: wie die 1. Reihe.
7. R: rechte Maschen.
8. R: wie die 2. Reihe.
Reihe 1 bis 8 stets wiederholen.

MUSTER AUS RECHTEN UND LINKEN MASCHEN

MUSTER AUS RECHTEN UND LINKEN MASCHEN

21

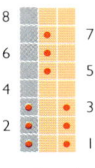

Maschenzahl teilbar durch
2 + 1 M.

23

22

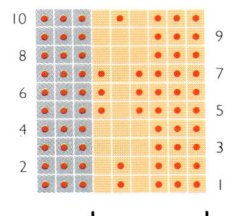

Maschenzahl teilbar durch
6 + 3 M.

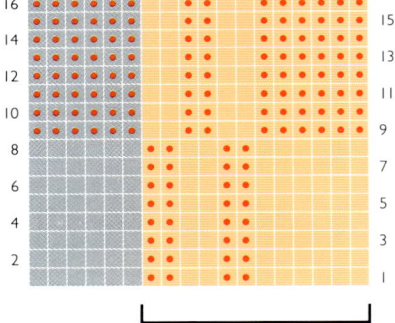

Maschenzahl teilbar durch 12 + 6 M.

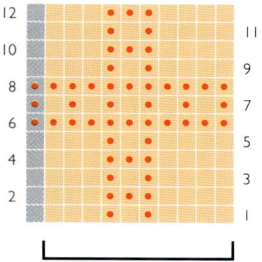

Maschenzahl teilbar durch 10 + 1 M.

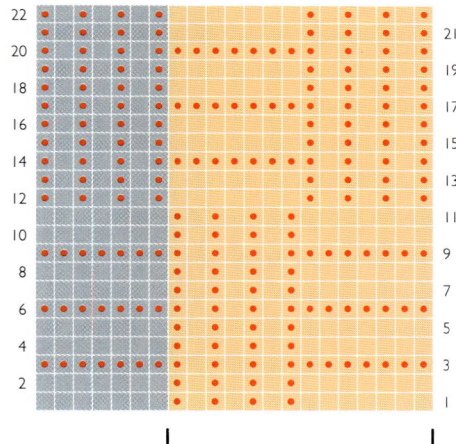

Maschenzahl teilbar durch 14 + 7 M.

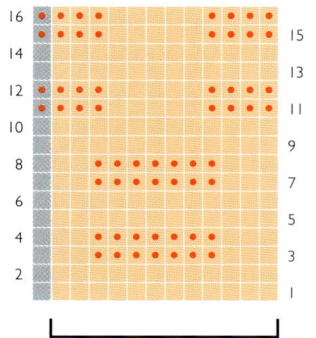

Maschenzahl teilbar durch 12 + 1 M.

MUSTER AUS RECHTEN UND LINKEN MASCHEN

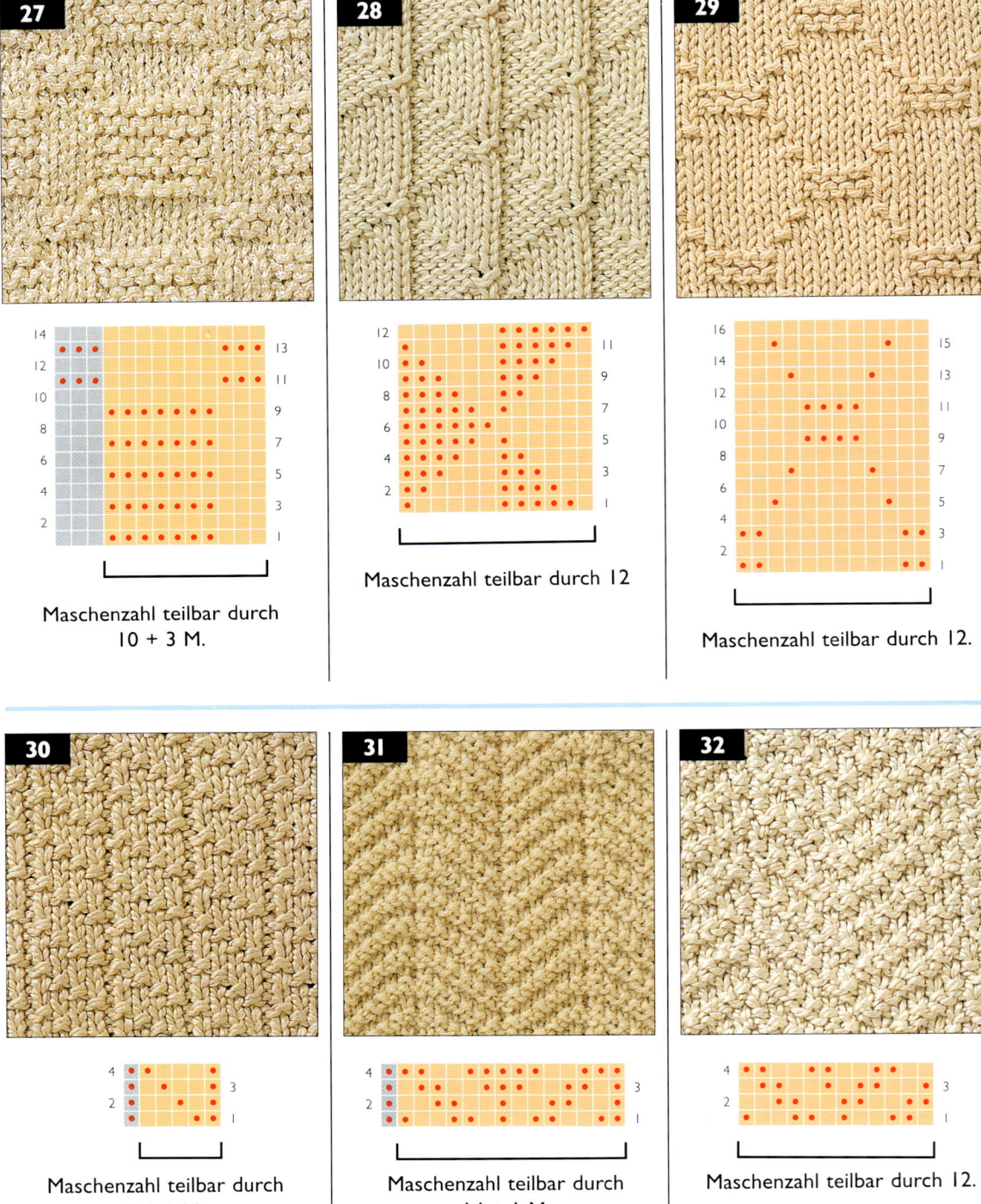

MUSTER AUS RECHTEN UND LINKEN MASCHEN

27 Maschenzahl teilbar durch 10 + 3 M.

28 Maschenzahl teilbar durch 12

29 Maschenzahl teilbar durch 12.

30 Maschenzahl teilbar durch 5 + 1 M.

31 Maschenzahl teilbar durch 14 + 1 M.

32 Maschenzahl teilbar durch 12.

33

Maschenzahl teilbar durch 10.

34

Maschenzahl teilbar durch 12 + 1 M.

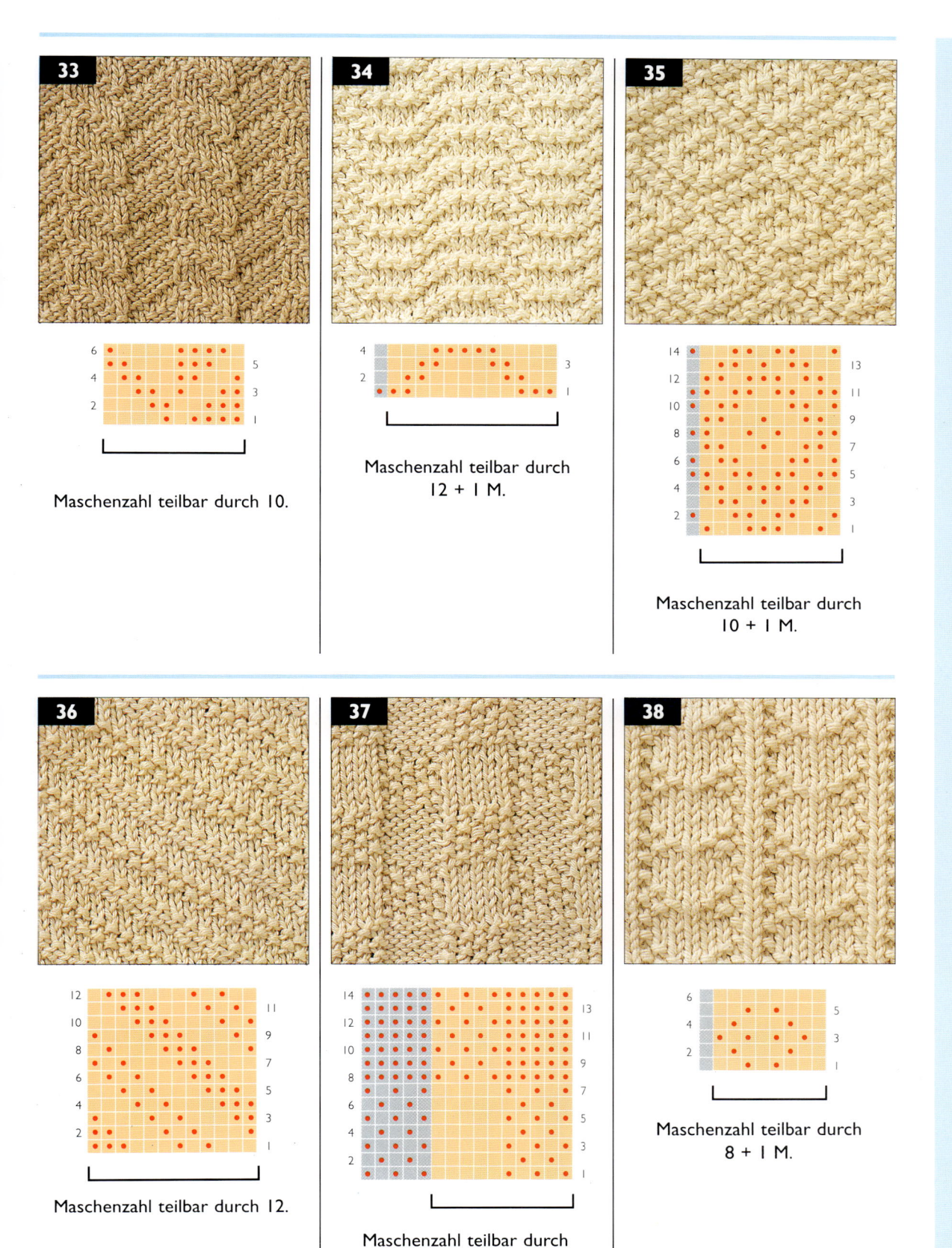

35

Maschenzahl teilbar durch 10 + 1 M.

36

Maschenzahl teilbar durch 12.

37

Maschenzahl teilbar durch 10 + 5 M.

38

Maschenzahl teilbar durch 8 + 1 M.

MUSTER AUS RECHTEN UND LINKEN MASCHEN

MUSTER AUS RECHTEN UND LINKEN MASCHEN

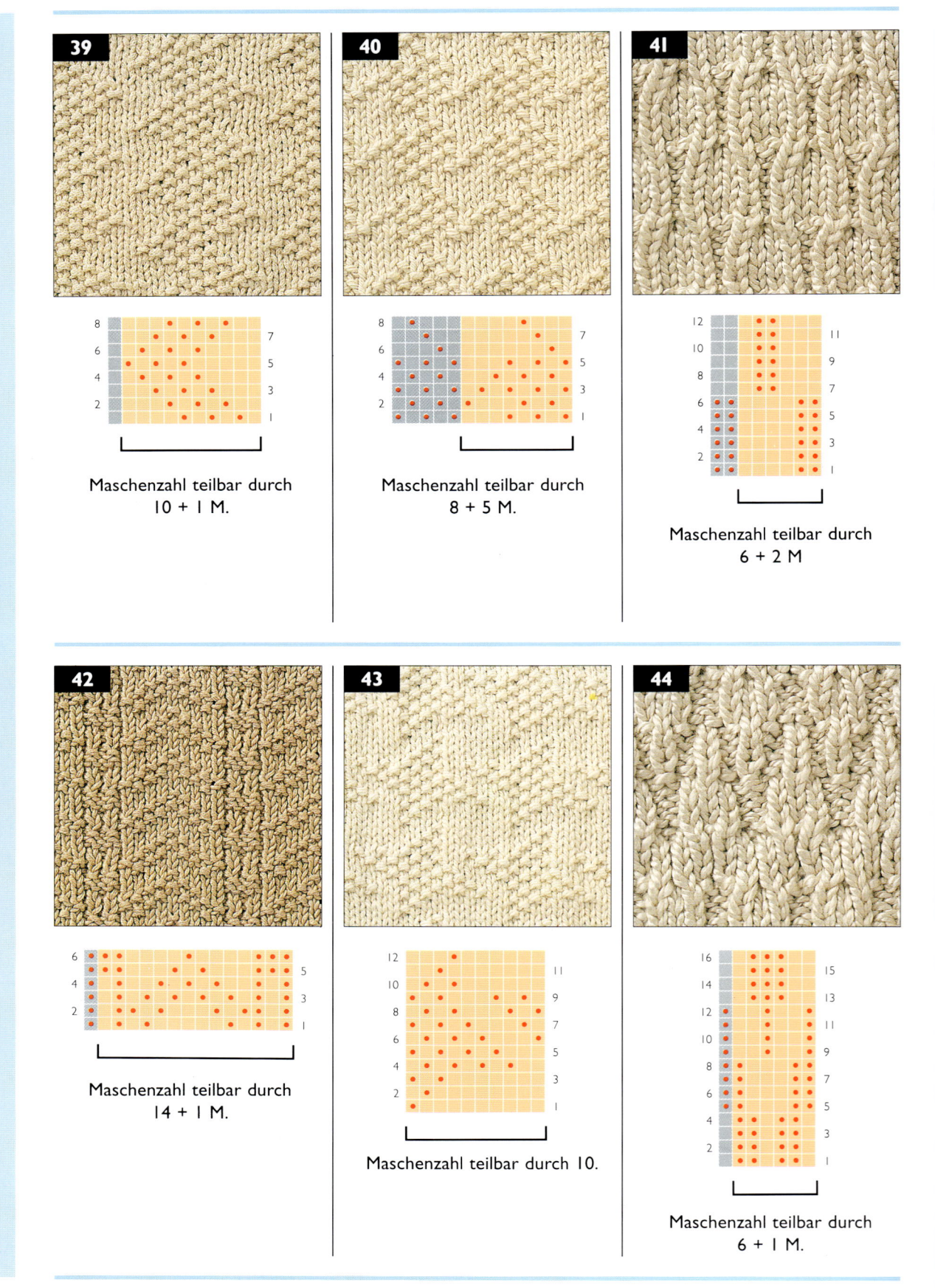

39

Maschenzahl teilbar durch
10 + 1 M.

40

Maschenzahl teilbar durch
8 + 5 M.

41

Maschenzahl teilbar durch
6 + 2 M

42

Maschenzahl teilbar durch
14 + 1 M.

43

Maschenzahl teilbar durch 10.

44

Maschenzahl teilbar durch
6 + 1 M.

45

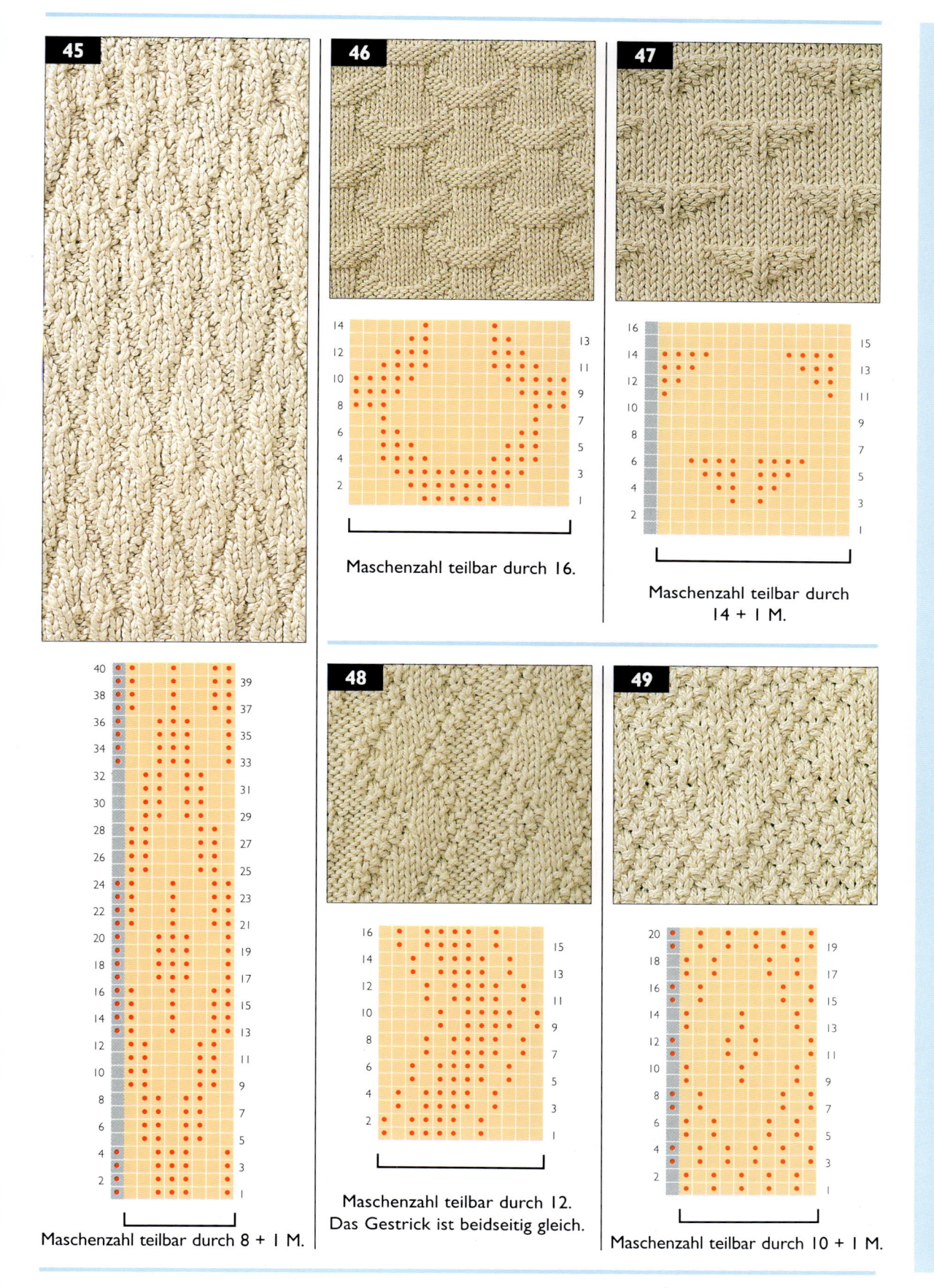

46

Maschenzahl teilbar durch 16.

47

Maschenzahl teilbar durch 14 + 1 M.

48

Maschenzahl teilbar durch 12.
Das Gestrick ist beidseitig gleich.

49

Maschenzahl teilbar durch 8 + 1 M.

Maschenzahl teilbar durch 10 + 1 M.

MUSTER AUS RECHTEN UND LINKEN MASCHEN

37

MUSTER AUS RECHTEN UND LINKEN MASCHEN

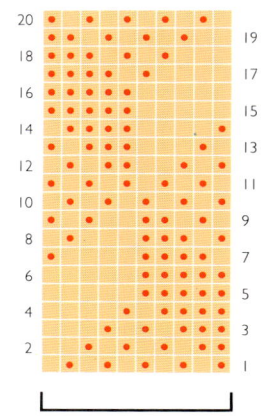

50

Maschenzahl teilbar durch 10.

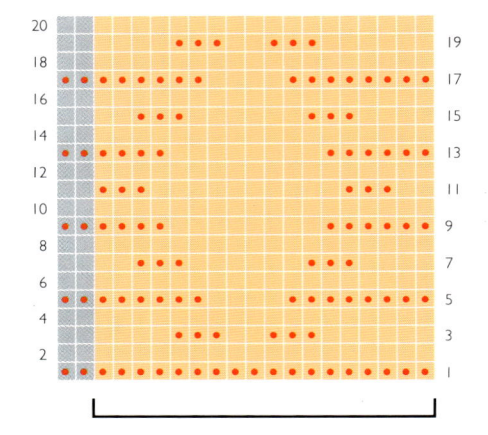

51

Maschenzahl teilbar durch 18 + 2 M.

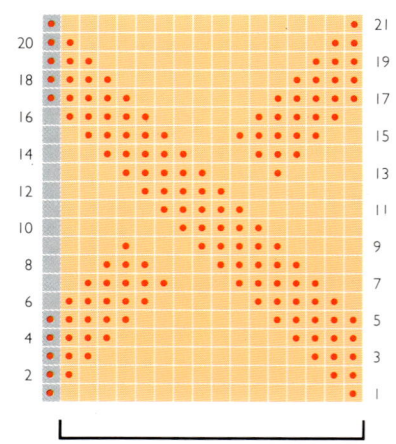

52

Maschenzahl teilbar durch 16 + 1 M.

53

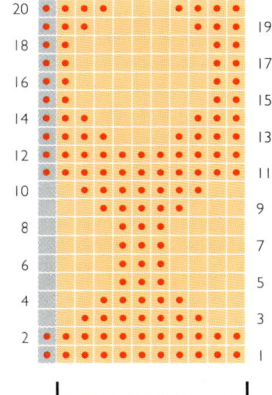

Maschenzahl teilbar durch 10 + 1 M.

54

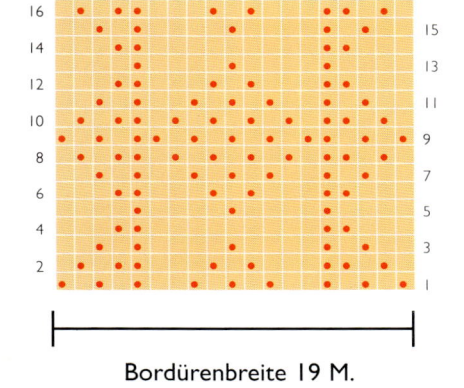

Bordürenbreite 19 M.

55

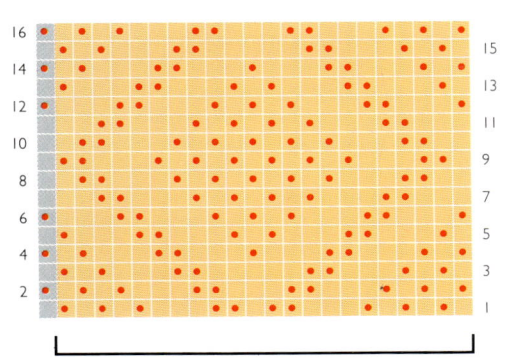

Maschenzahl teilbar durch 22 + 1 M.

MUSTER AUS RECHTEN UND LINKEN MASCHEN

MUSTER AUS RECHTEN UND LINKEN MASCHEN

56

Maschenzahl teilbar durch 18 + 1 M.

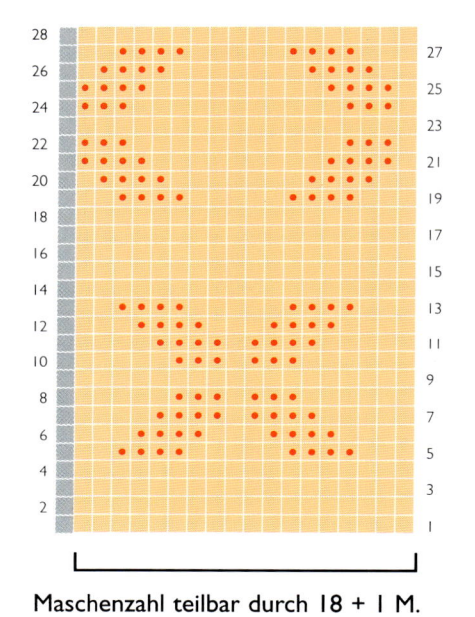

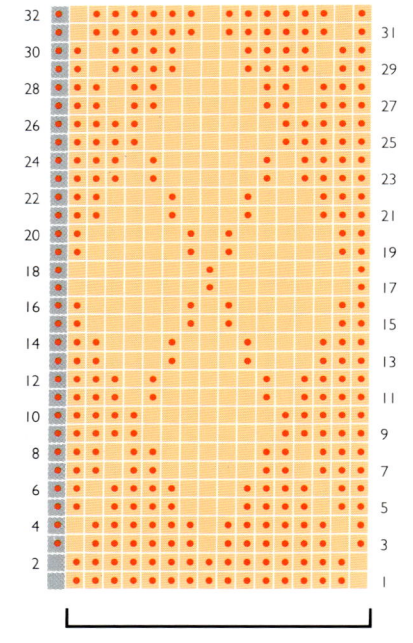

57

Maschenzahl teilbar durch 16 + 1 M.

58

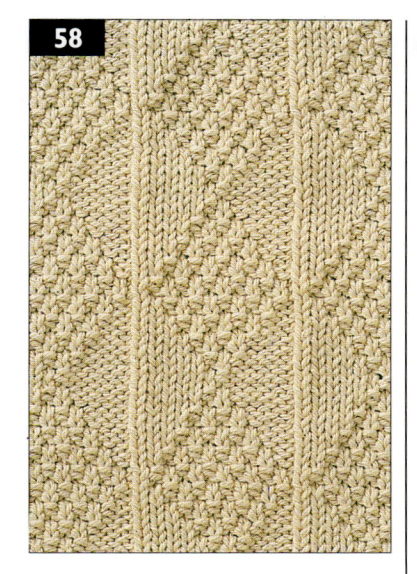

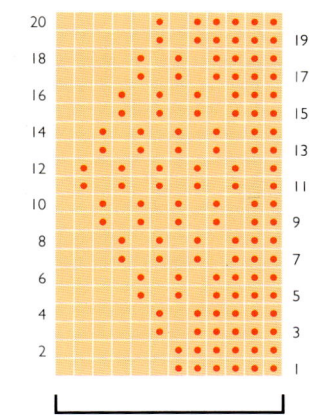

Maschenzahl teilbar durch 12.
Das Gestrick ist beidseitig gleich.

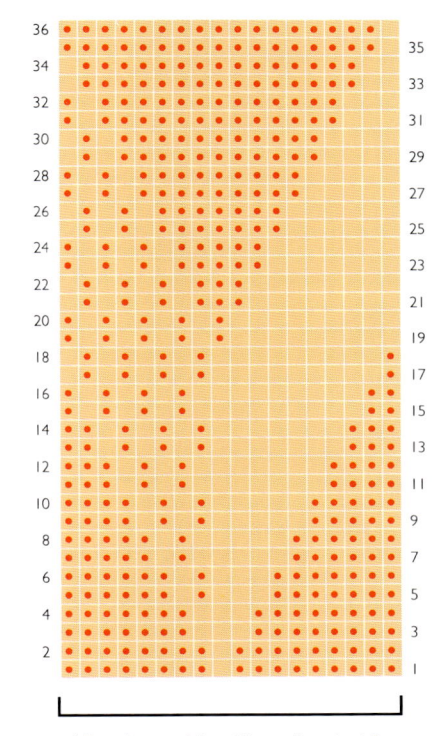

59

Maschenzahl teilbar durch 18.

MUSTER AUS RECHTEN UND LINKEN MASCHEN

MUSTER AUS RECHTEN UND LINKEN MASCHEN

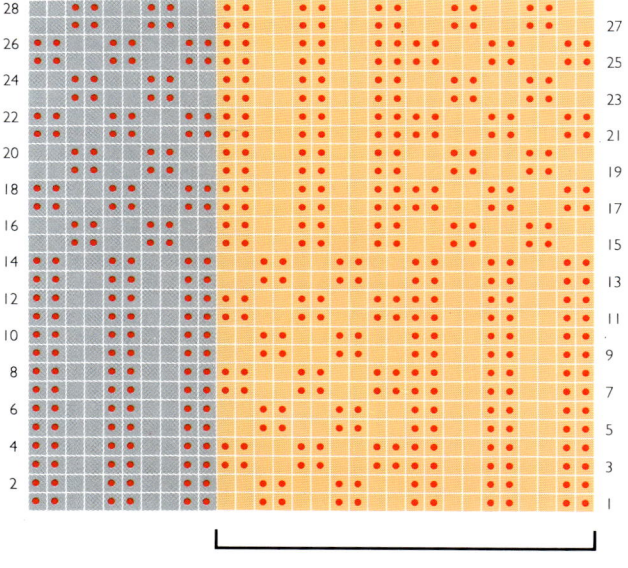

60

61

Maschenzahl teilbar durch 20 + 10 M.

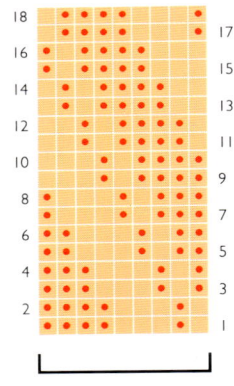

Maschenzahl teilbar durch 9.
Das Gestrick ist beidseitig gleich.

62

63

Maschenzahl teilbar durch 20 + 1 M.

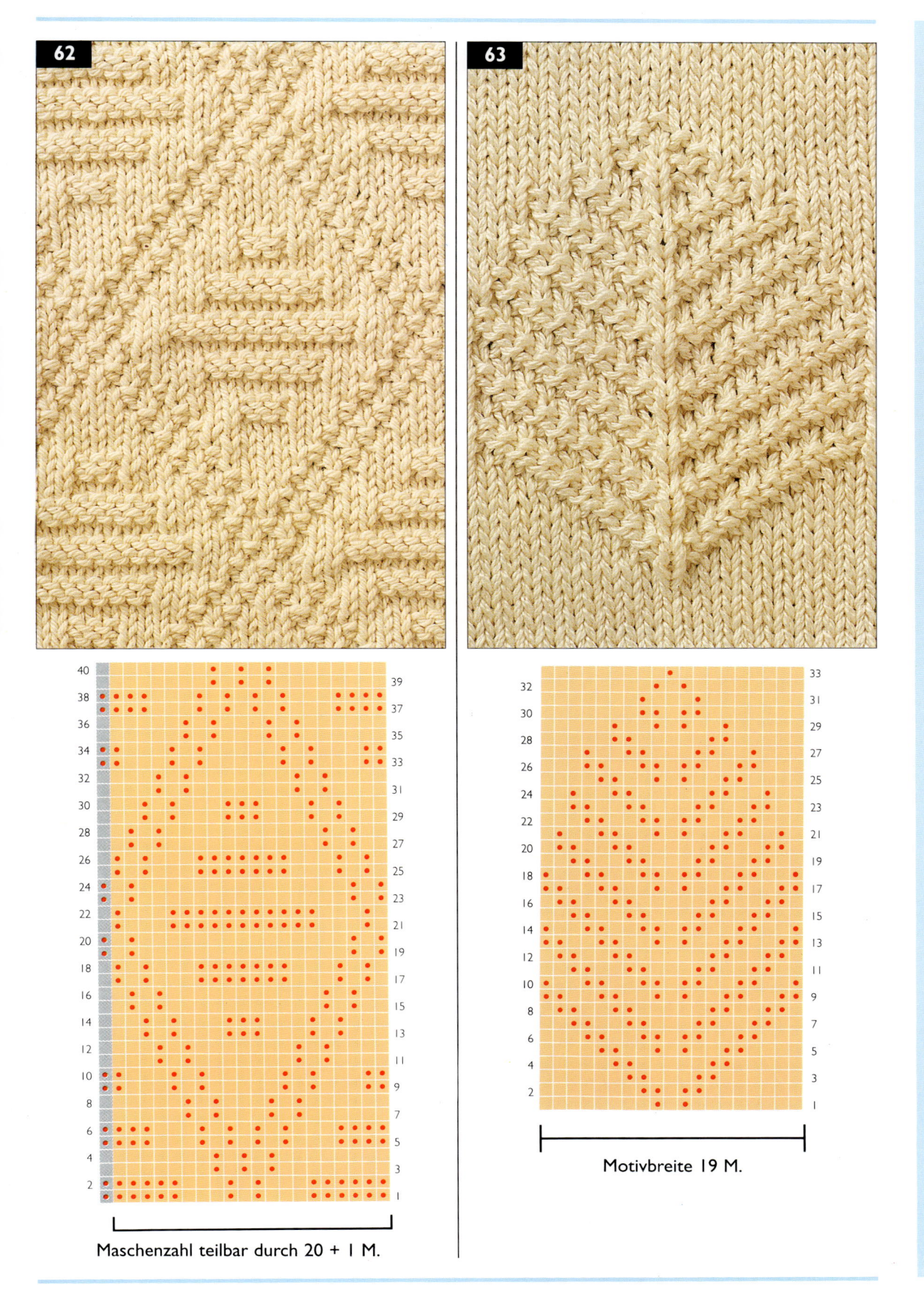

Motivbreite 19 M.

MUSTER AUS RECHTEN UND LINKEN MASCHEN

MUSTER AUS RECHTEN UND LINKEN MASCHEN

64

Motivbreite 13 M.

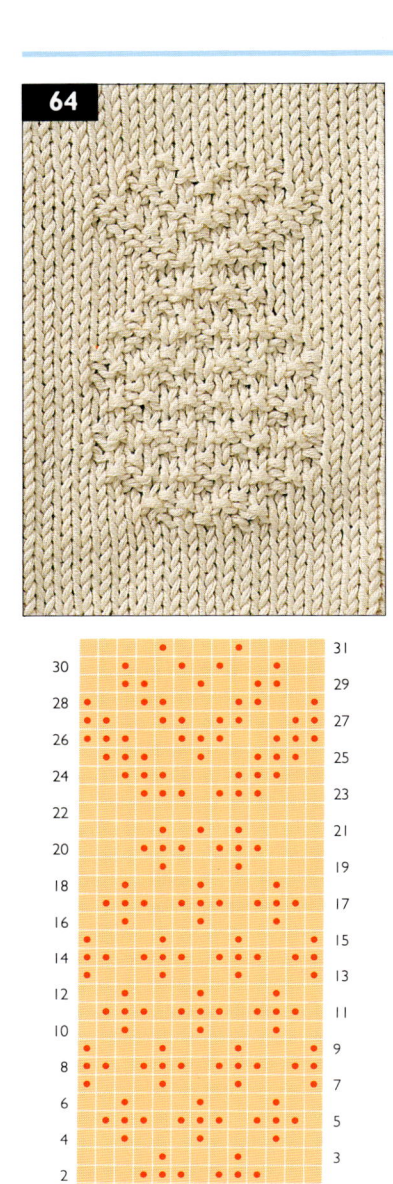

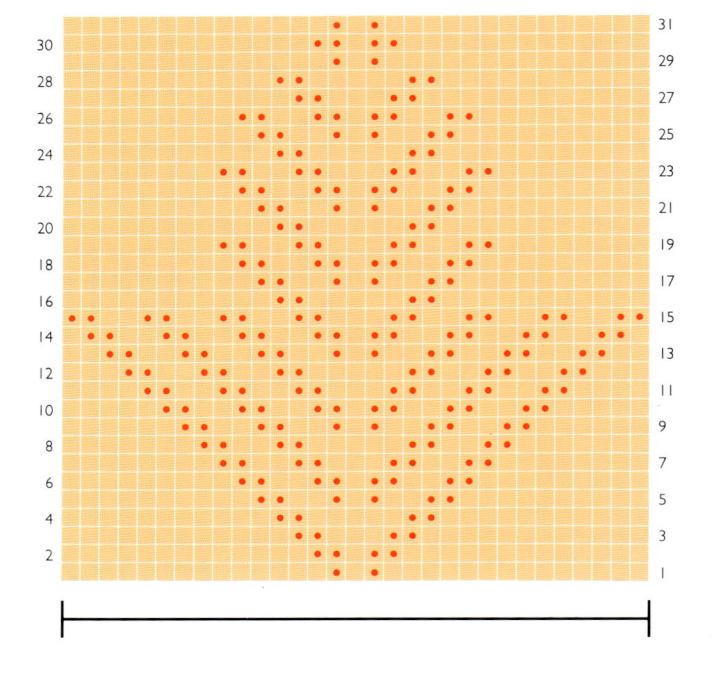

65

Motivbreite 31 M.

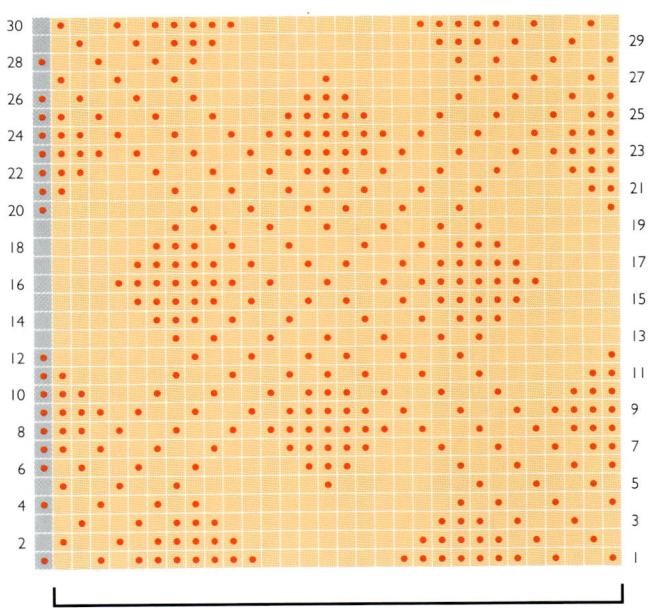

Maschenzahl teilbar durch 30 + 1 M.

MUSTER AUS RECHTEN UND LINKEN MASCHEN

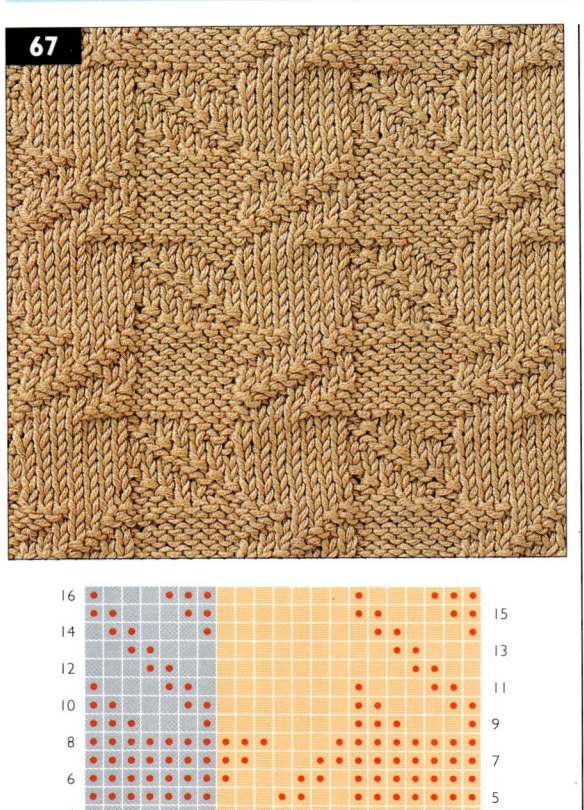

67

Maschenzahl teilbar durch 14 + 7 M.

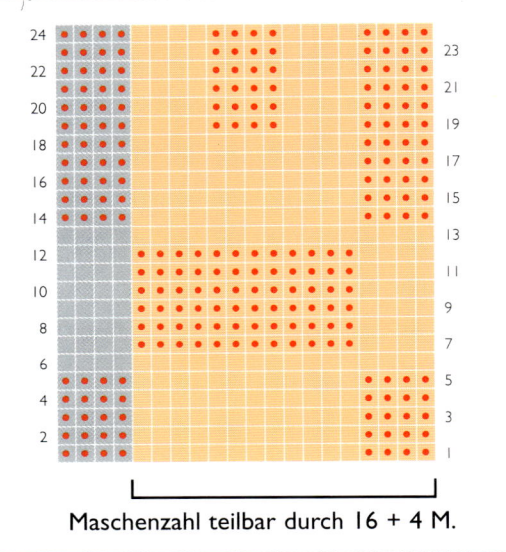

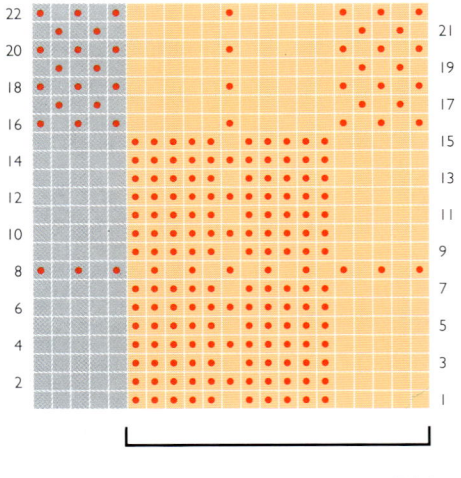

68

Maschenzahl teilbar durch 16 + 4 M.

69

Maschenzahl teilbar durch 16 + 5 M.

70

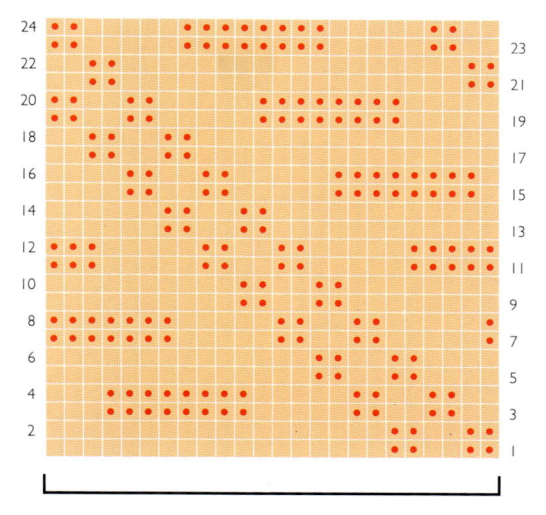

Maschenzahl teilbar durch 24.

71

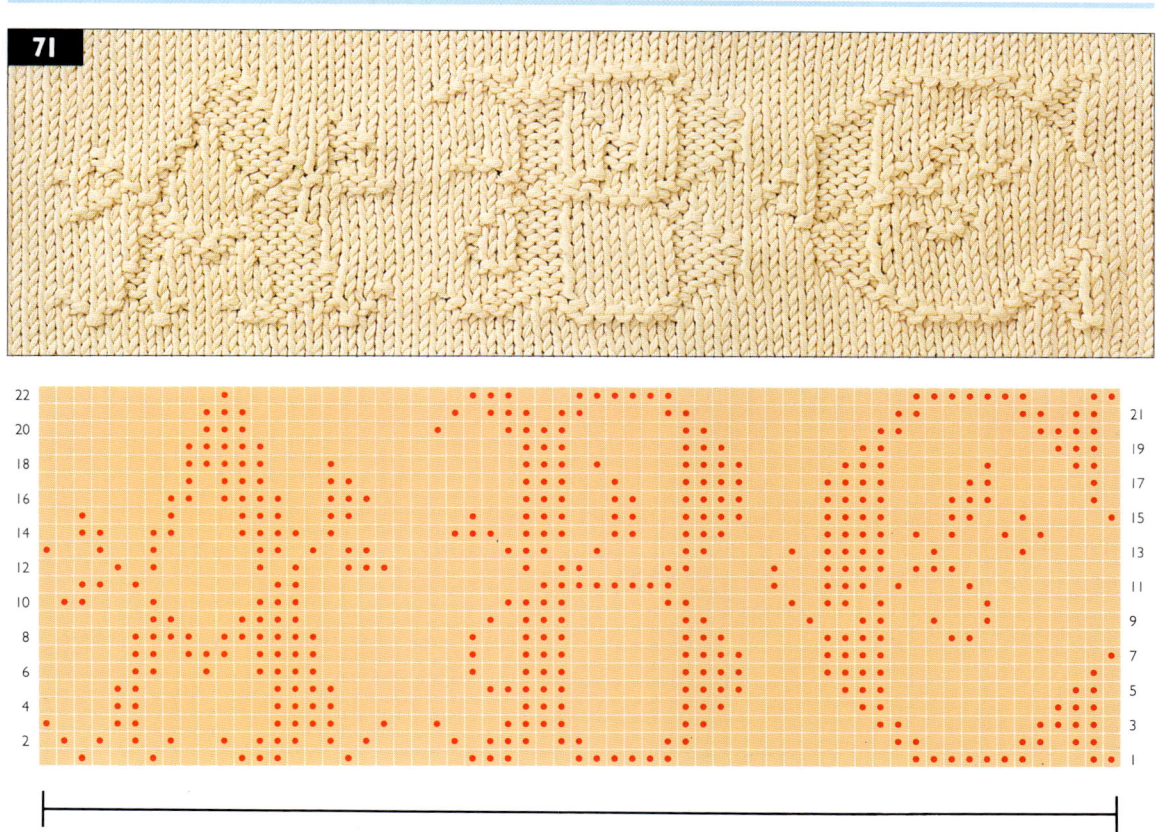

Motivbreite 61 M.

MUSTER AUS RECHTEN UND LINKEN MASCHEN

MUSTER AUS RECHTEN UND LINKEN MASCHEN

Maschenzahl teilbar durch 54 + 1 M.

72

MUSTER AUS RECHTEN UND LINKEN MASCHEN

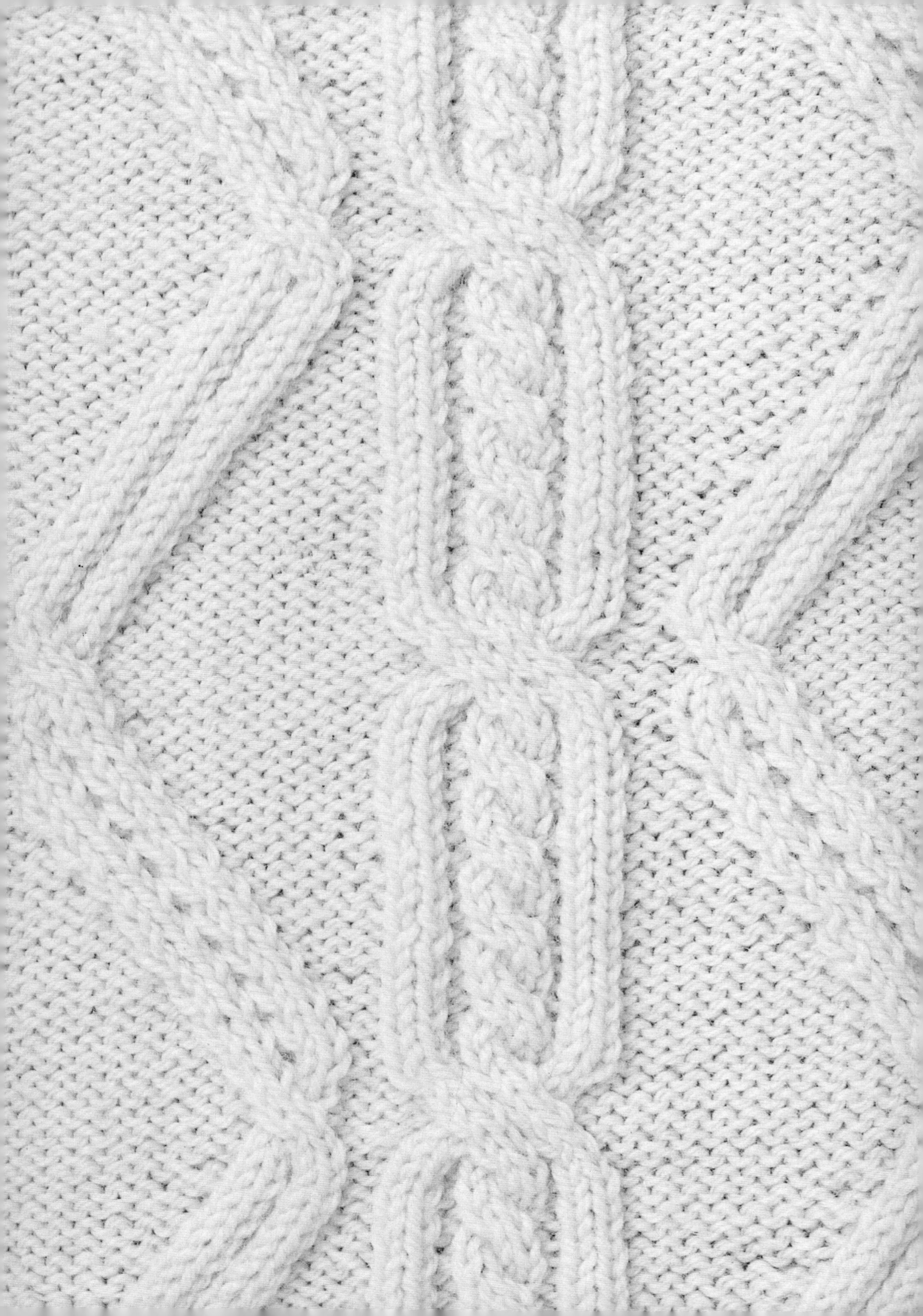

Zopfmuster

Gestrickte Zöpfe ähneln gedrehten Kordeln, geflochtenen Haarzöpfen oder schräg gekreuztem Gitterwerk – und wirken viel zu kompliziert für ungeübte Strickerinnen. Doch die Technik ist einfach: Es werden lediglich Einzelmaschen oder Maschengruppen vorübergehend aus der Reihe gehoben und mit anderen Maschen verkreuzt. Auf einer Hilfs- oder Zopfnadel (einer kurzen geraden bzw. gebogenen Nadel mit zwei Spitzen) liegen die abgehobenen Maschen vor oder hinter die Arbeit, während man die Folgemaschen strickt. Danach erst werden die Maschen der Zopfnadel gestrickt. Zöpfe wirken am schönsten mit glattem Garn in einem ruhigen oder leicht strukturierten Umfeld. Besonders apart sind sie, wenn sie selbst strukturiert sind. Weil Zöpfe die Oberfläche des Gestricks wölben, zieht sich die Arbeit etwas zusammen. Deshalb sollte man an der Basis einer Zopfbordüre oder eines Motivs Maschen zu- und am Ende wieder abnehmen. So lässt sich das Ausbeulen der Partie unter- oder oberhalb des Zopfs verhindern. Zudem benötigen Modelle mit Zopfmuster mehr Garn und eine Extra-Maschenprobe. Strickarbeiten mit Zöpfen sind dicht, gut wärmend und daher ideal für draußen.

ZOPFMUSTER

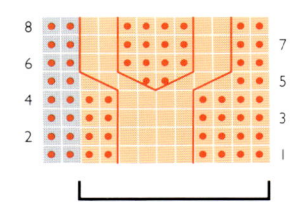

73

Maschenzahl teilbar durch 10 + 2 M.

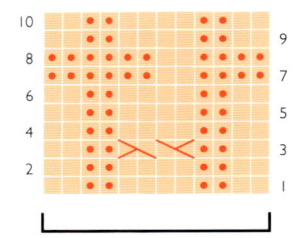

74

Maschenzahl teilbar durch 12.

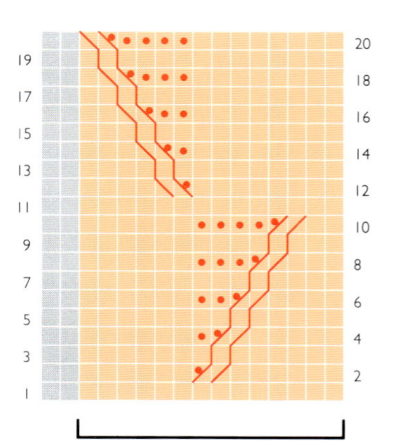

75

Maschenzahl teilbar durch 14 + 2 M.

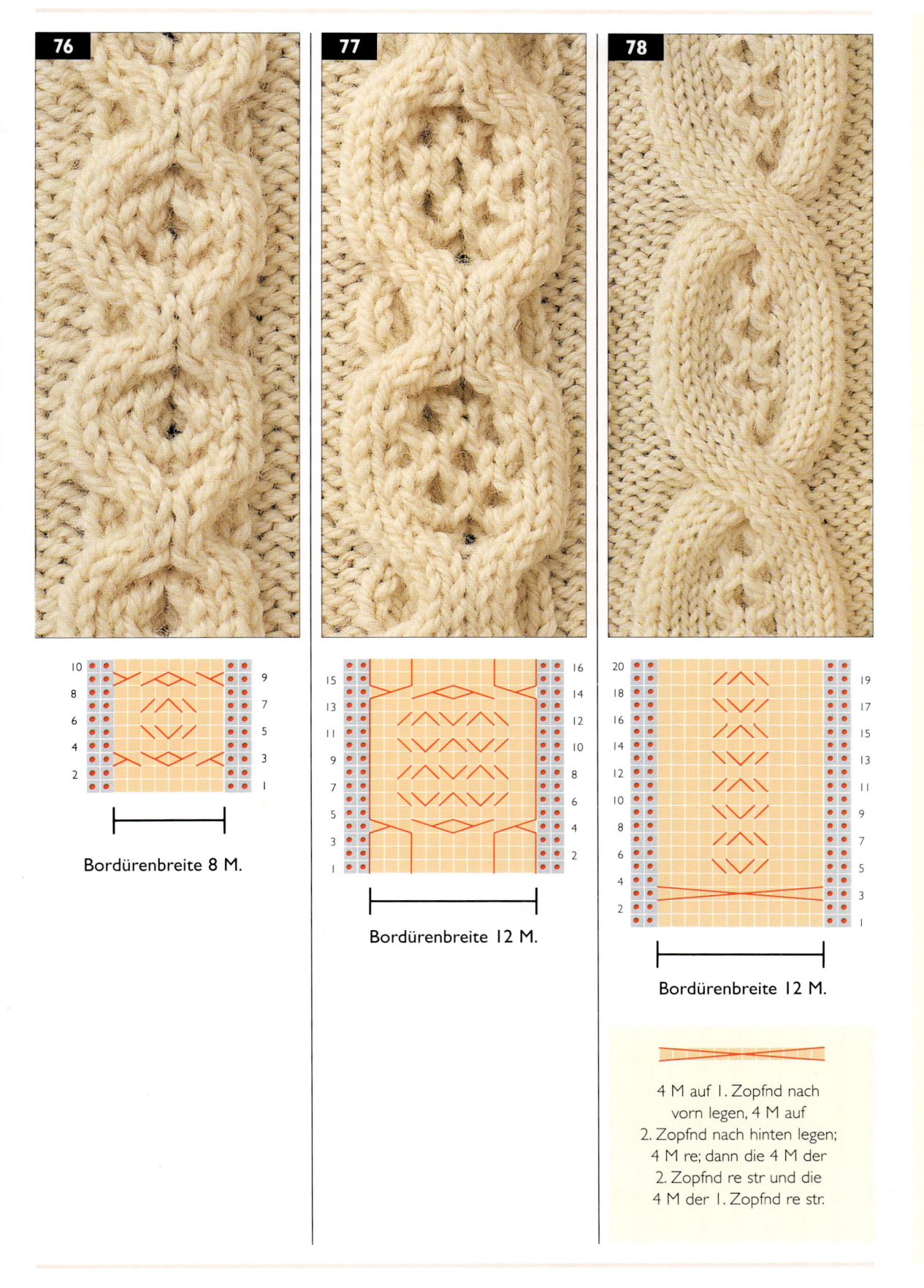

ZOPFMUSTER

76

Bordürenbreite 8 M.

77

Bordürenbreite 12 M.

78

Bordürenbreite 12 M.

4 M auf 1. Zopfnd nach vorn legen, 4 M auf 2. Zopfnd nach hinten legen; 4 M re; dann die 4 M der 2. Zopfnd re str und die 4 M der 1. Zopfnd re str.

53

ZOPFMUSTER

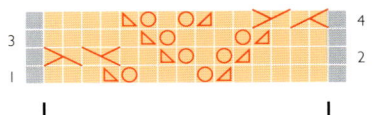

79

Maschenzahl teilbar durch 15 + 2 M.

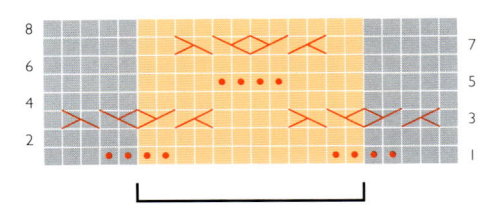

80

Maschenzahl teilbar durch 12 + 10 M.

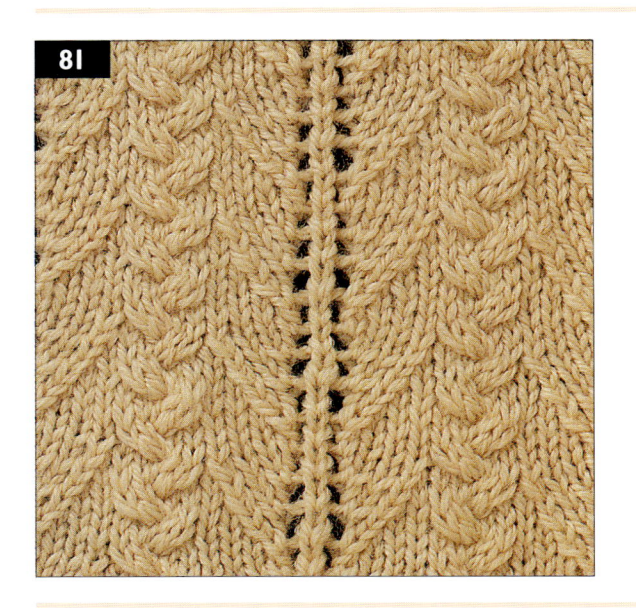

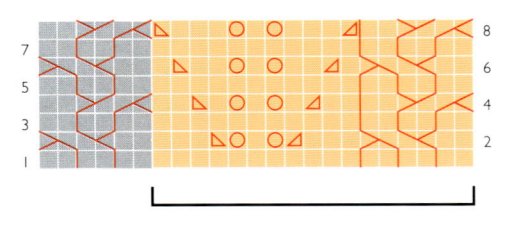

81

Maschenzahl teilbar durch 17 + 6 M.

82

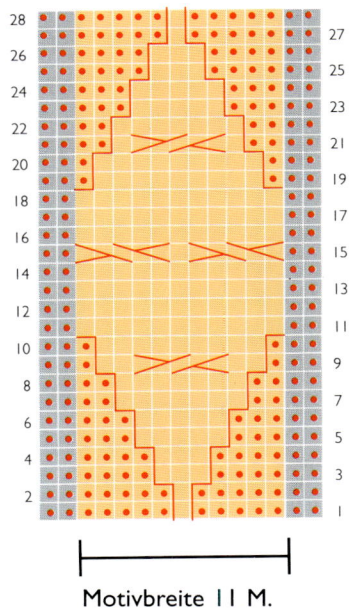

83

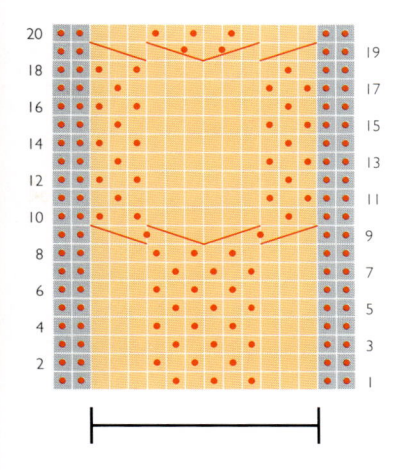

Bordürenbreite 12 M.

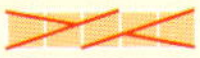

3 M auf Zopfnd nach hinten legen; 1 M li, 1 M re, 1 M li; dann die 3 M der Zopfnd re str.

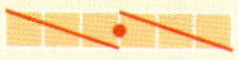

3 M auf Zopfnd nach vorn legen; 3 M re; von Zopfnd 1 M re, 1 M li, 1 M re str.

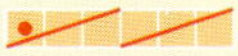

3 M auf Zopfnd nach hinten legen; 3 M re; von Zopfnd 1 M li, 1 M re, 1 M li str.

3 M auf Zopfnd nach vorn legen; 1 M re, 1 M li, 1 M re; die 3 M von Zopfnd re str.

Motivbreite 11 M.

3 M auf Zopfnd nach hinten legen; 2 M re; dann die 3 M der Zopfnd rechts str.

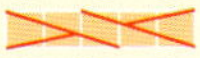

2 M auf Zopfnd nach vorn legen; 3 M re; dann die 2 M der Zopfnd re str.

ZOPFMUSTER

ZOPFMUSTER

84

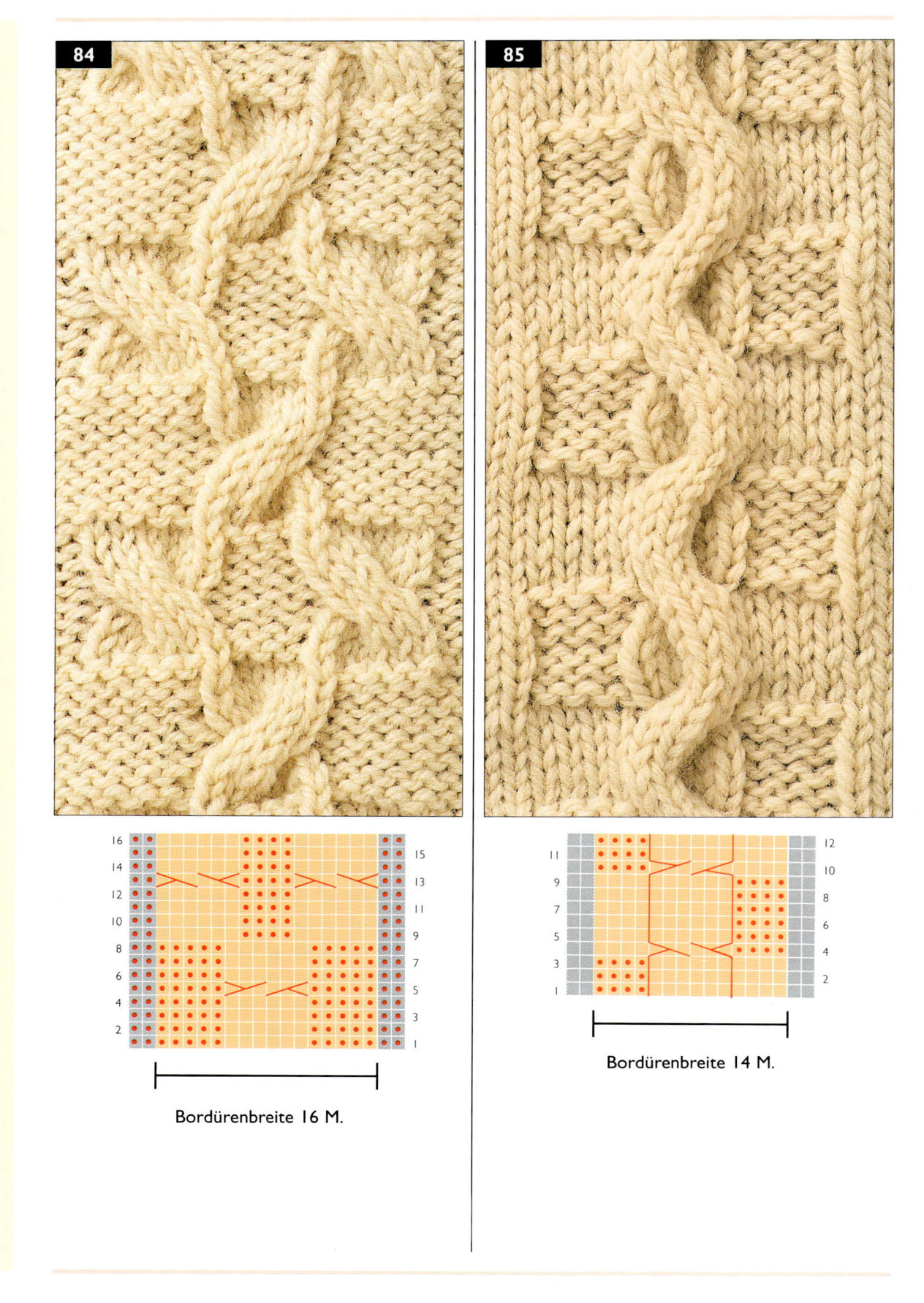

85

Bordürenbreite 16 M.

Bordürenbreite 14 M.

86

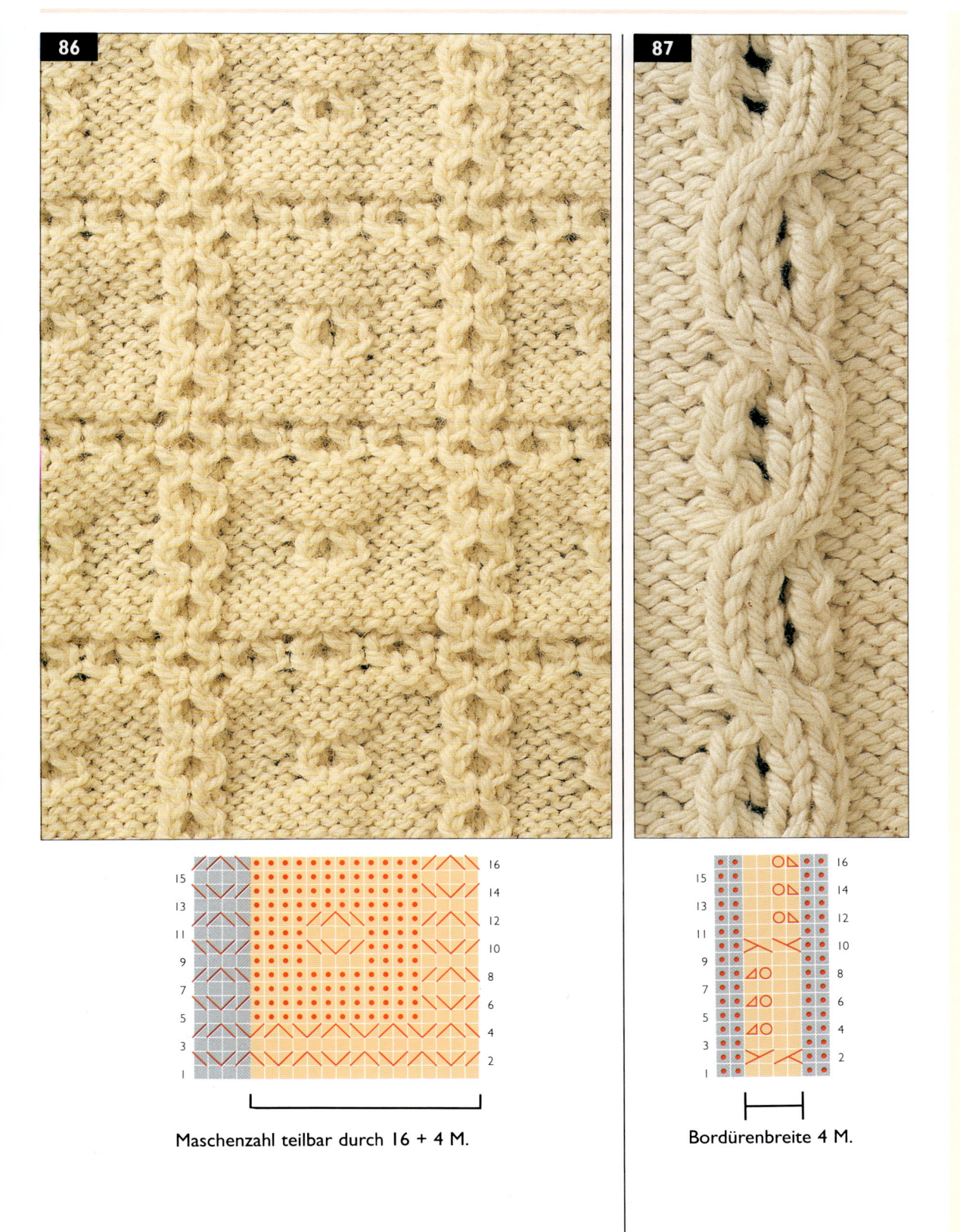

87

ZOPFMUSTER

Maschenzahl teilbar durch 16 + 4 M.

Bordürenbreite 4 M.

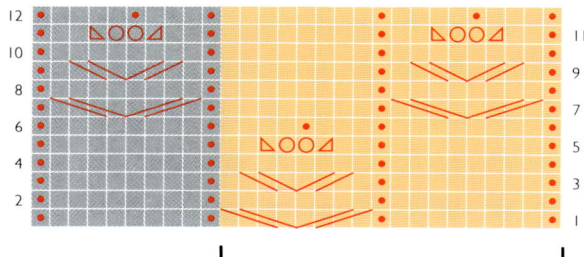

ZOPFMUSTER

Maschenzahl teilbar durch 18 + 10 M.

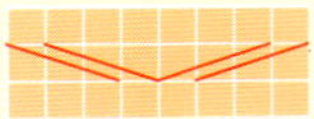

3 M auf Zopfnd nach hinten legen; 1 M re; dann die 3 M der Zopfnd re str; 1 M auf Zopfnd nach vorn legen; 3 M re; dann die 1 M der Zopfnd re str.

89

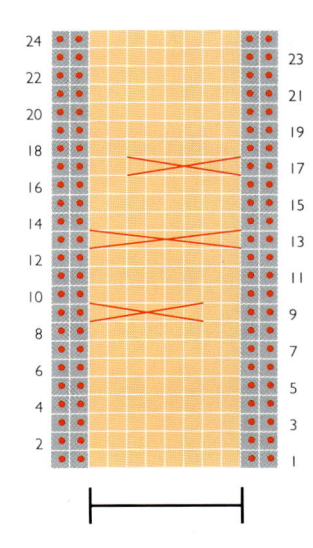

Bordürenbreite 8 M.

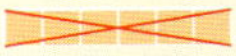

2 M auf Zopfnd nach vorn legen; 4 M re; dann die 2 M von Zopfnd re str.

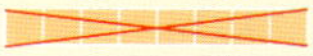

2 M auf Zopfnd nach vorn legen; 6 M re; dann die 2 M von Zopfnd re str.

90

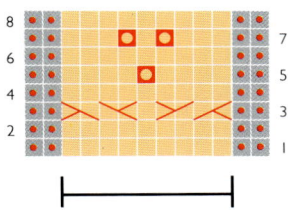

Bordürenbreite 9 M.

ZOPFMUSTER

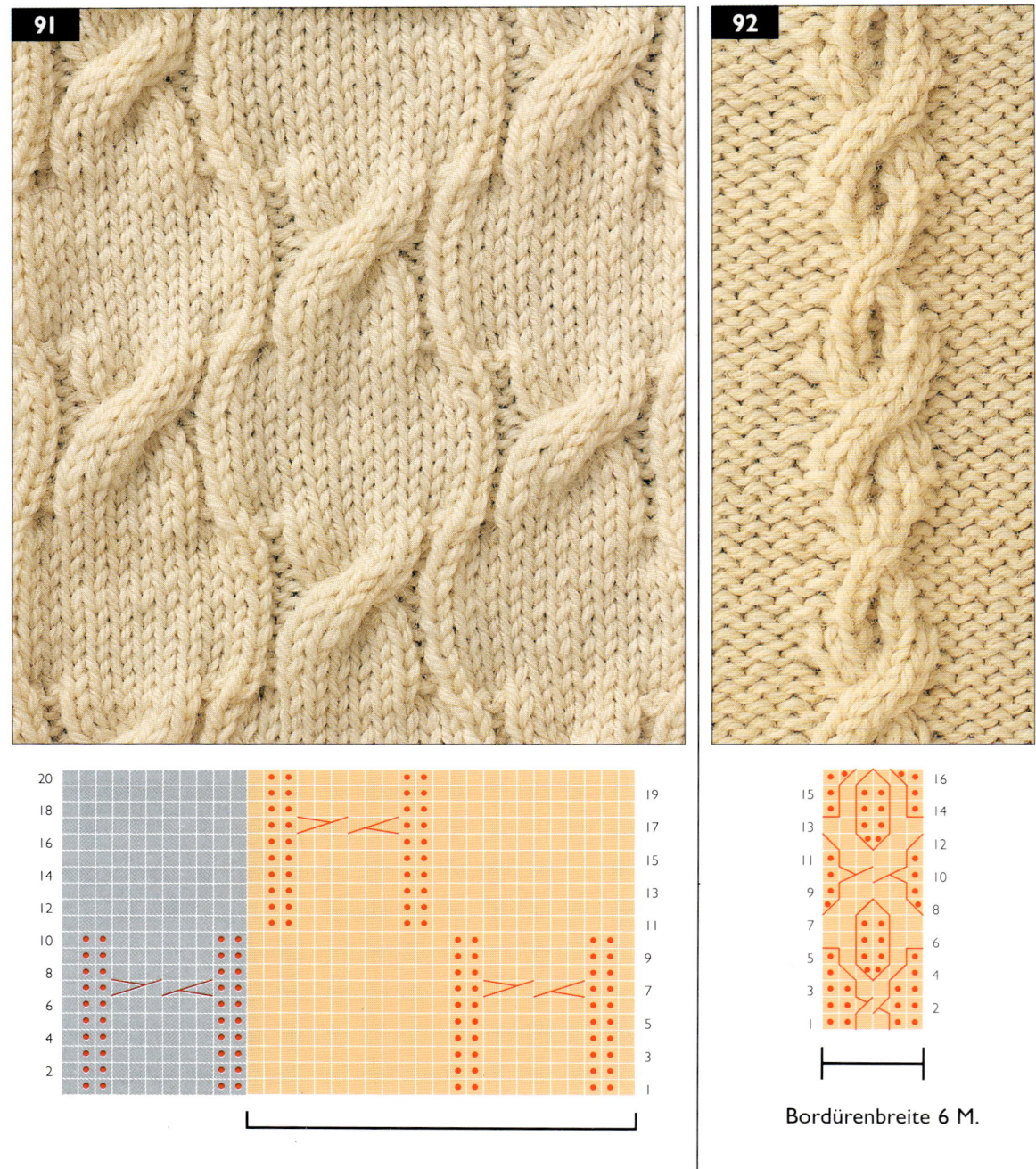

ZOPFMUSTER

91

92

Maschenzahl teilbar durch 23 + 11 M.

Bordürenbreite 6 M.

60

93

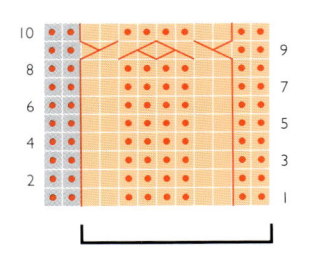

Maschenzahl teilbar durch 10 + 2 M.

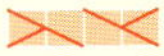

2 M auf Zopfnd nach vorn legen; 2 M re; dann die 2 M der Zopfnd li str.

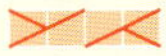

2 M auf Zopfnd nach hinten legen; 2 M li; dann die 2 M der Zopfnd re str.

94

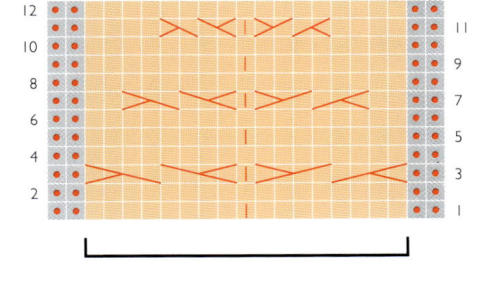

Bordürenbreite 17 M.

ZOPFMUSTER

ZOPFMUSTER

95

96

Bordürenbreite 12 M.

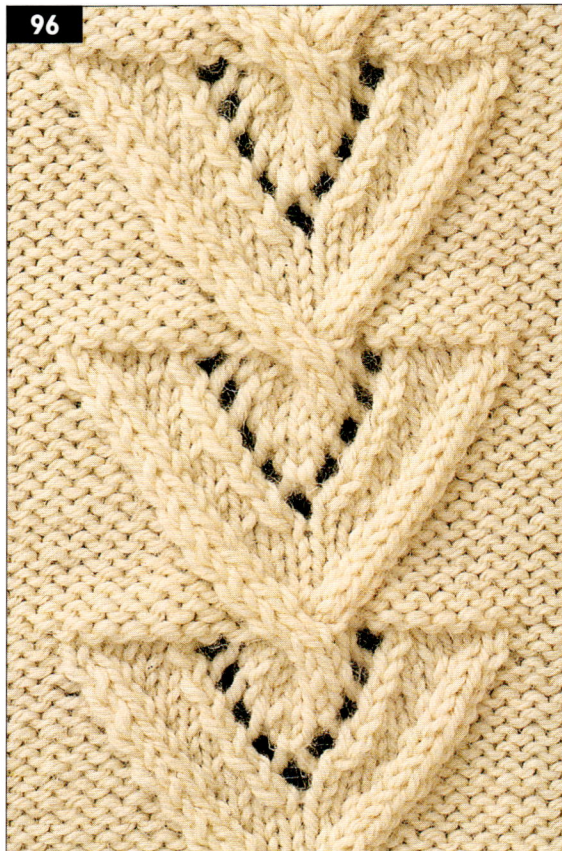

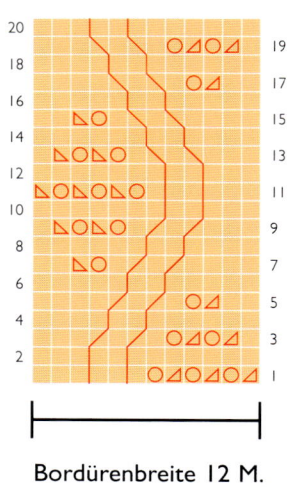

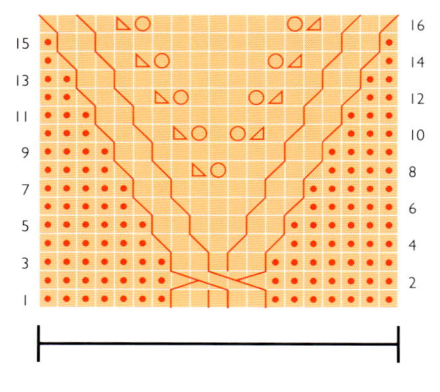

Bordürenbreite 19 M.

97

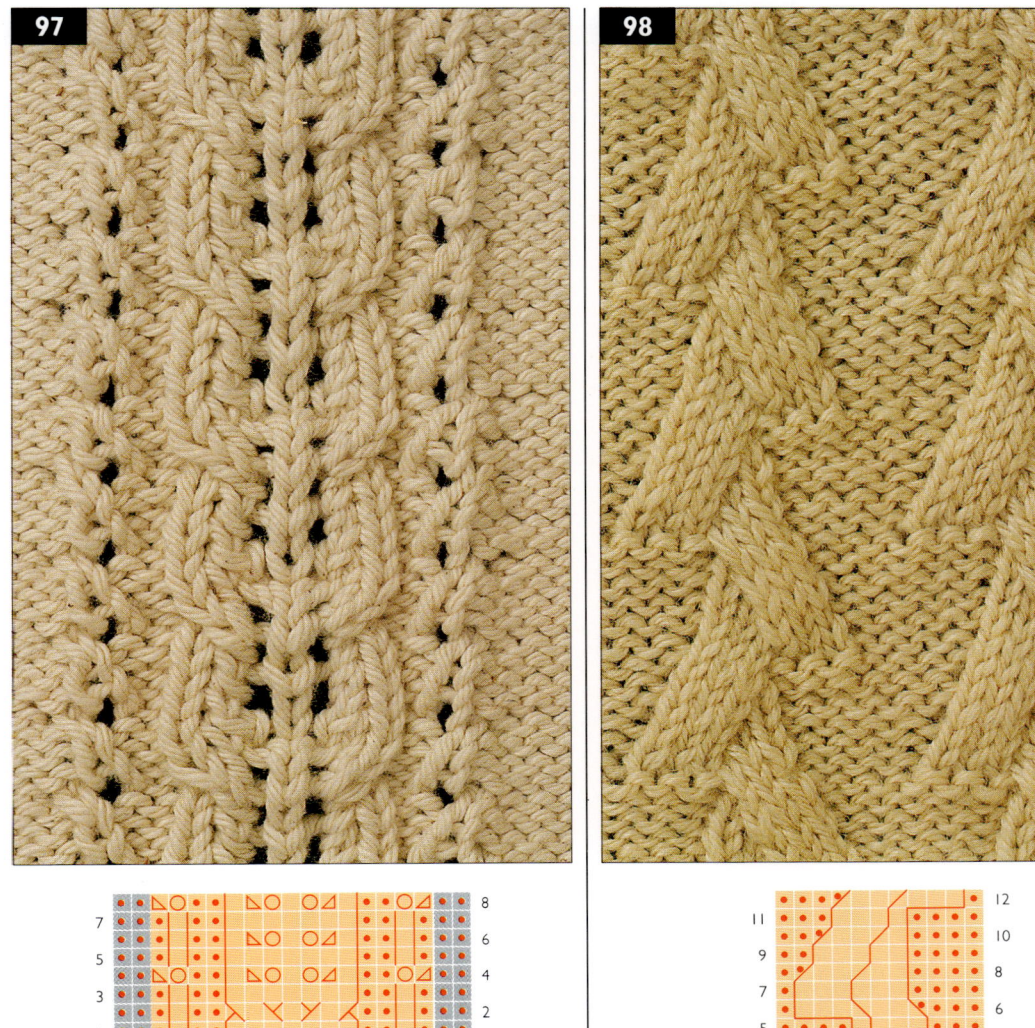

98

Bordürenbreite 15 M.

Maschenzahl teilbar durch 11 M.

ZOPFMUSTER

ZOPFMUSTER

99

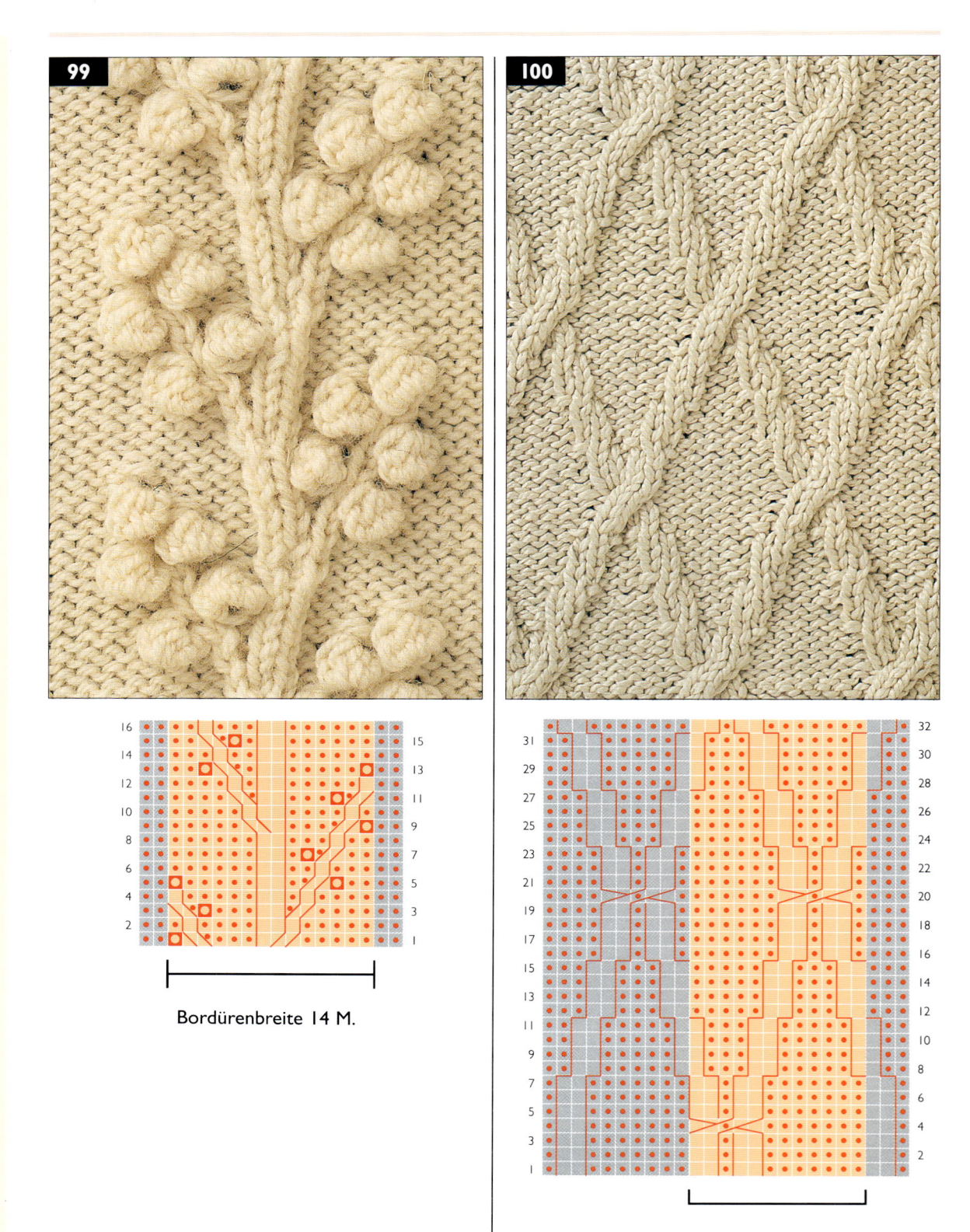

100

Bordürenbreite 14 M.

Maschenzahl teilbar durch 12 + 13 M.

64

101

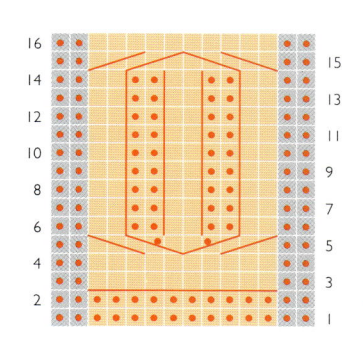

Bordürenbreite 10 M.

3 M auf Zopfnd nach hinten legen; 2 M re; dann von der Zopfnd 2 M li und 1 M re str.

2 M auf Zopfnd nach vorn legen; 1 M re, 2 M li; dann die 2 M der Zopfnd re str.

2 M auf Zopfnd nach vorn legen; 3 M re; dann die 2 M der Zopfnd re str.

3 M auf Zopfnd nach hinten legen; 2 M re; dann die 3 M der Zopfnd re str.

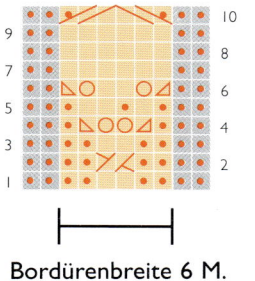

102

Bordürenbreite 6 M.

ZOPFMUSTER

ZOPFMUSTER

103

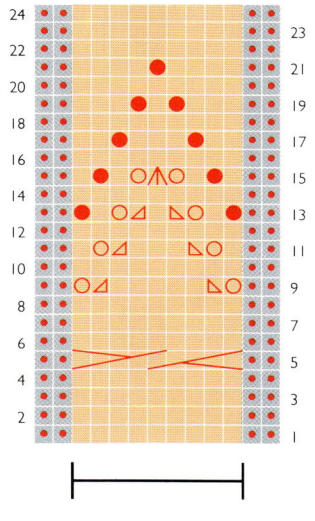

104

105

Bordürenbreite 9 M.

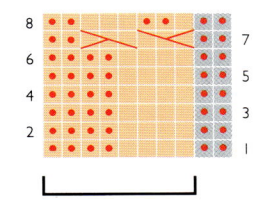

Maschenzahl teilbar durch 8 + 2 M.

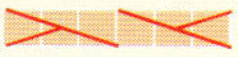

3 M auf Zopfnd nach vorn legen; 1 M re, 2 M li; dann die 3 M der Zopfnd re str.

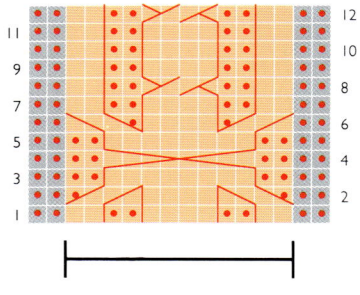

Bordürenbreite 12 M.

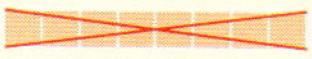

2 M auf 1. Zopfnd nach vorn legen, die nächsten 4 M auf 2. Zopfnd nach hinten legen; 2 M re; dann die 4 M der 2. Zopfnd und die 2 M der 1. Zopfnd. re str.

106

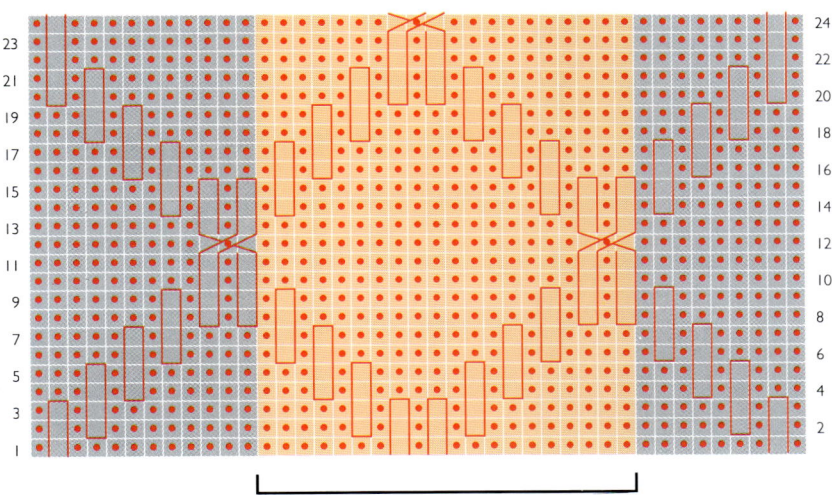

Maschenzahl teilbar durch 20 + 21 M.

ZOPFMUSTER

ZOPFMUSTER

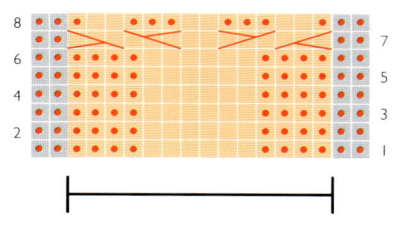

107

Bordürenbreite 14 M.

3 M auf Zopfnd nach hinten legen; 1 M li, 2 M re; dann die 3 M der Zopfnd li str.

3 M auf Zopfnd nach vorn legen; 3 M li, 2 M re; dann von der Zopfnd 2 M re und 1 M li str.

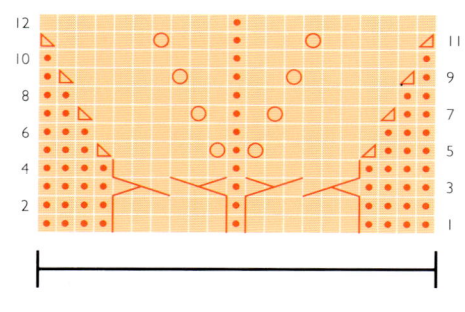

108

Bordürenbreite 21 M.

109

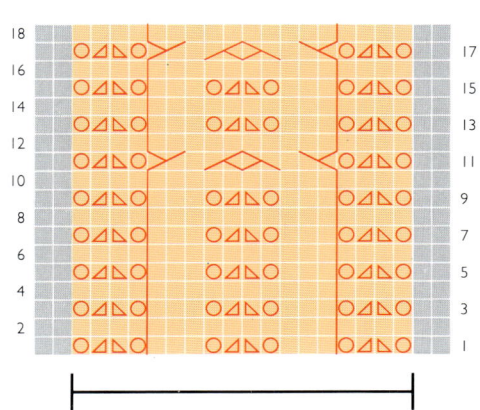

110

ZOPFMUSTER

Bordürenbreite 18 M.

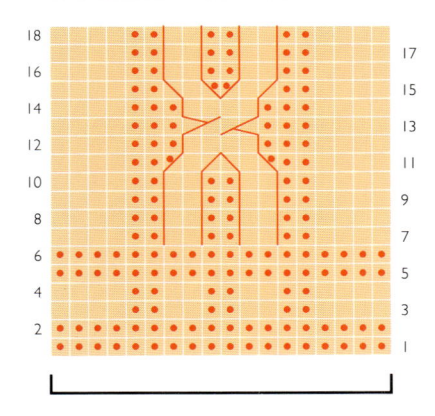

Maschenzahl teilbar durch 18 M.

3 M auf Zopfnd nach vorn legen; 2 M re; dann die 3 M der Zopfnd re str.

2 M auf Zopfnd nach hinten legen; 3 M re; dann die 2 M der Zopfnd re str.

ZOPFMUSTER

111

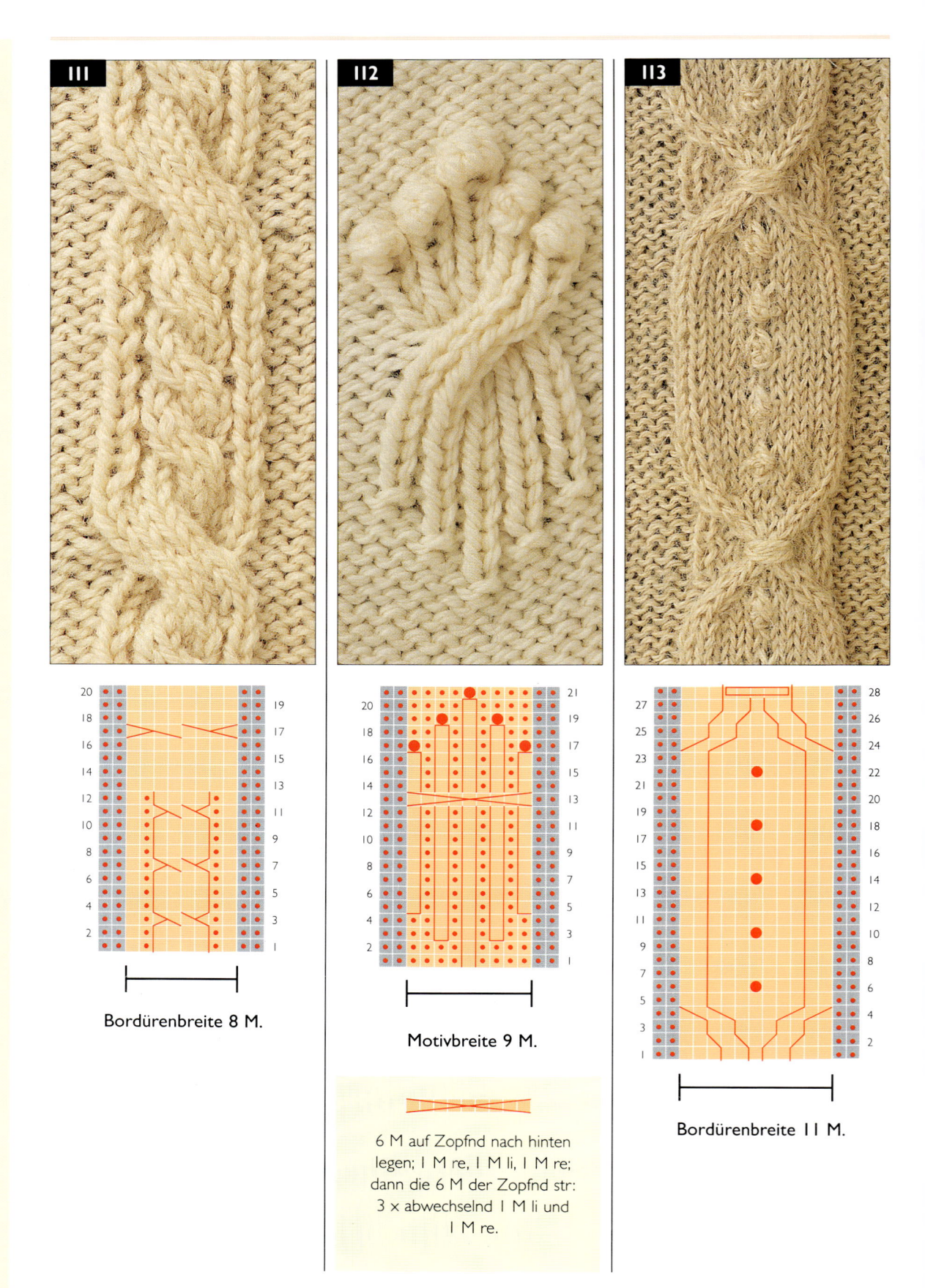

Bordürenbreite 8 M.

112

Motivbreite 9 M.

6 M auf Zopfnd nach hinten legen; 1 M re, 1 M li, 1 M re; dann die 6 M der Zopfnd str: 3 × abwechselnd 1 M li und 1 M re.

113

Bordürenbreite 11 M.

ZOPFMUSTER

114

Maschenzahl teilbar durch 6 + 1 M.

1 M auf 1. Zopfnd nach vorn legen, 3 M auf 2. Zopfnd nach hinten legen; 1 M re; dann die 3 M der 2. Zopfnd li str und die 1 M der 1. Zopfnd re str.

115

Bordürenbreite 12 M.

116

Bordürenbreite 16 M.

ZOPFMUSTER

117

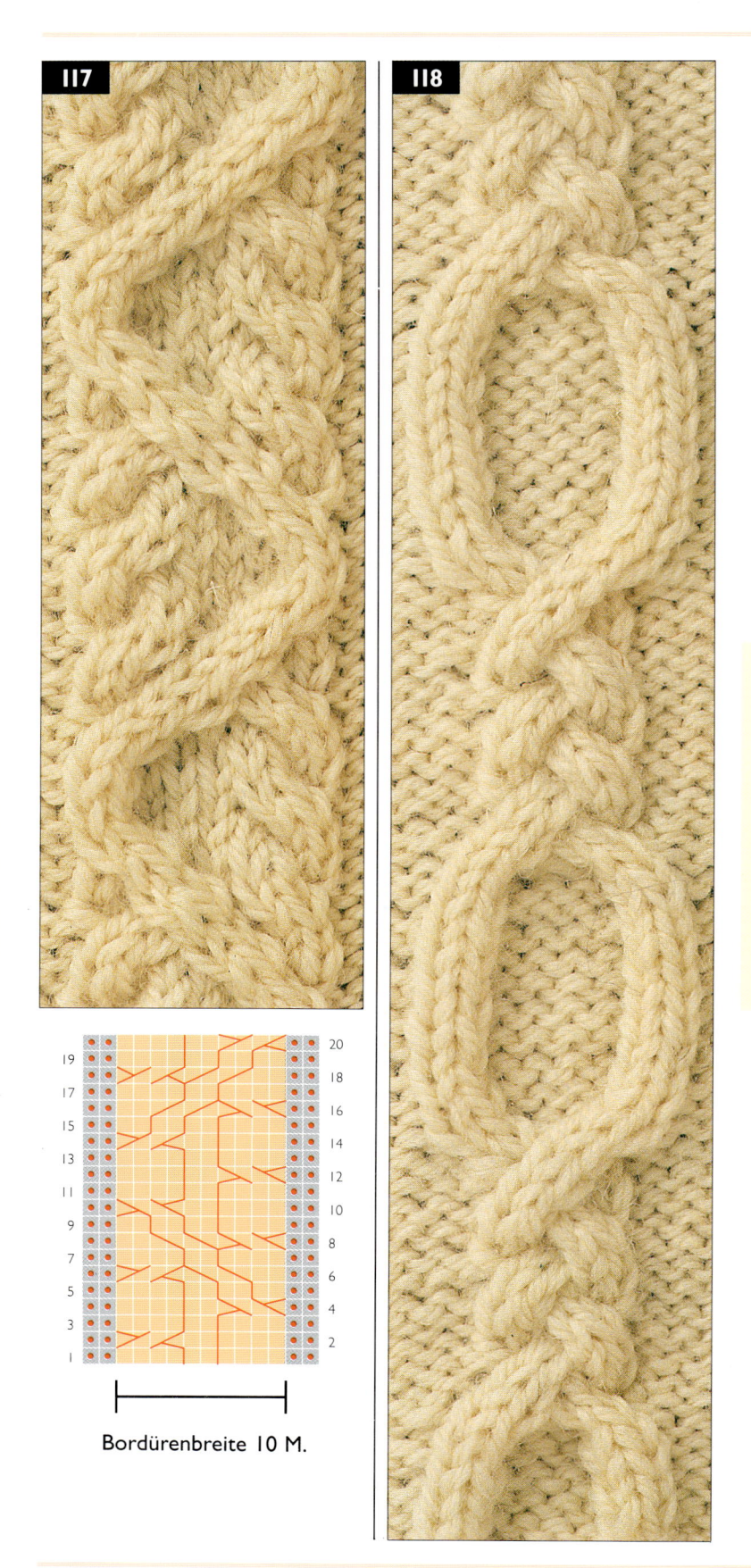

118

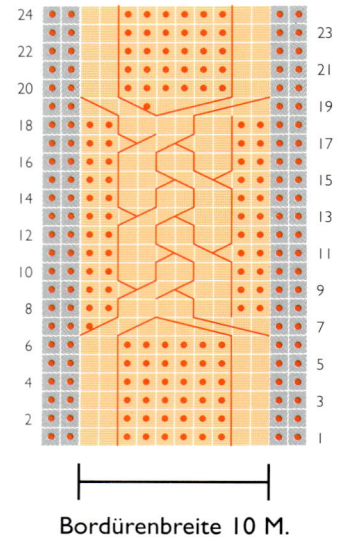

Bordürenbreite 10 M.

2 M auf Zopfnd nach vorn legen; 2 M li, 2 M re; dann die 2 M der Zopfnd re str.

4 M auf Zopfnd nach hinten legen; 2 M re; dann die 4 M der Zopfnd li str.

Bordürenbreite 10 M.

119

120

ZOPFMUSTER

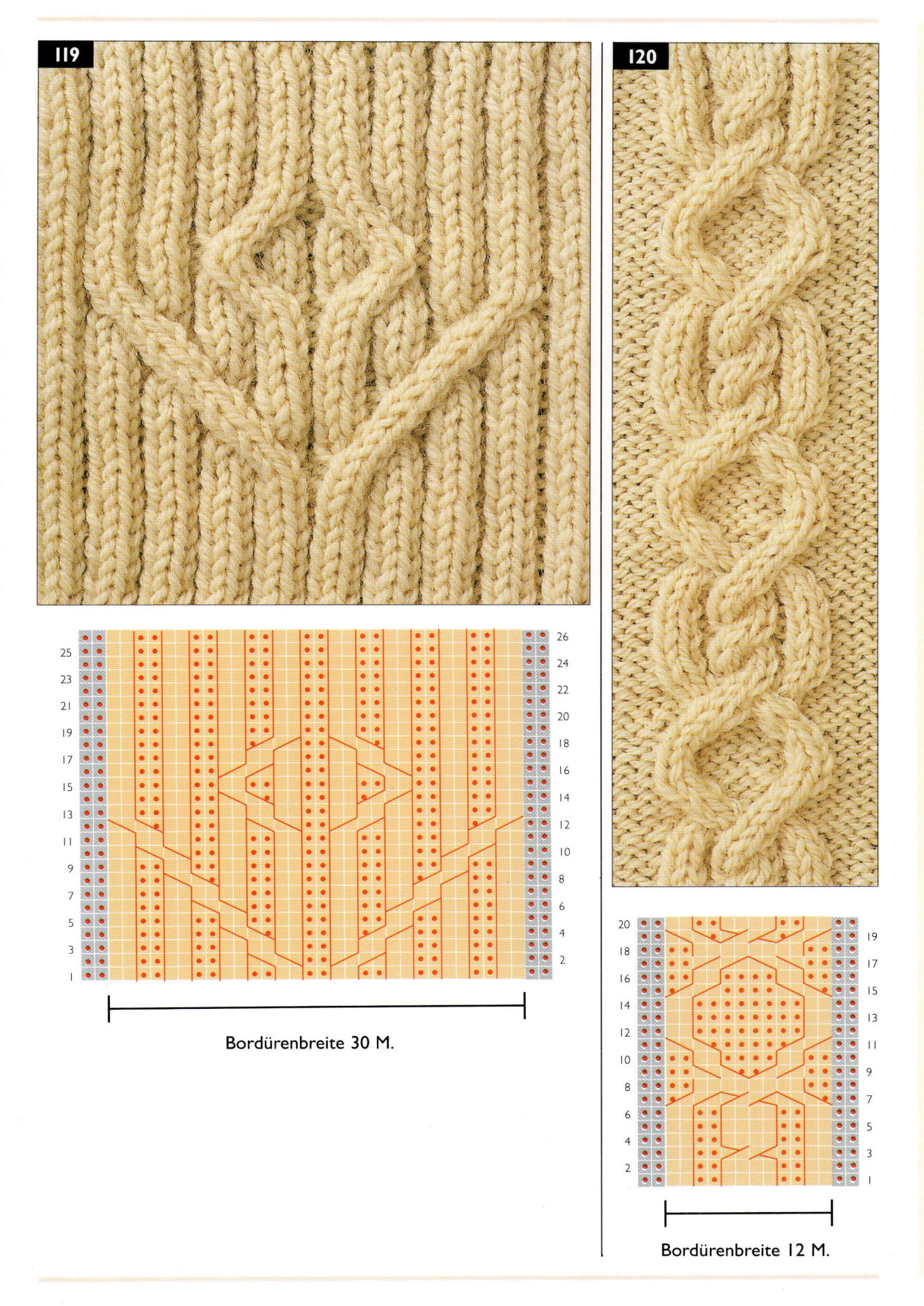

Bordürenbreite 30 M.

Bordürenbreite 12 M.

73

121

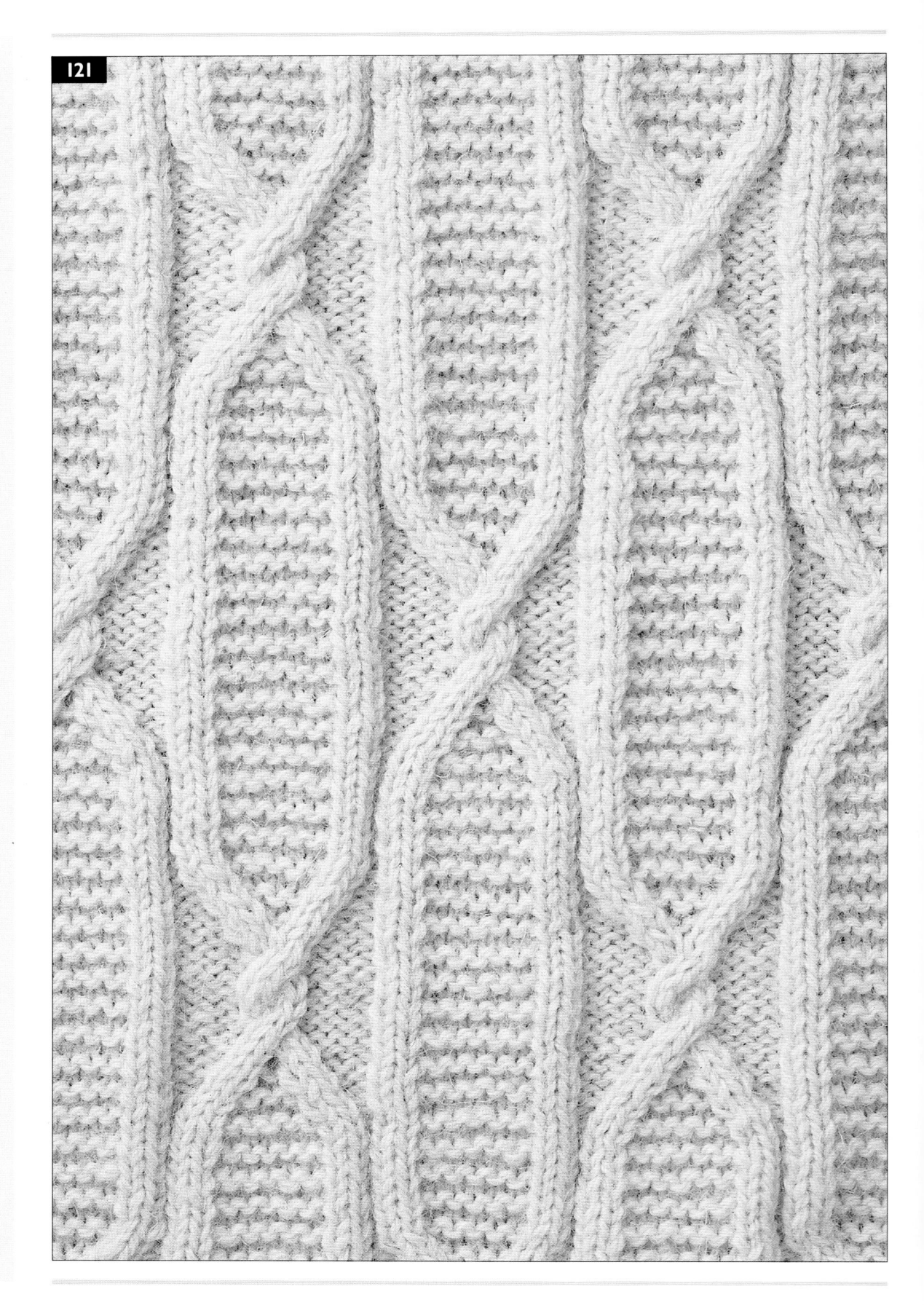

ZOPFMUSTER

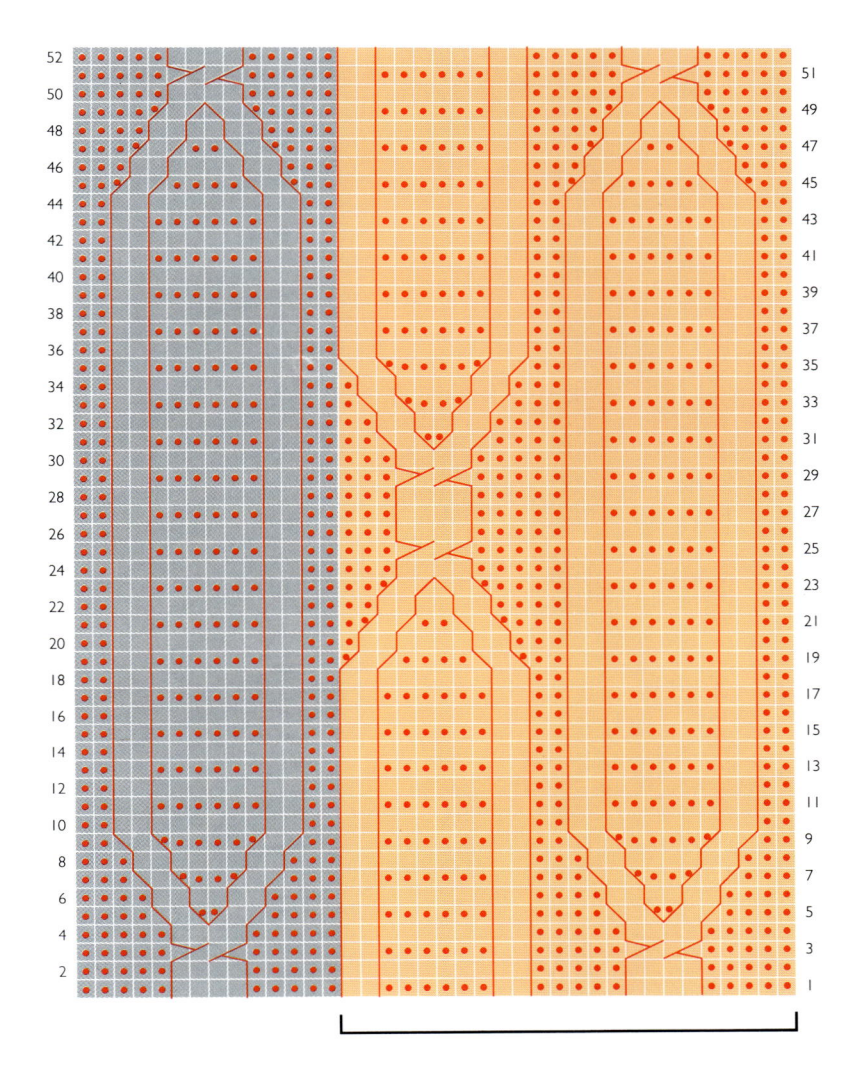

Maschenzahl teilbar durch 24 + 14 M.

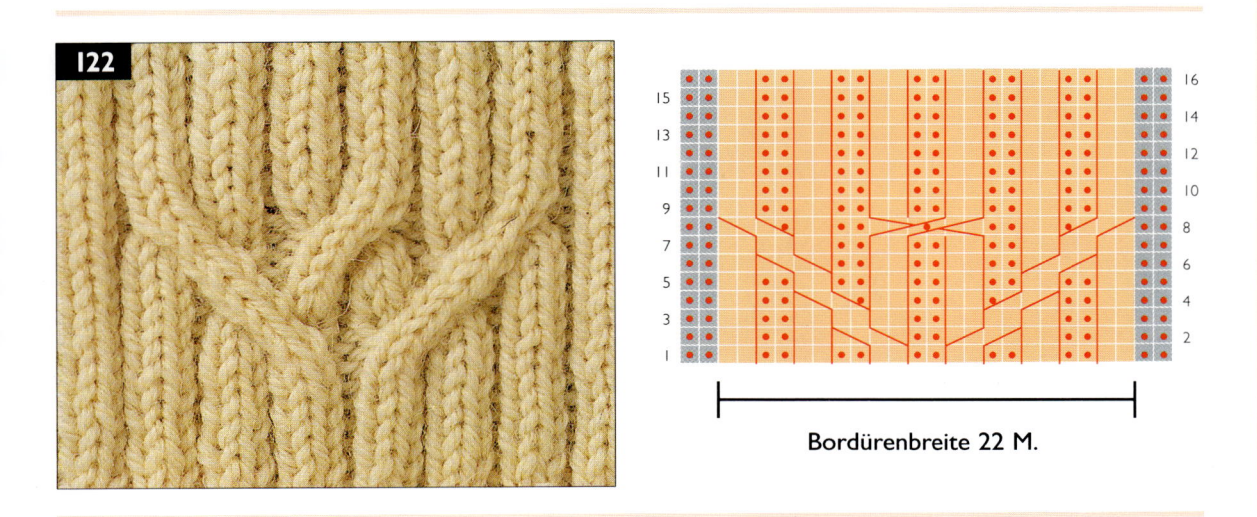

122

Bordürenbreite 22 M.

ZOPFMUSTER

123

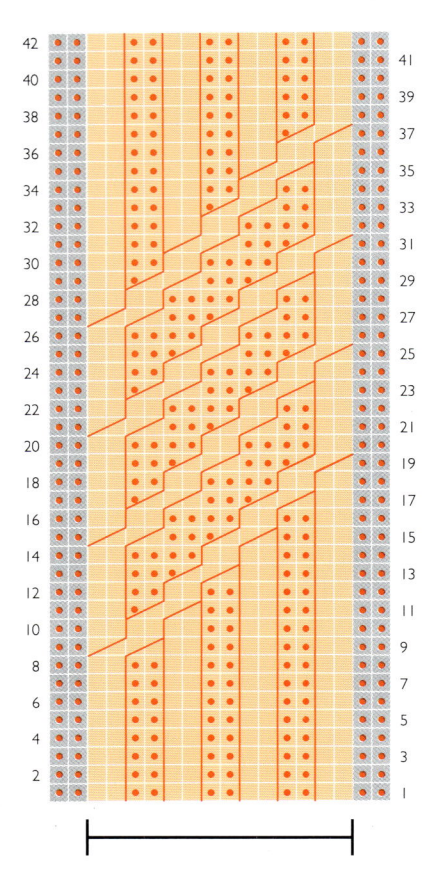

Bordürenbreite 14 M.

124

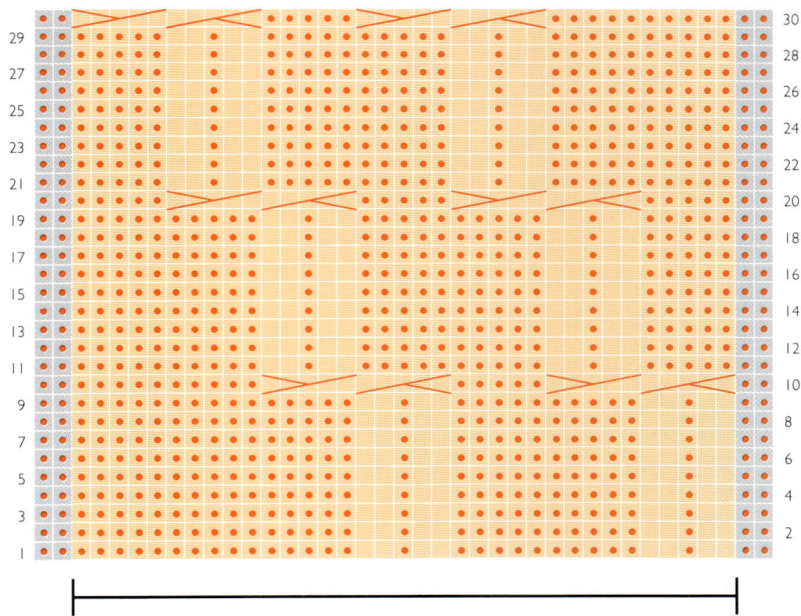

ZOPFMUSTER

Bordürenbreite 35 M.

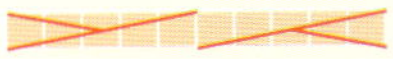

5 M auf Zopfnd nach hinten legen; 5 M li; dann von Zopfnd 2 M re, 1 M li, 2 M re str.

ZOPFMUSTER

125

126

Maschenzahl teilbar durch 12 + 4 M.

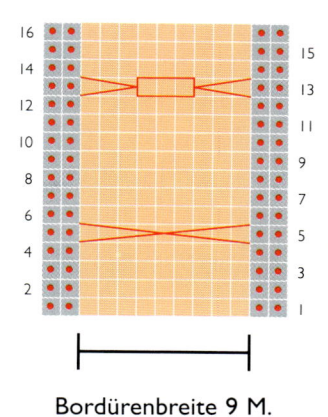

127

Bordürenbreite 9 M.

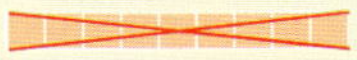

6 M auf Zopfnd nach hinten legen; 3 M re; die letzten 3 M der Zopfnd zurück auf die linke Nadel heben; 3 M re; dann die 3 M der Zopfnd re str.

3 M auf 1. Zopfnd nach hinten legen, die nächsten 3 M auf 2. Zopfnd nach vorn legen; 3 M re; dann die 3 M der 2. Zopfnd. und die 3 M der 1. Zopfnd re str.

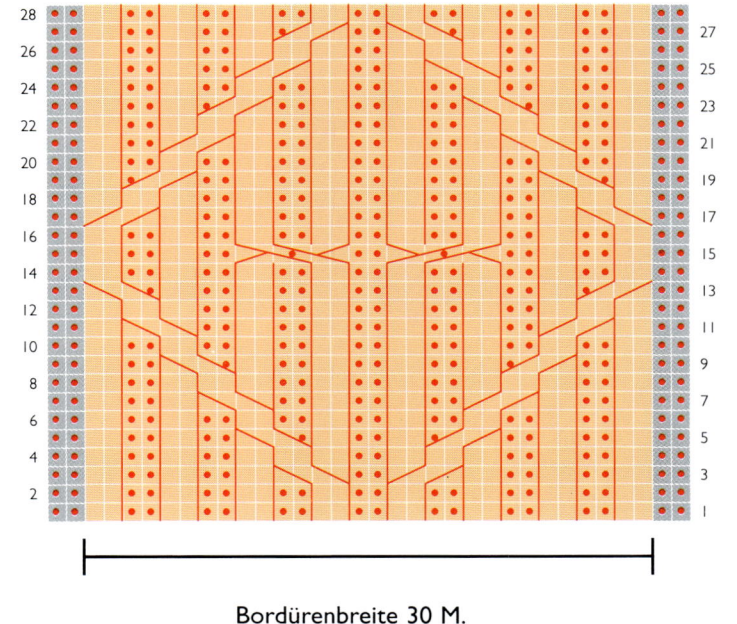

Bordürenbreite 30 M.

ZOPFMUSTER

ZOPFMUSTER

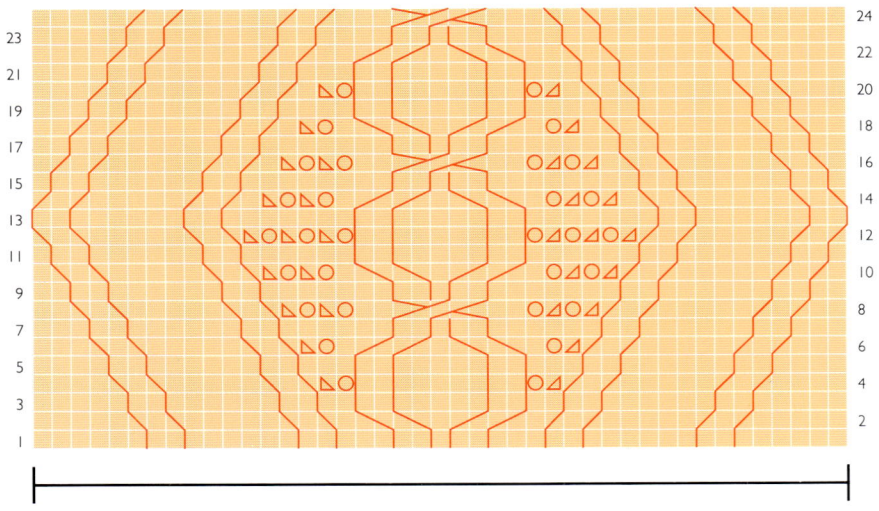

128

Bordürenbreite 43 M.

129

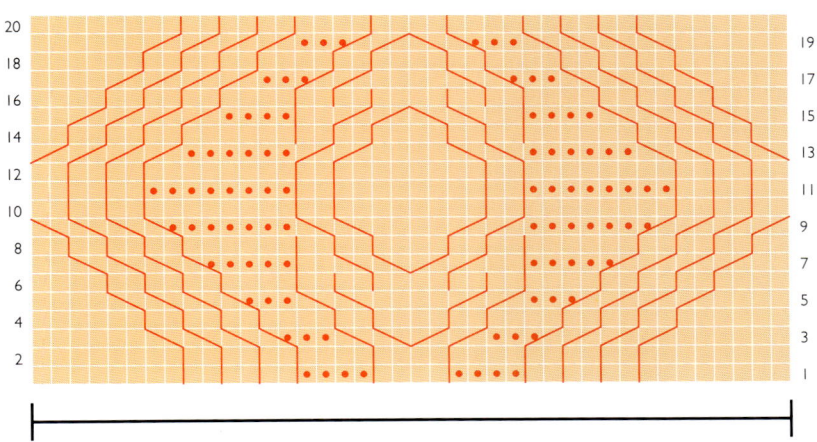

Bordürenbreite 40 M.

ZOPFMUSTER

81

ZOPFMUSTER

130

Bordürenbreite 9 M.

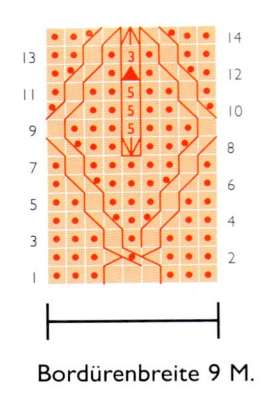

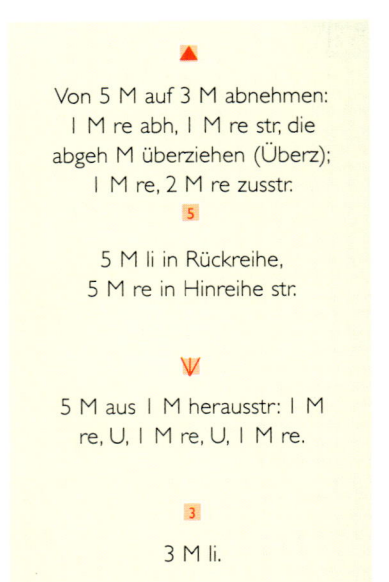

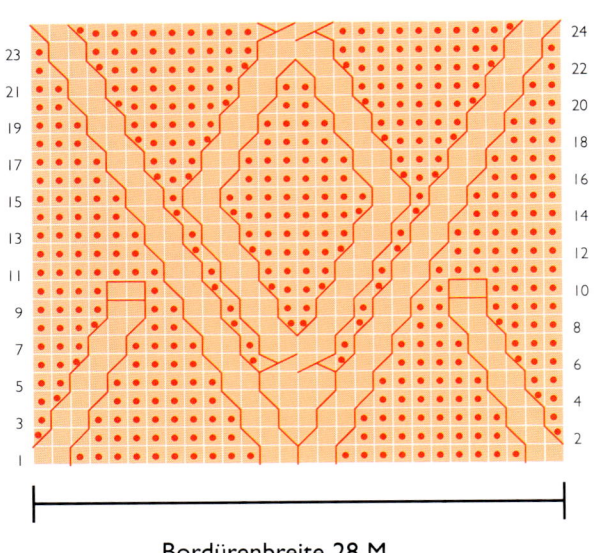

▲
Von 5 M auf 3 M abnehmen:
1 M re abh, 1 M re str, die
abgeh M überziehen (Überz);
1 M re, 2 M re zusstr.

5
5 M li in Rückreihe,
5 M re in Hinreihe str.

▽
5 M aus 1 M herausstr: 1 M
re, U, 1 M re, U, 1 M re.

3
3 M li.

Bordürenbreite 28 M.

131

ZOPFMUSTER

ZOPFMUSTER

132

133

Bordürenbreite 7 M.

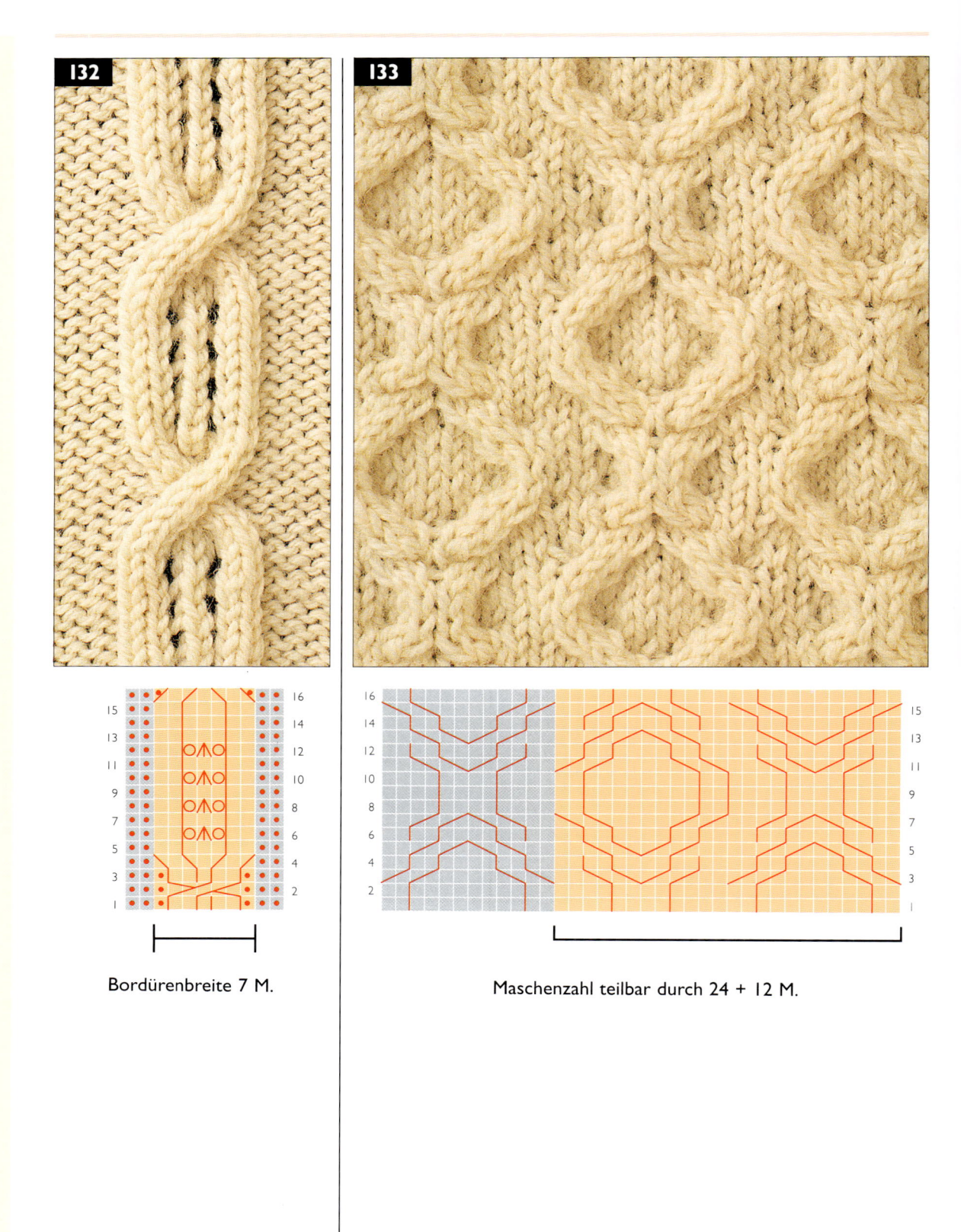

Maschenzahl teilbar durch 24 + 12 M.

134

135

ZOPFMUSTER

Bordürenbreite 23 M.

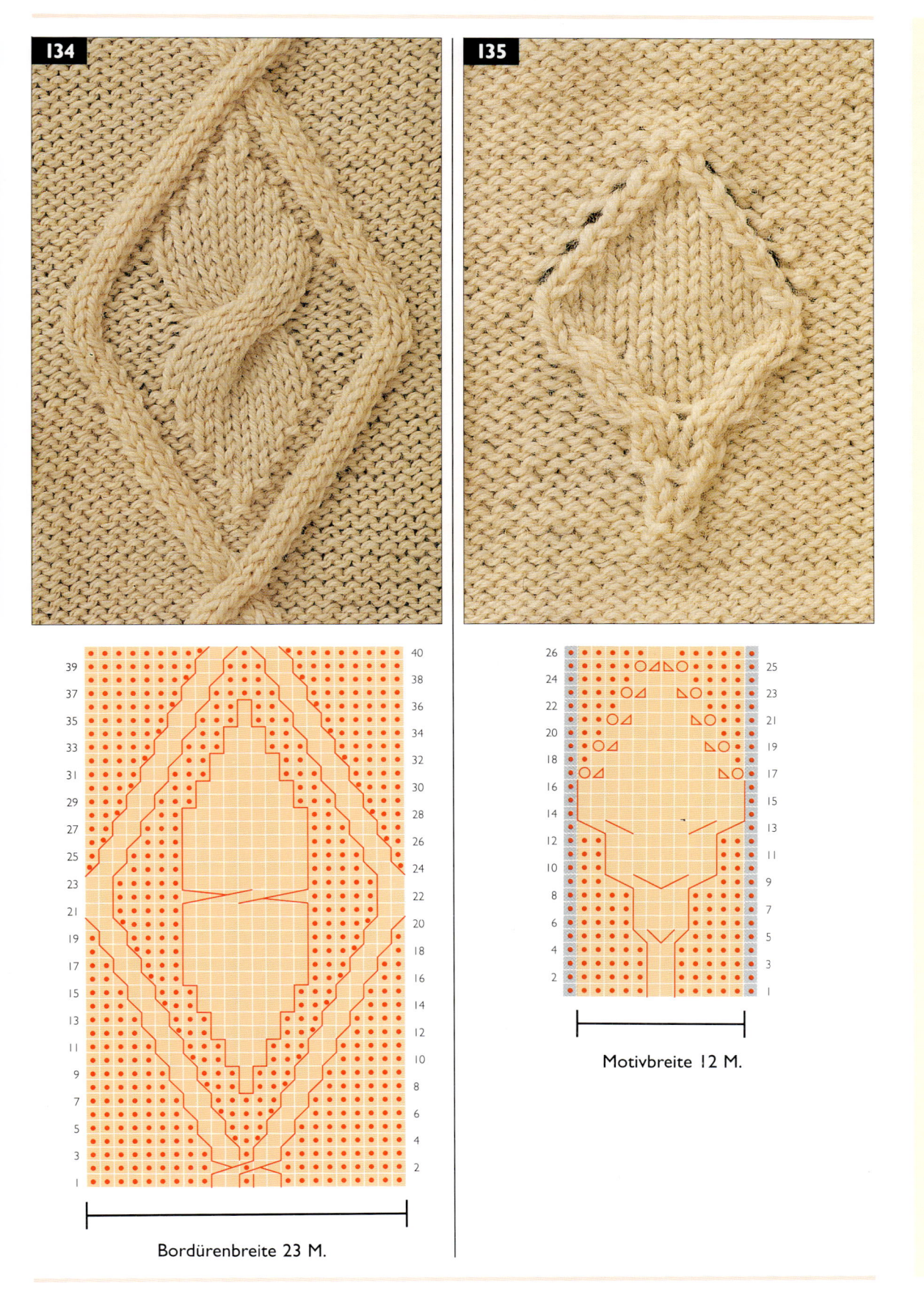

Motivbreite 12 M.

ZOPFMUSTER

136

Bordürenbreite 8 M.

137

Bordürenbreite 15 M.

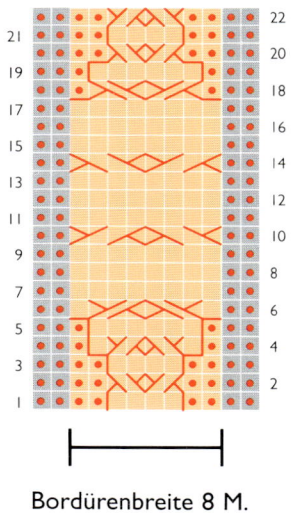

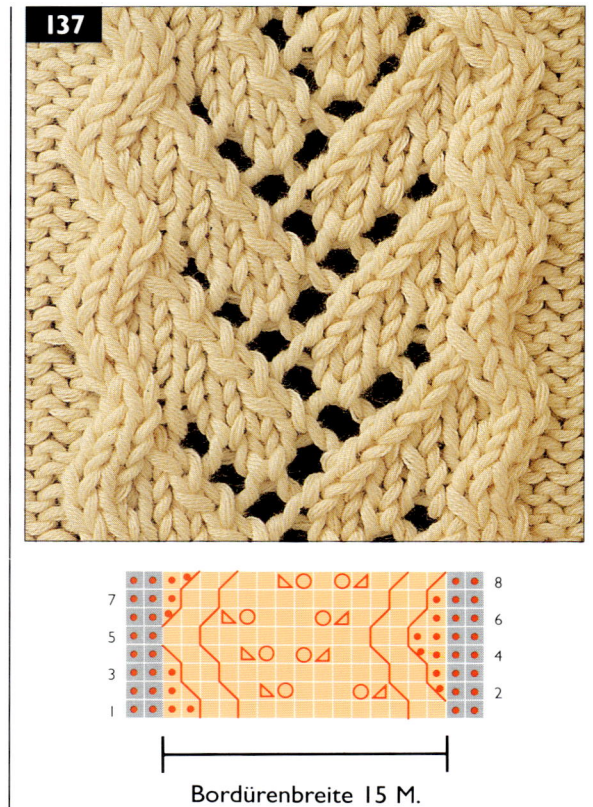

138

139

Maschenzahl teilbar durch 26 + 1 M.

Bordürenbreite 10 M.

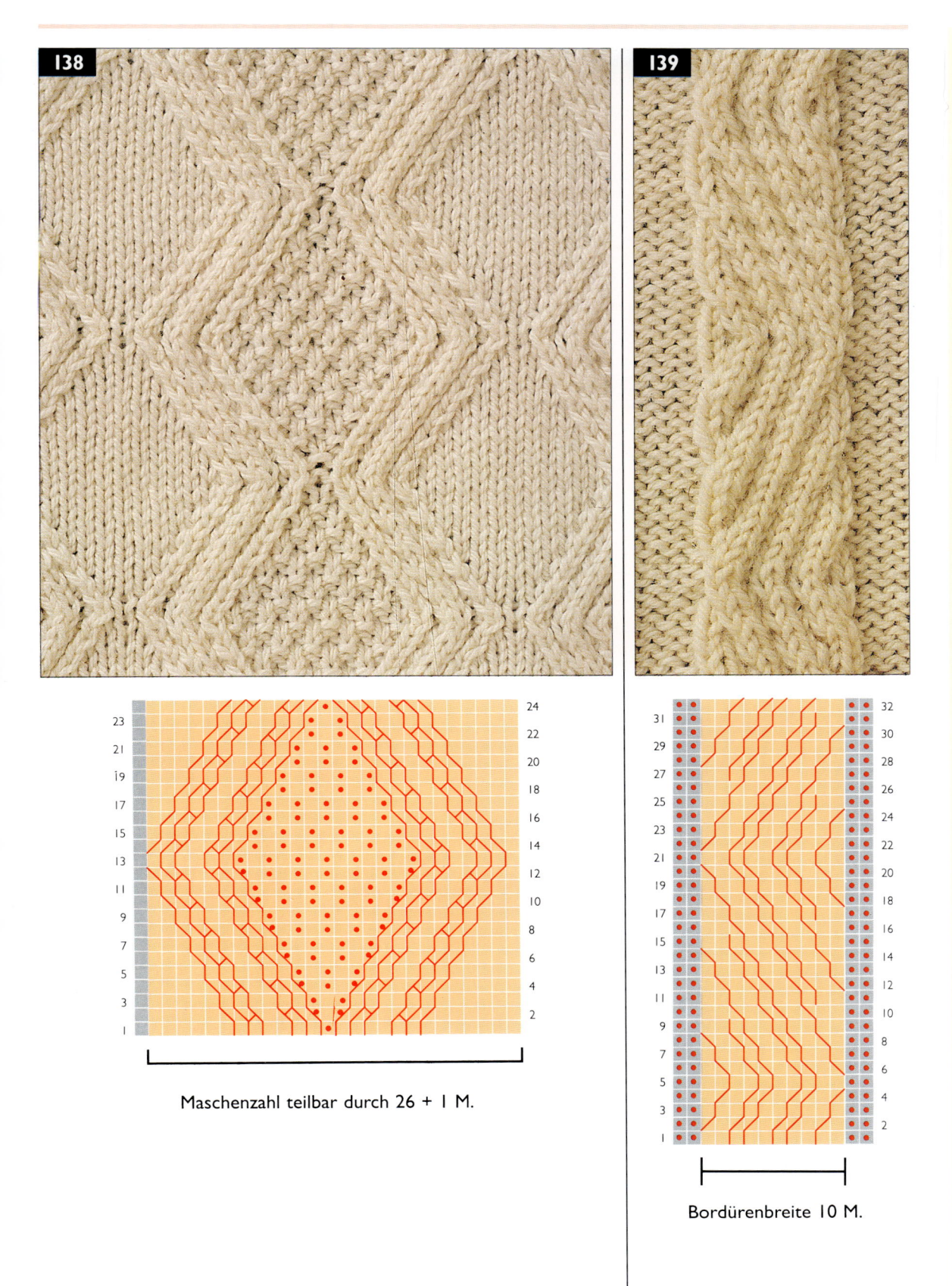

ZOPFMUSTER

87

ZOPFMUSTER

140

141

Motivbreite 19 M.

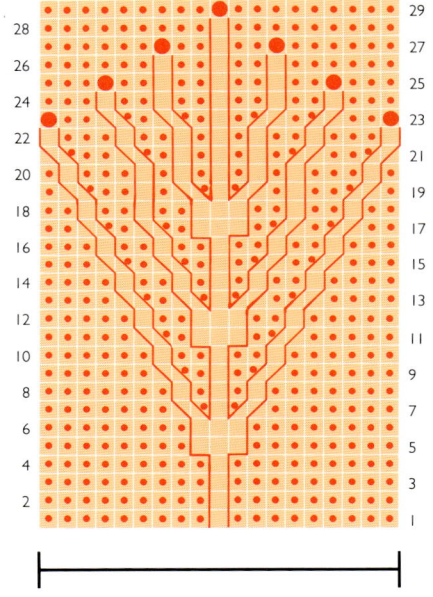

Motivbreite 19 M.

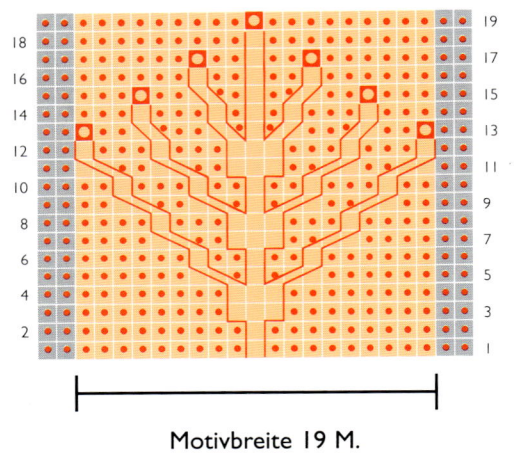

88

142

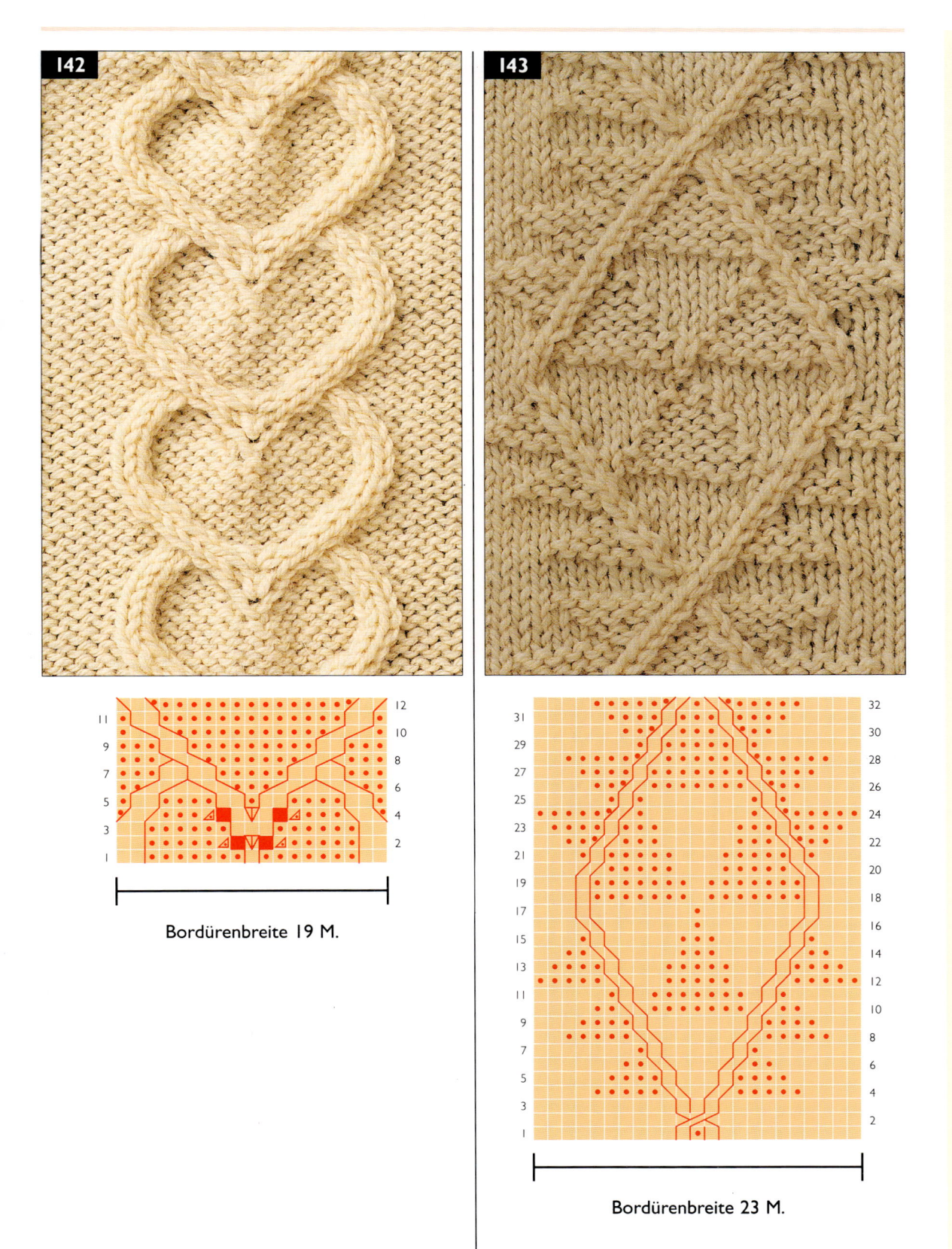

143

Bordürenbreite 19 M.

Bordürenbreite 23 M.

ZOPFMUSTER

89

ZOPFMUSTER

144

145

Bordürenbreite 11 M.

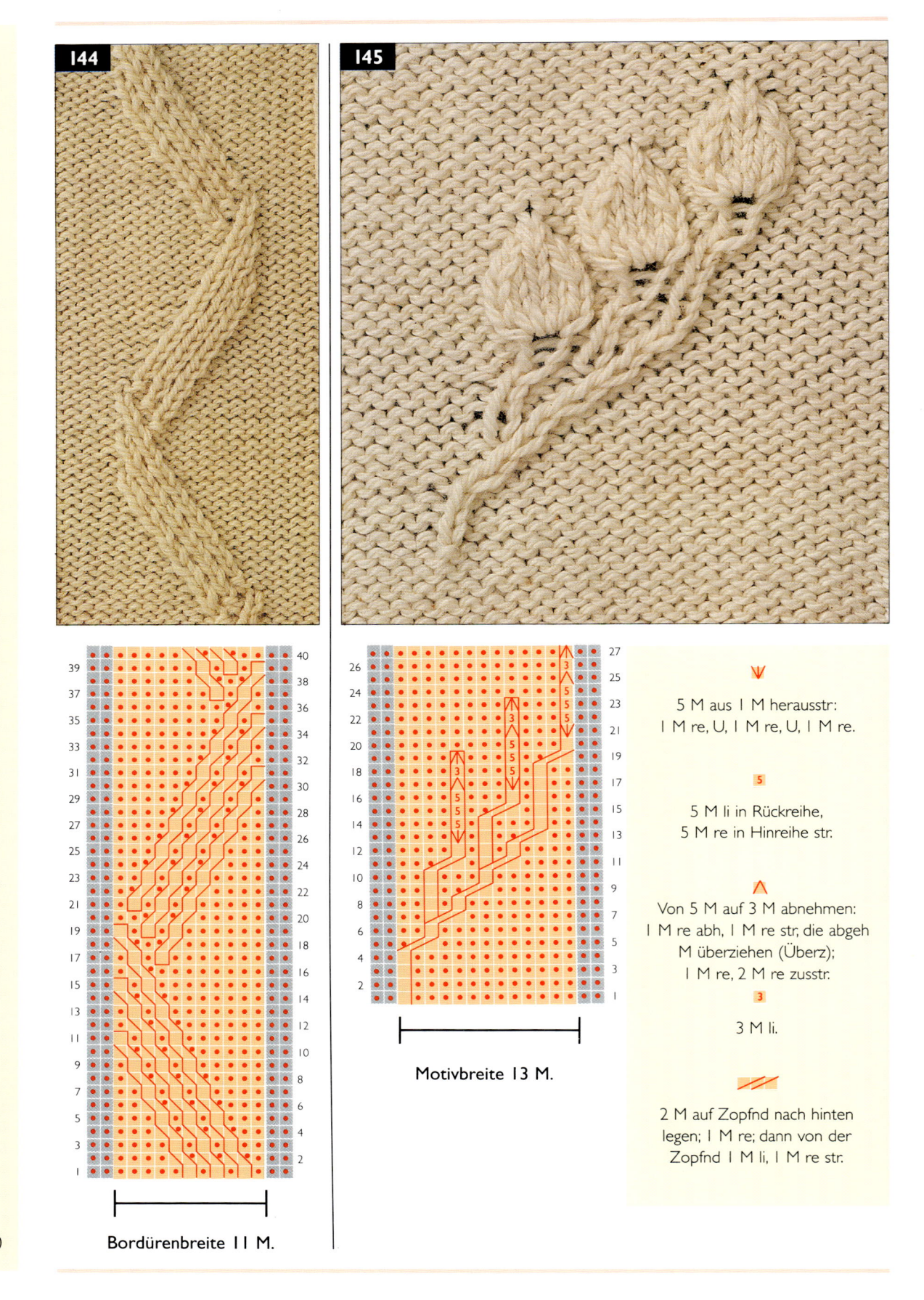

Motivbreite 13 M.

W

5 M aus 1 M herausstr:
1 M re, U, 1 M re, U, 1 M re.

5

5 M li in Rückreihe,
5 M re in Hinreihe str.

∧

Von 5 M auf 3 M abnehmen:
1 M re abh, 1 M re str, die abgeh
M überziehen (Überz);
1 M re, 2 M re zusstr.

3

3 M li.

2 M auf Zopfnd nach hinten
legen; 1 M re; dann von der
Zopfnd 1 M li, 1 M re str.

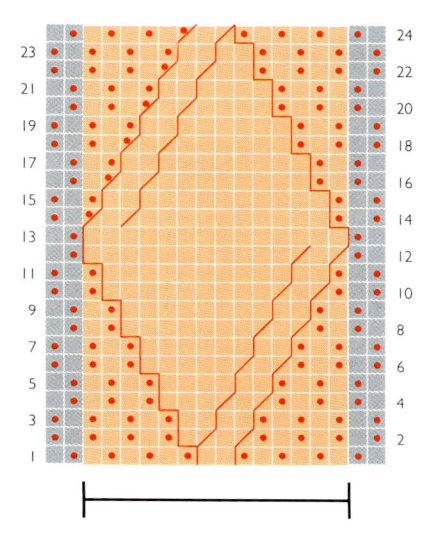

146

Bordürenbreite 14 M.

ZOPFMUSTER

ZOPFMUSTER

147

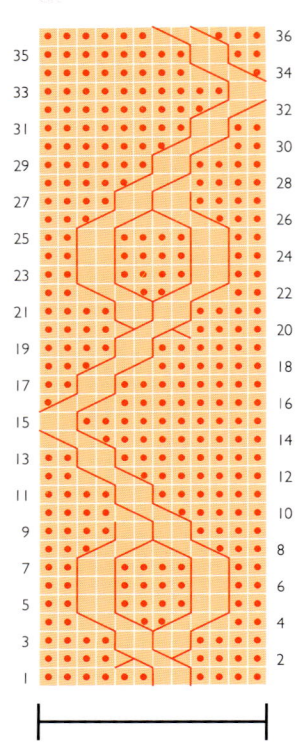

148

Bordürenbreite 12 M.

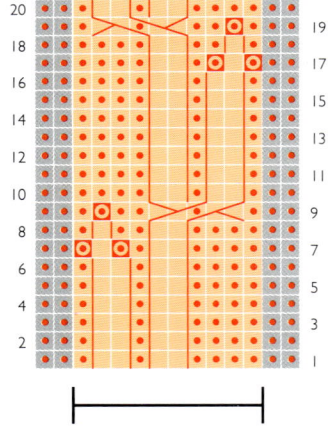

Bordürenbreite 10 M.

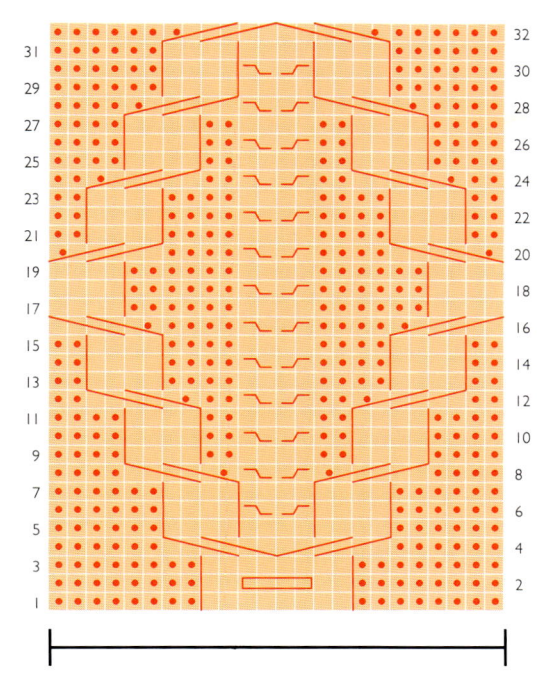

Bordürenbreite 24 M.

4 M auf Zopfnd nach hinten legen; 2 M re; dann die 4 M der Zopfnd re str.

2 M auf Zopfnd nach vorn legen; 4 M re; dann die 2 M der Zopfnd re str.

4 M auf Zopfnd nach hinten legen; 2 M re; dann von der Zopfnd 2 M re und 2 M li str.

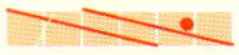

2 M auf Zopfnd nach vorn legen; 2 M li, 2 M re; dann die 2 M der Zopfnd re str.

ZOPFMUSTER

ZOPFMUSTER

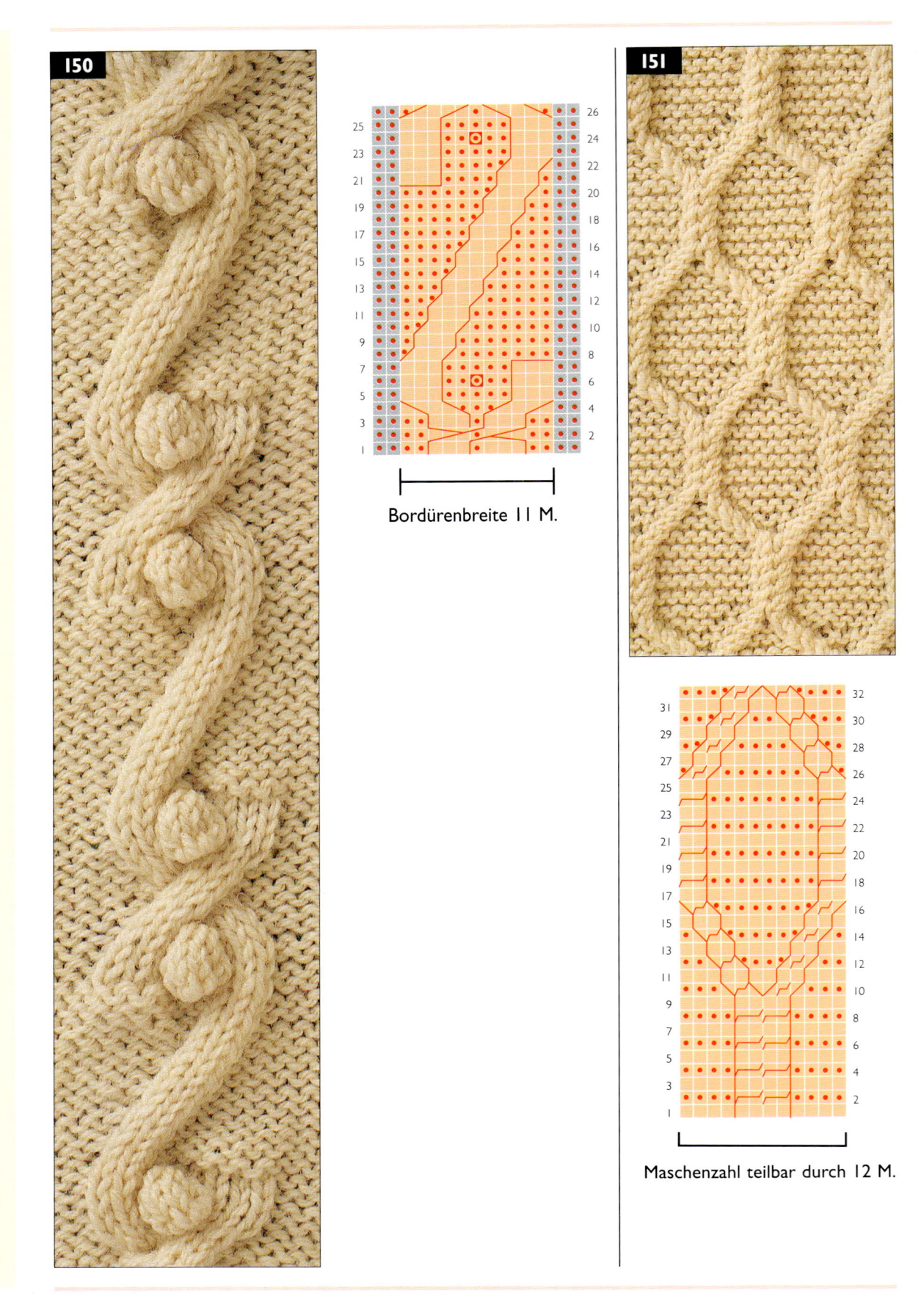

150

151

Bordürenbreite 11 M.

Maschenzahl teilbar durch 12 M.

152

153

Bordürenbreite 20 M.

Maschenzahl teilbar durch 16 + 4 M.

ZOPFMUSTER

ZOPFMUSTER

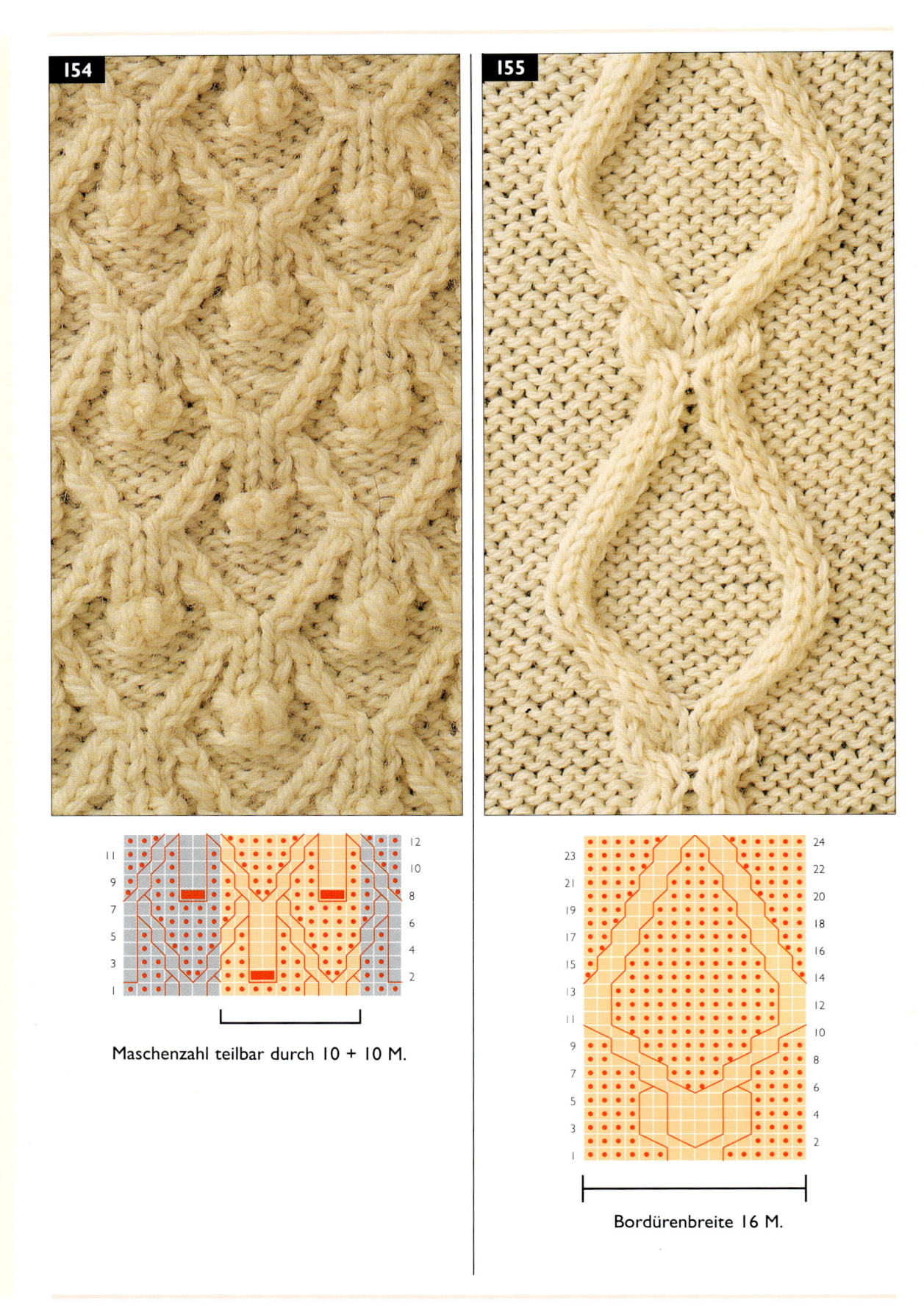

154

Maschenzahl teilbar durch 10 + 10 M.

155

Bordürenbreite 16 M.

156

157

Bordürenbreite 20 M.

Bordürenbreite 16 M.

ZOPFMUSTER

ZOPFMUSTER

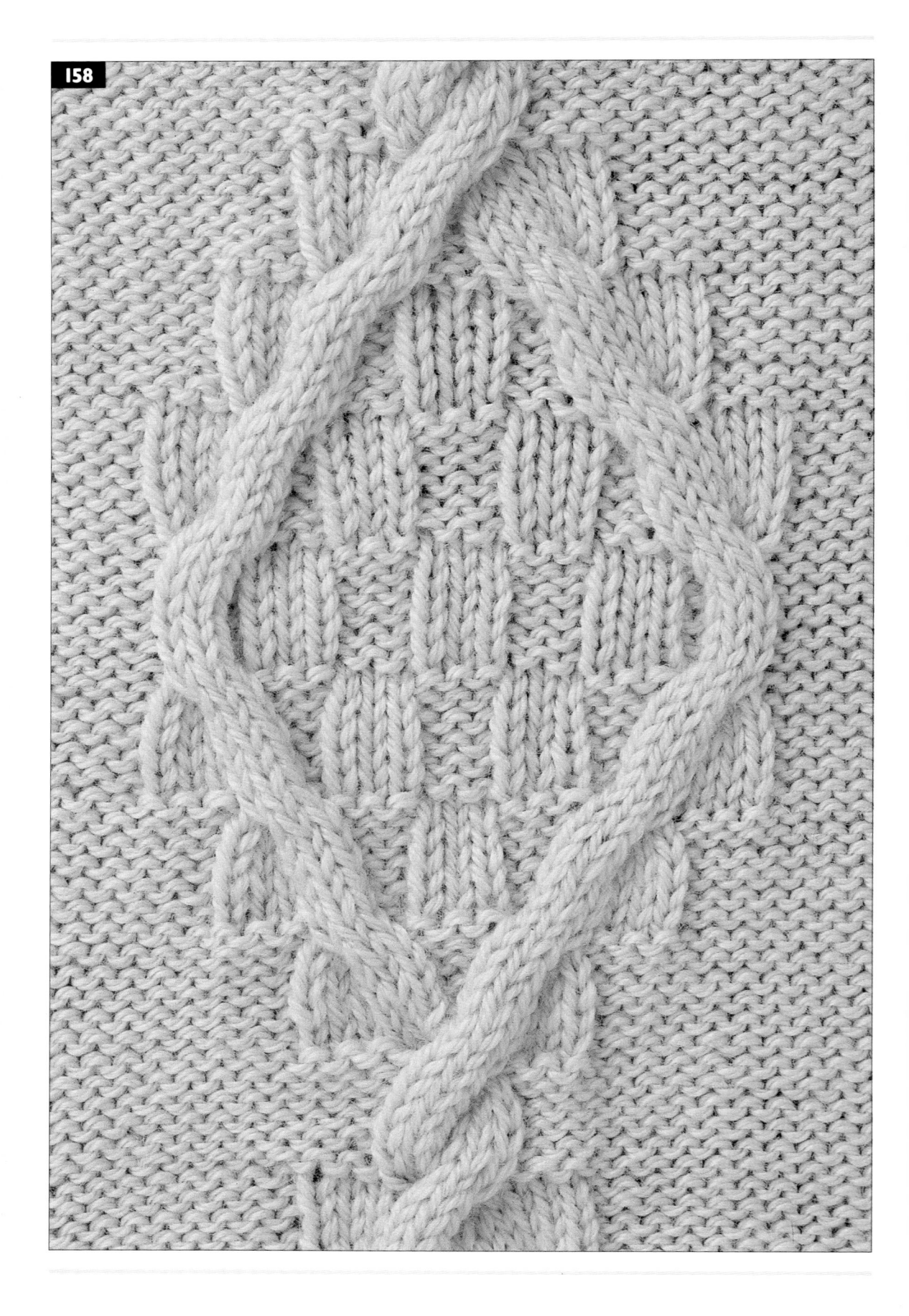

158

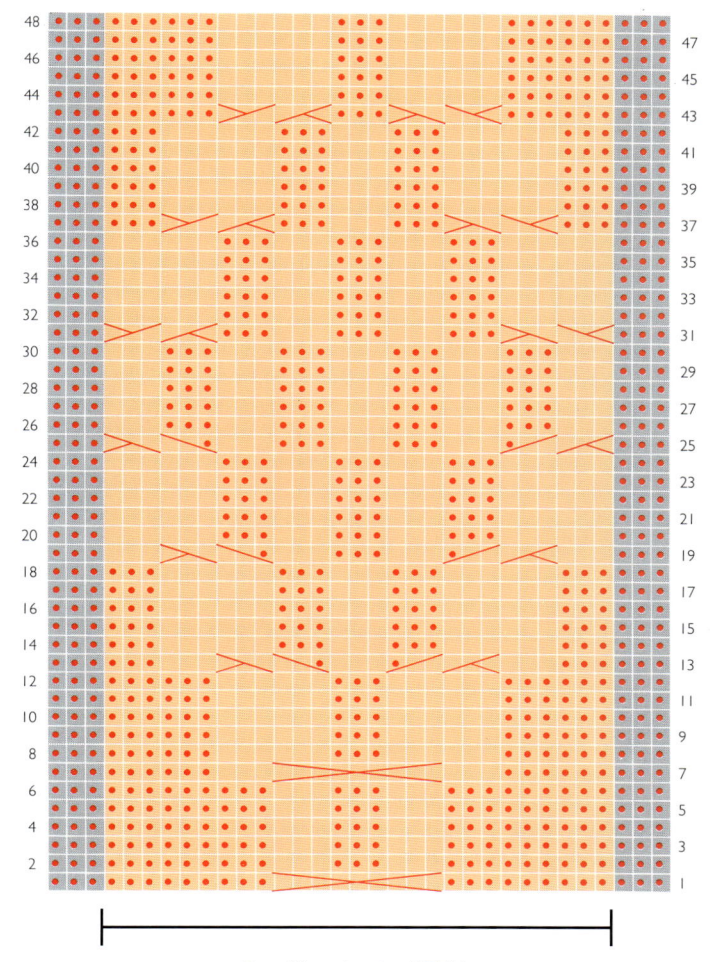

ZOPFMUSTER

159

Bordürenbreite 27 M.

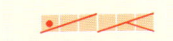

3 M auf Zopfnd nach hinten legen; 3 M re; dann die 3 M der Zopfnd li str.

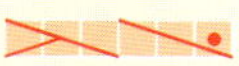

3 M auf Zopfnd nach vorn legen; 3 M li; dann die 3 M der Zopfnd re str.

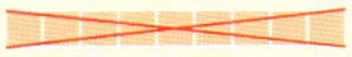

6 M auf Zopfnd nach hinten legen; 3 M re; die letzten 3 M der Zopfnd auf li Nd zurückheben; 3 M li; dann die übrigen 3 M der Zopfnd re str.

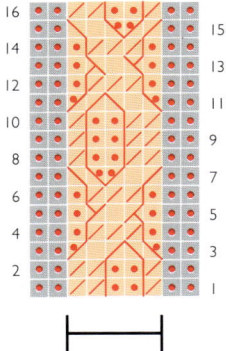

**Bordürenbreite 5 M.
Alle re M des Zopfs verschränkt str.**

ZOPFMUSTER

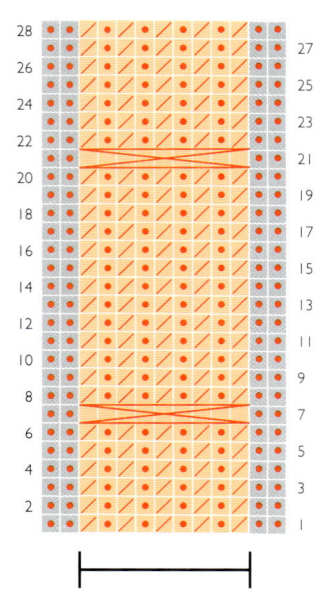

160

Bordürenbreite 9 M.

3 M auf 1. Zopfnd nach hinten legen und 3 M auf 2. Zopfnd nach vorn legen; 1 M re verschr, 1 M li, 1 M re verschr; dann von der 2. Zopfnd 1 M li, 1 M re verschr, 1 M li str; von der 1. Zopfnd 1 M re verschr, 1 M li, 1 M re verschr str.

ZOPFMUSTER

161

162

Bordürenbreite 25 M.

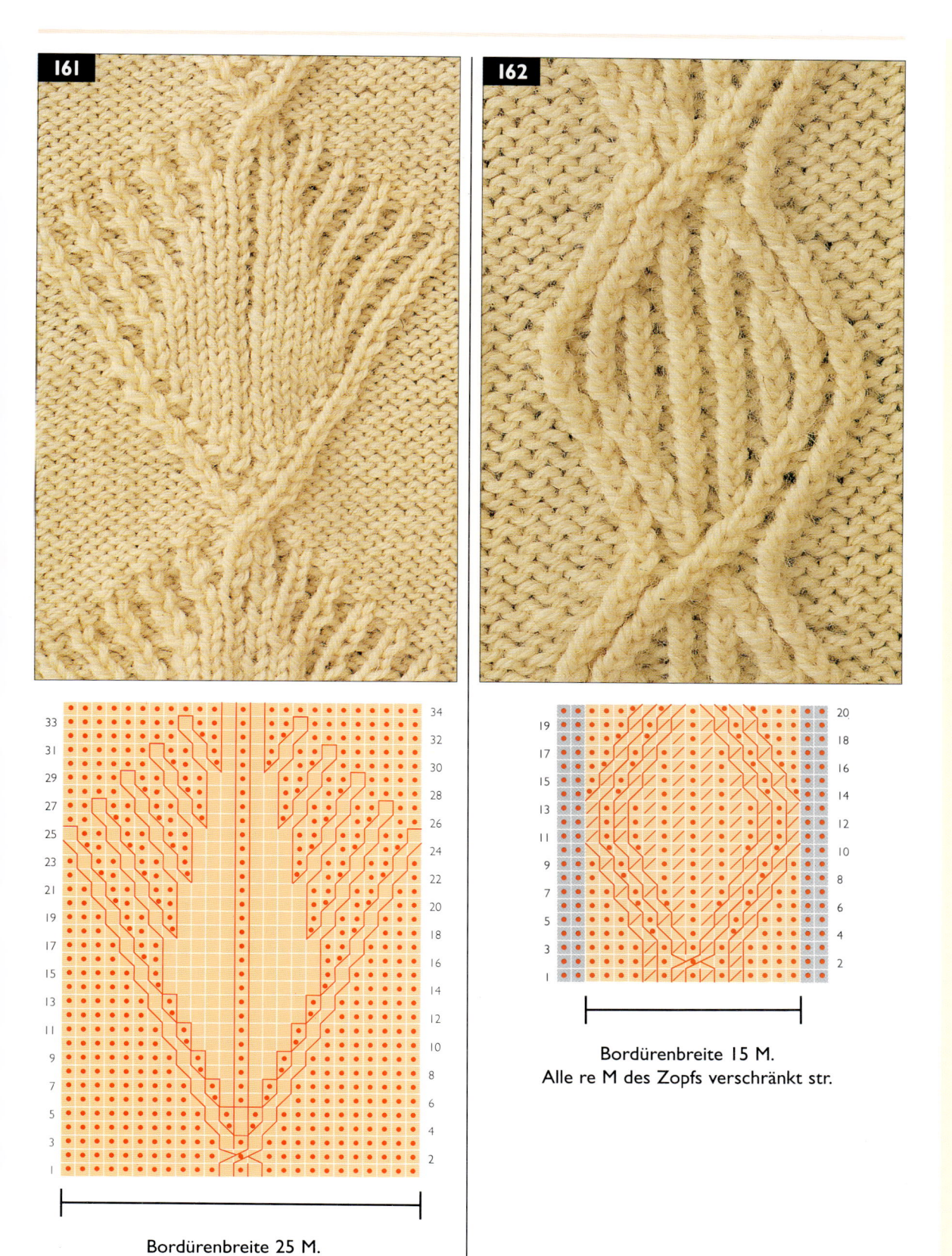

Bordürenbreite 15 M.
Alle re M des Zopfs verschränkt str.

ZOPFMUSTER

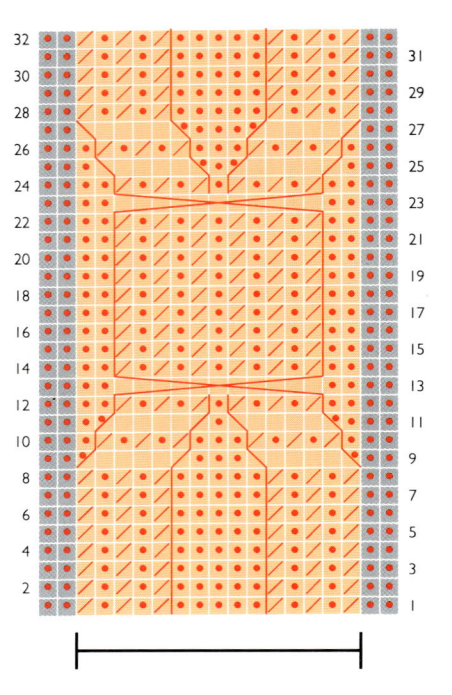

163

Bordürenbreite 15 M.

1 M auf Zopfnd nach hinten legen; 1 M re verschr, 2x [1 M li, 1 M re verschr]; dann die 1 M der Zopfnd li str.

5 M auf Zopfnd nach vorn legen; 1 M li; dann von der Zopfnd 1 M re verschr und 2 x [1 M li, 1 M re verschr] str.

6 M auf Zopfnd nach hinten legen; 1 M re verschr; 2x [1 M li, 1 M re verschr]; dann von der Zopfnd 3x [1 M li, 1 M re verschr] str.

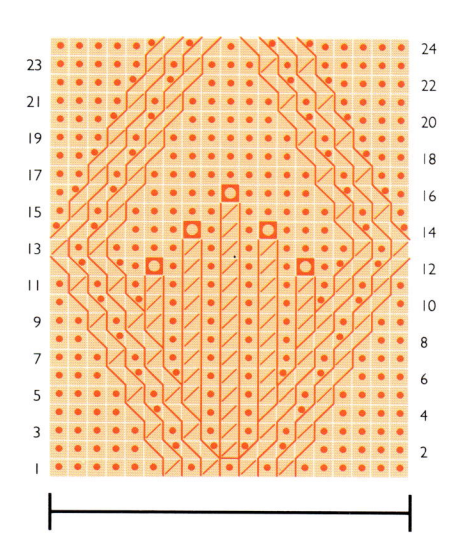

Bordürenbreite 19 M.
Alle re M des Zopfs verschränkt str.

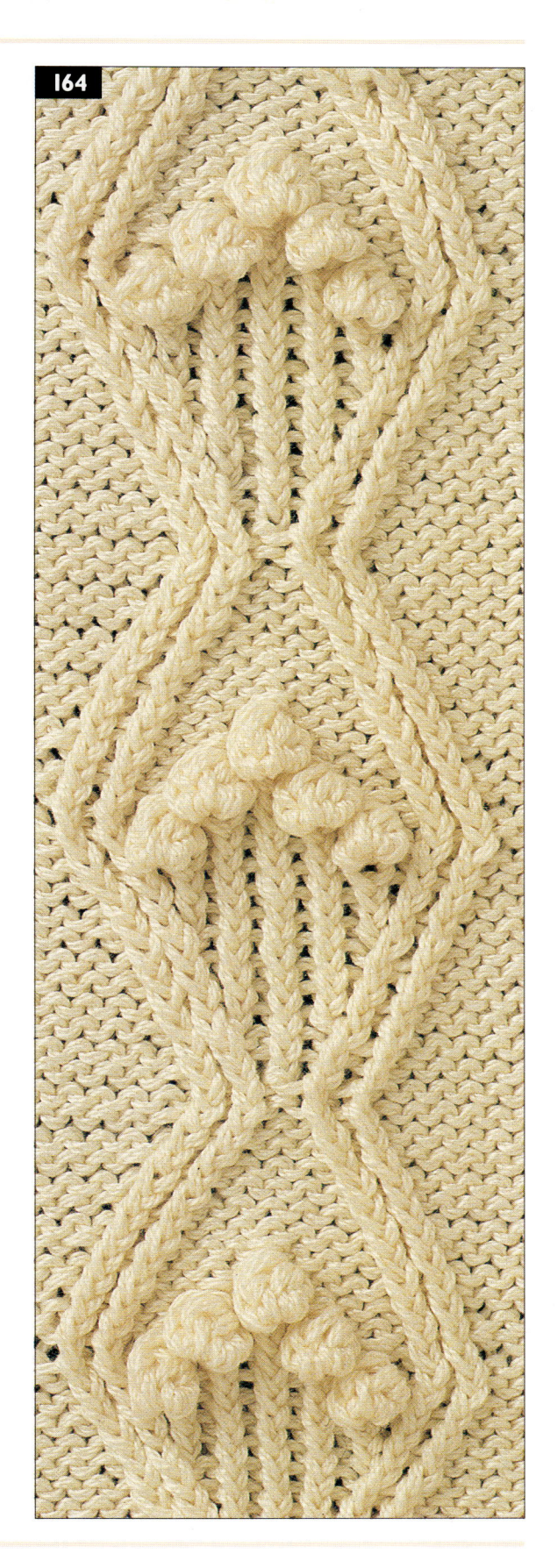

ZOPFMUSTER

103

ZOPFMUSTER

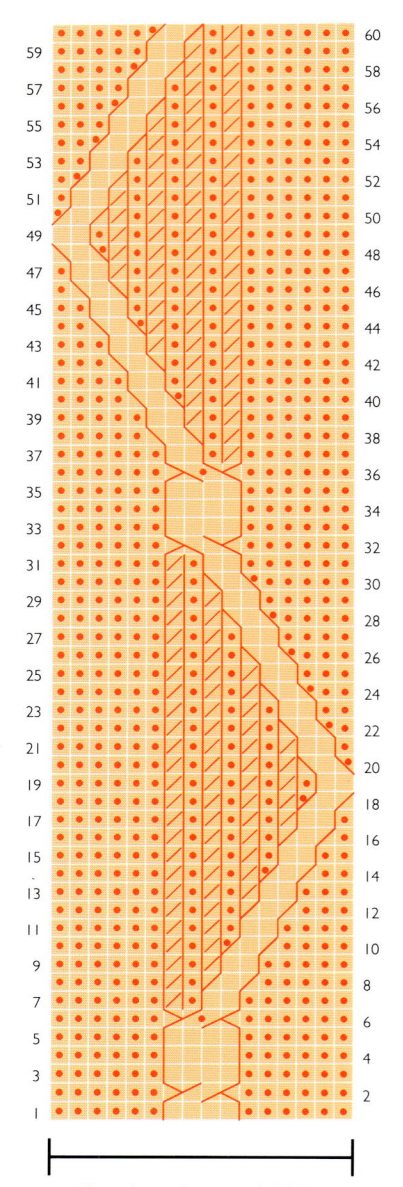

165

Bordürenbreite 16 M.

2 M auf Zopfnd nach hinten legen; 2 M re; von Zopfnd 1 M li, 1 M re verschr str.

2 M auf Zopfnd nach vorn legen; 1 M re verschr, 1 M li; von Zopfnd 2 M re str.

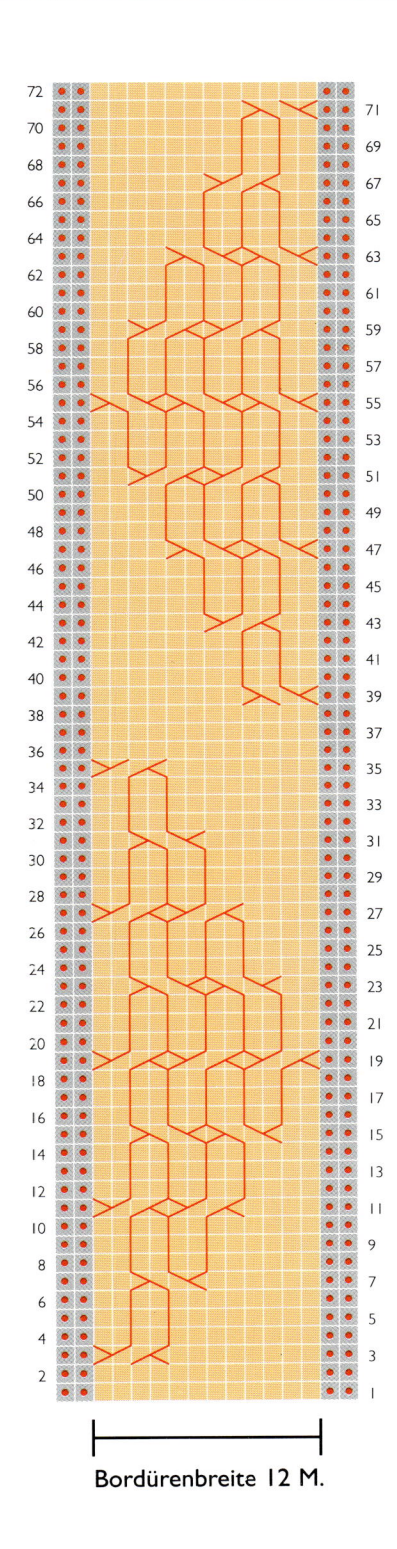

166

Bordürenbreite 12 M.

ZOPFMUSTER

ZOPFMUSTER

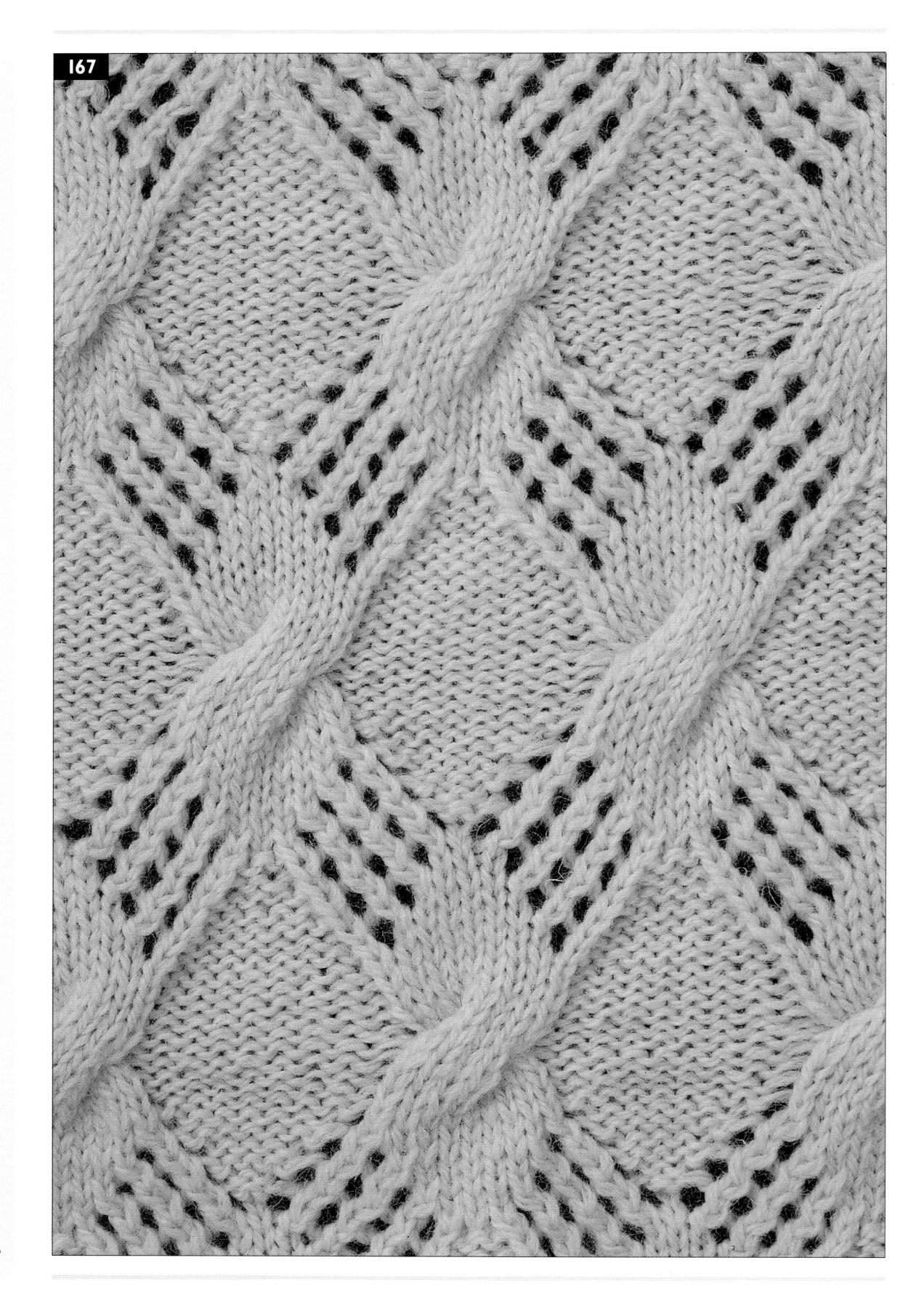

167

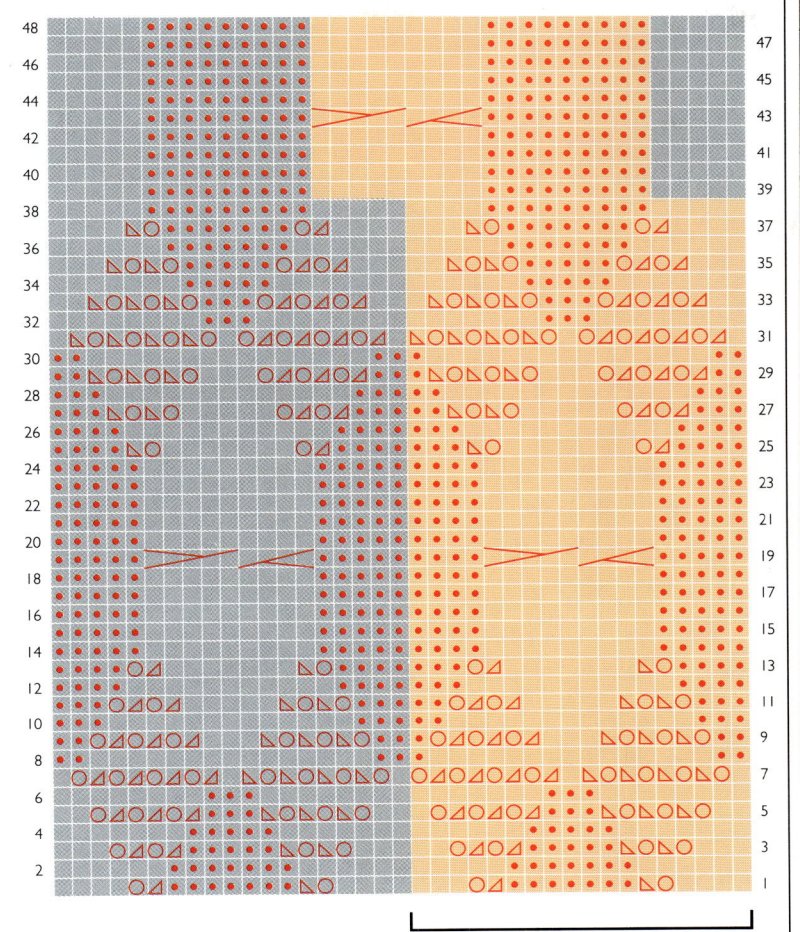

168

Maschenzahl teilbar durch 18 + 19 M.

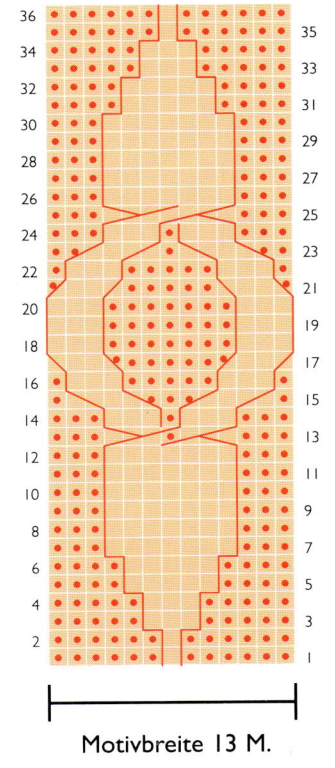

Motivbreite 13 M.

ZOPFMUSTER

107

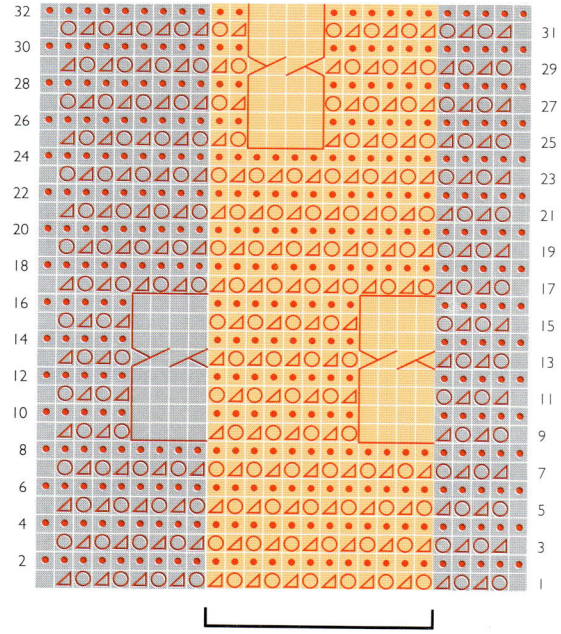

ZOPFMUSTER

169

Maschenzahl teilbar durch 12 + 14 M.

170

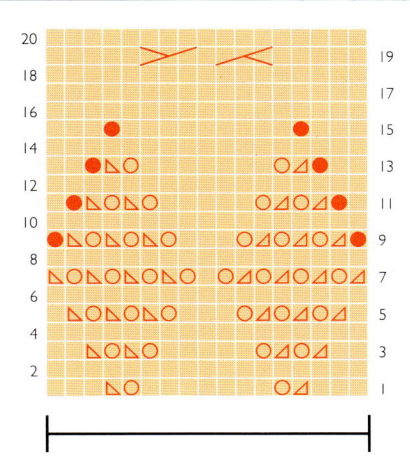

Bordürenbreite 17 M.

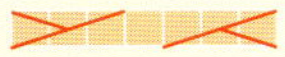

3 M auf Zopfnd nach hinten legen; 4 M re; dann die 3 M der Zopfnd re str.

171

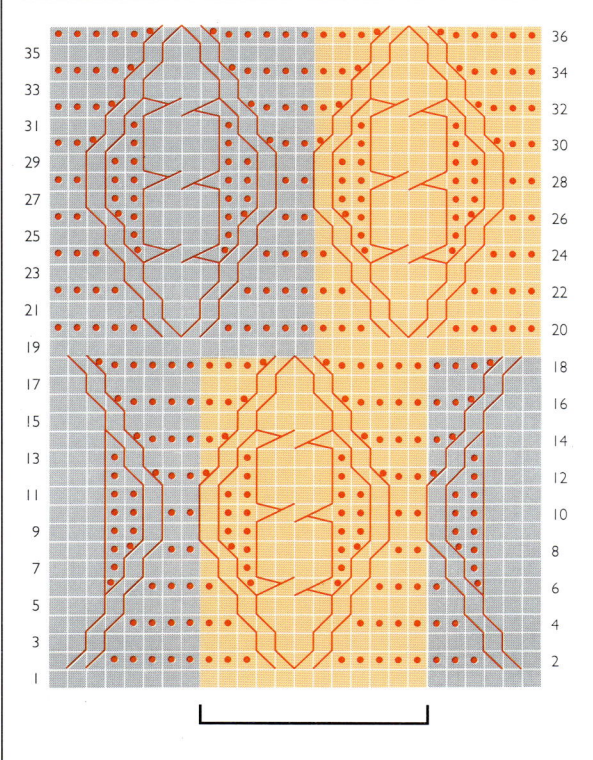

Maschenzahl teilbar durch 12 + 14 M.

ZOPFMUSTER

172

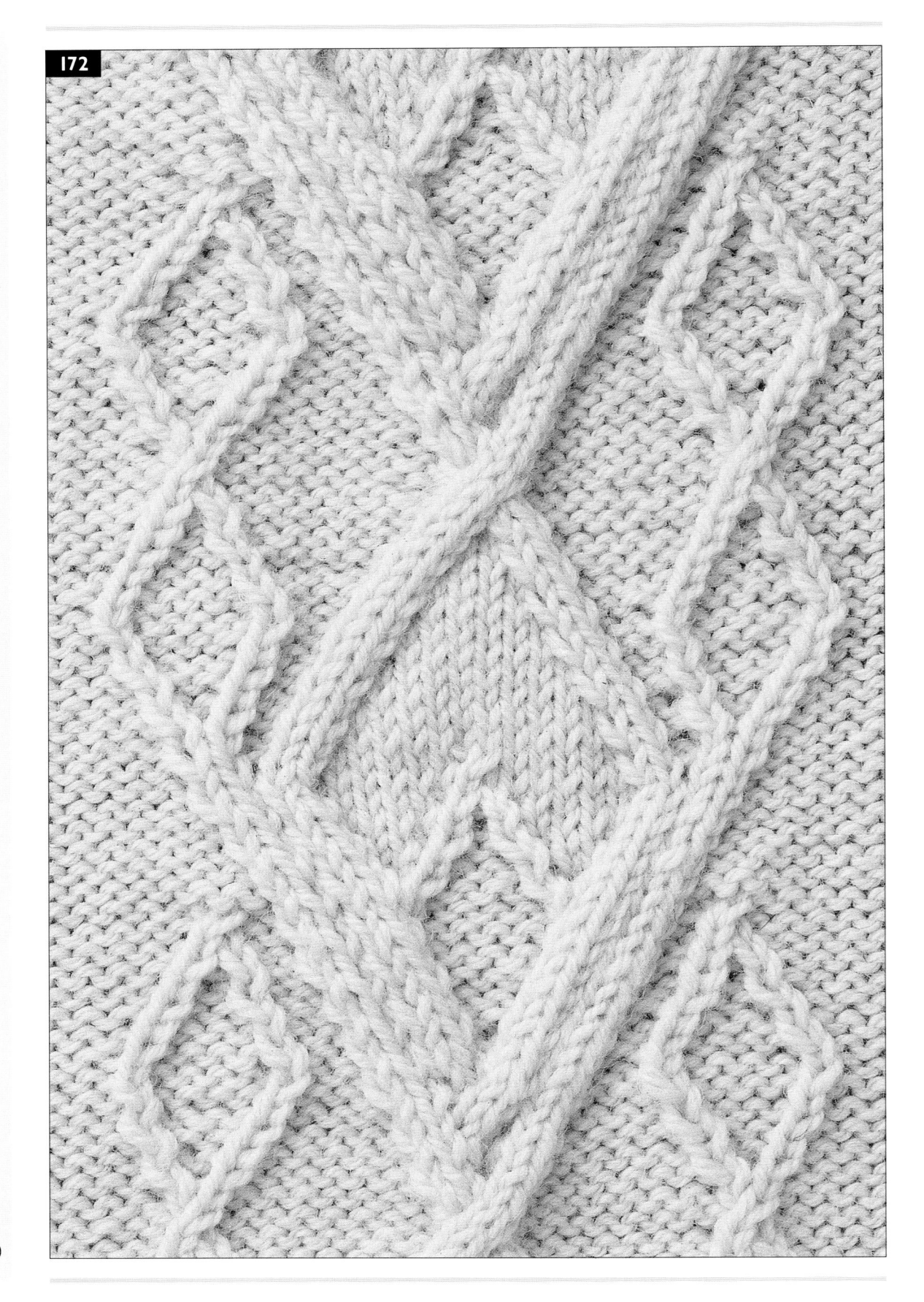

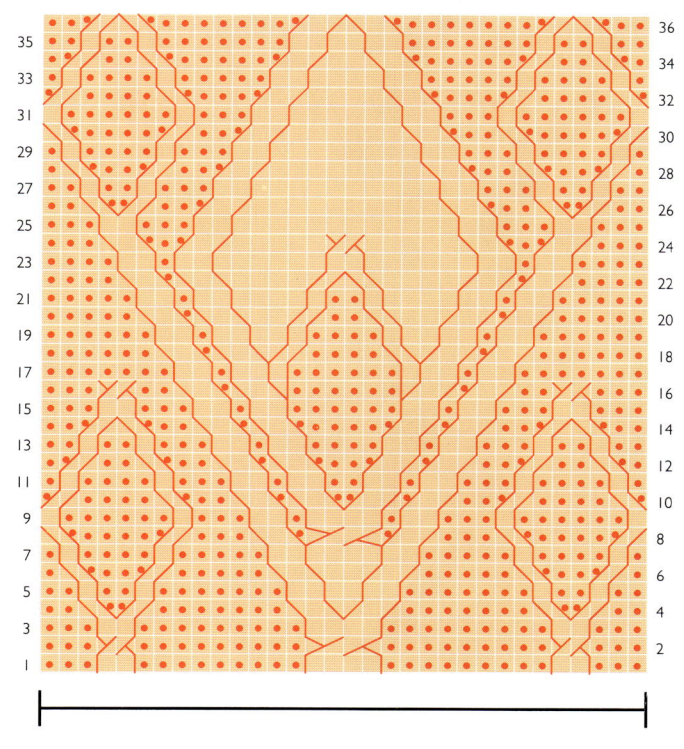

Bordürenbreite 32 M.

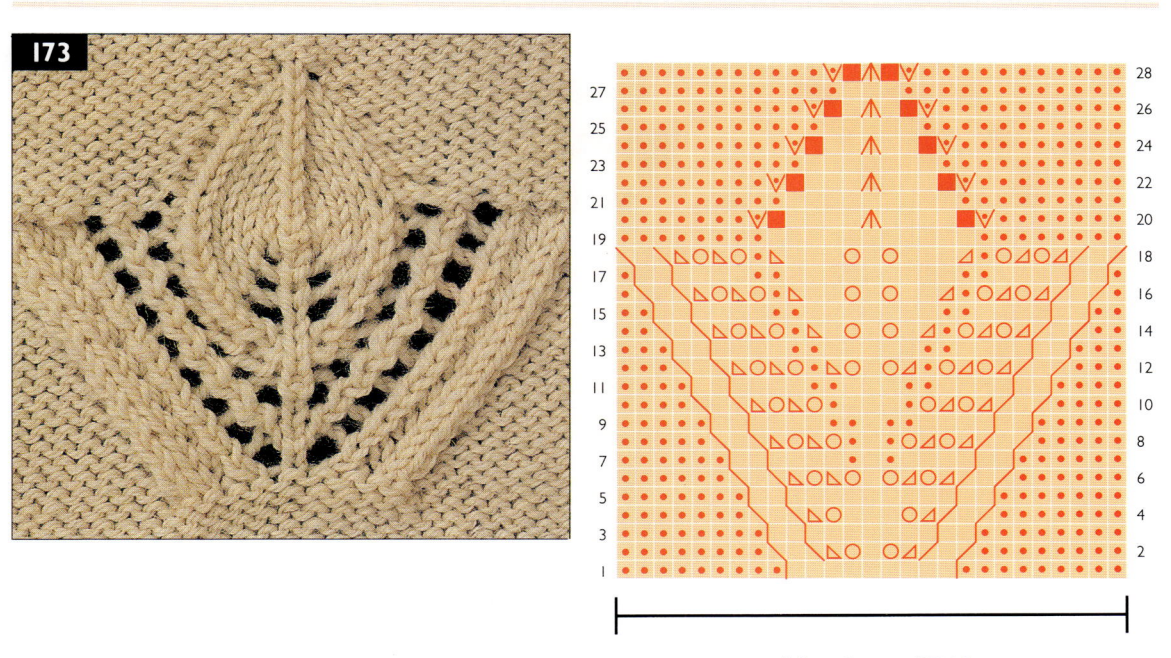

173

Motivbreite 27 M.

ZOPFMUSTER

174

ZOPFMUSTER

Bordürenbreite 31 M.

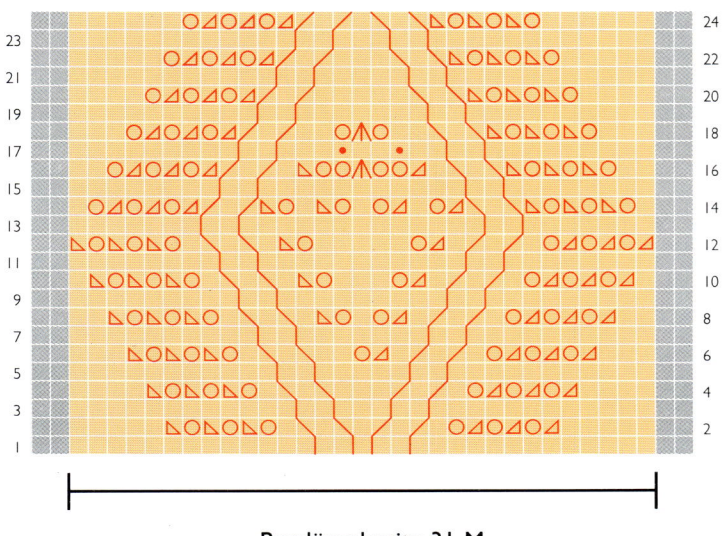

112

175

Bordürenbreite 17 M.

176

Bordürenbreite 19 M.

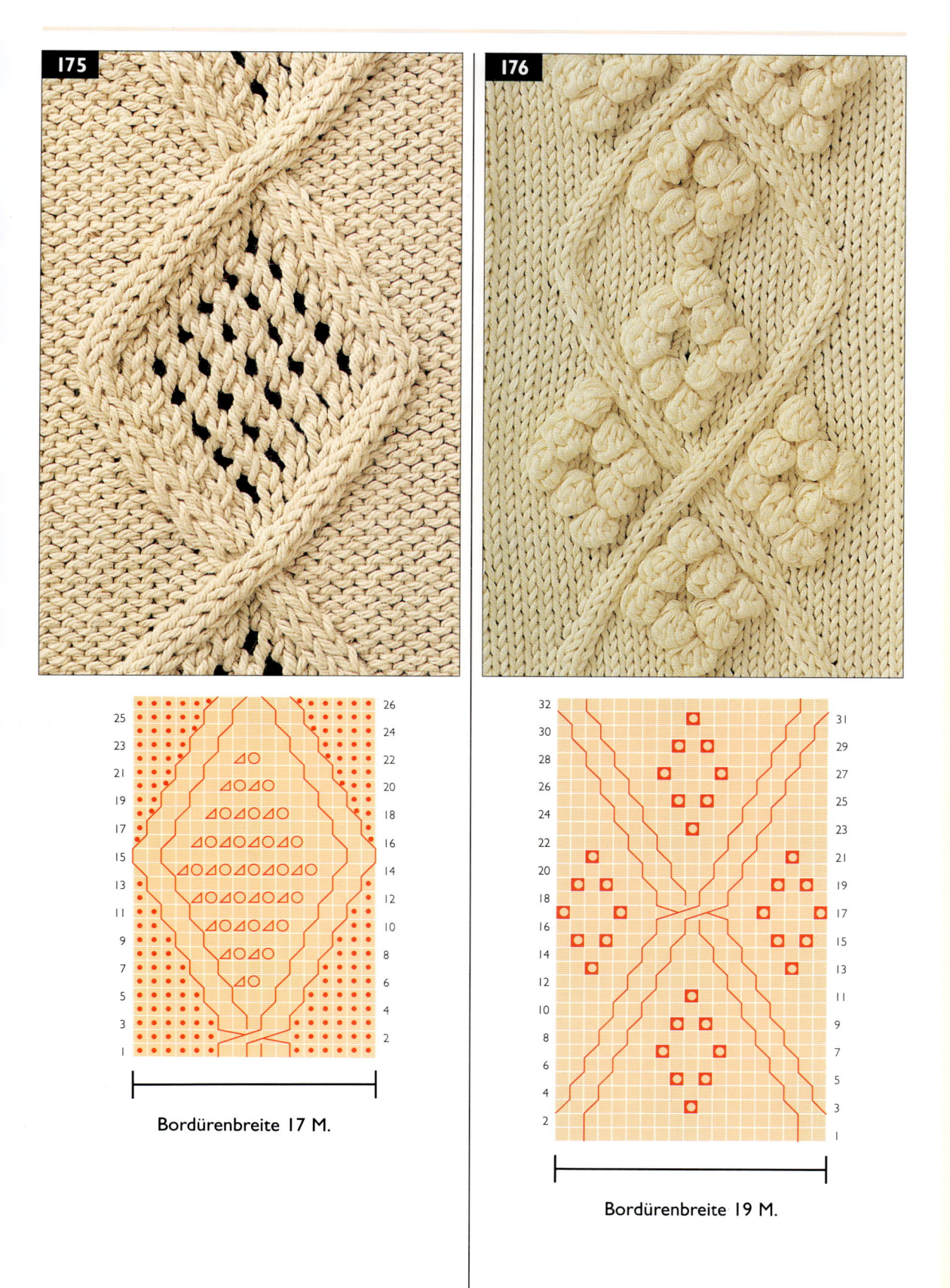

ZOPFMUSTER

177

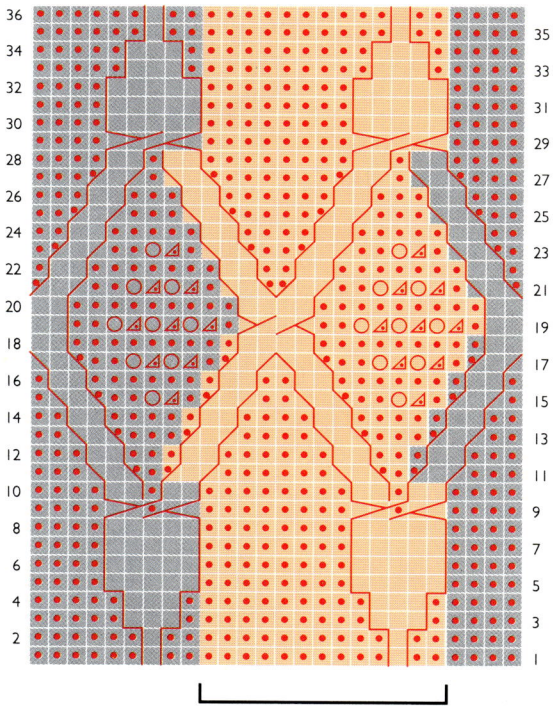

Maschenzahl teilbar durch 13 + 13 M.

178

6 M auf Zopfnd nach hinten legen; 2 M re, 1 M li, 2 M re; dann von Zopfnadel 2x [1 M li, 2 M re] str.

1 re M von der Nd fallen lassen, sodass eine Leiter entsteht; dann 1 U str. (Die Laufmasche stoppt beim vorigen Umschlag.)

Beachten Sie, dass nur Reihe 1 bis 24 wiederholt wird, nicht die Basisreihe. Sorgen Sie für geeignete Laufmaschen in der letzen Reihe, bevor Sie die Arbeit abketten.

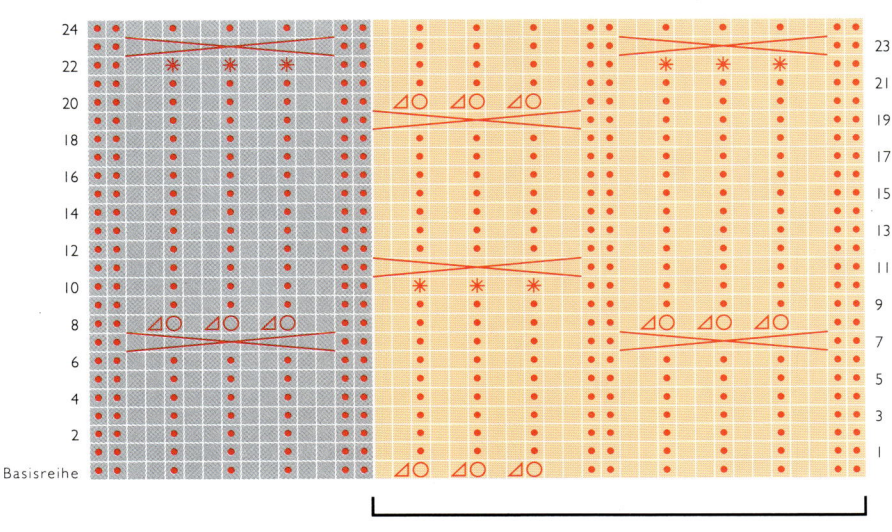

Maschenzahl teilbar durch 26 + 15 M.

ZOPFMUSTER

ZOPFMUSTER

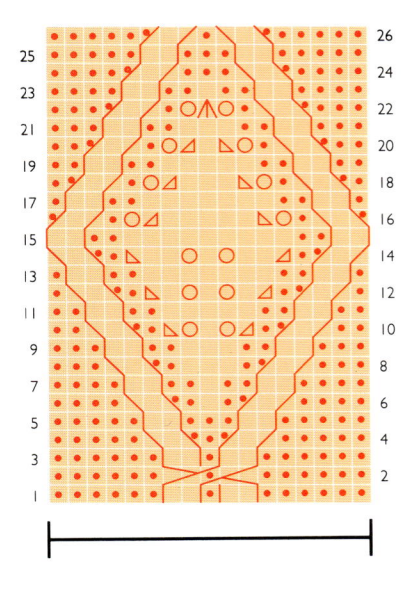

179

Bordürenbreite 17 M.

180

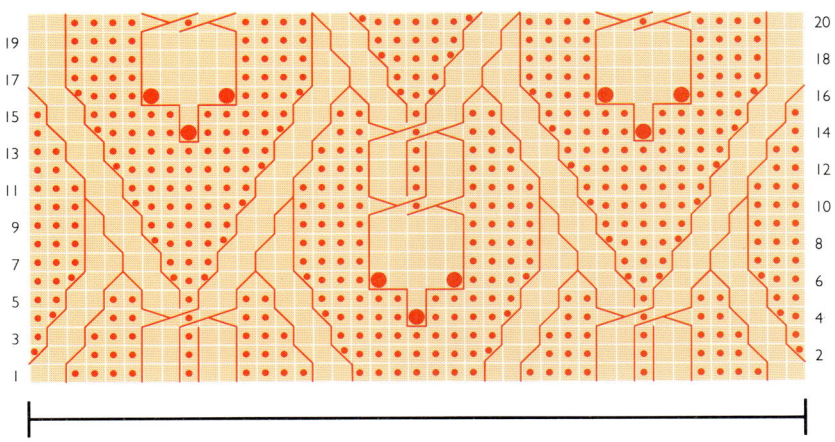

Bordürenbreite 41 M.

ZOPFMUSTER

181

ZOPFMUSTER

Bordürenbreite 50 M.

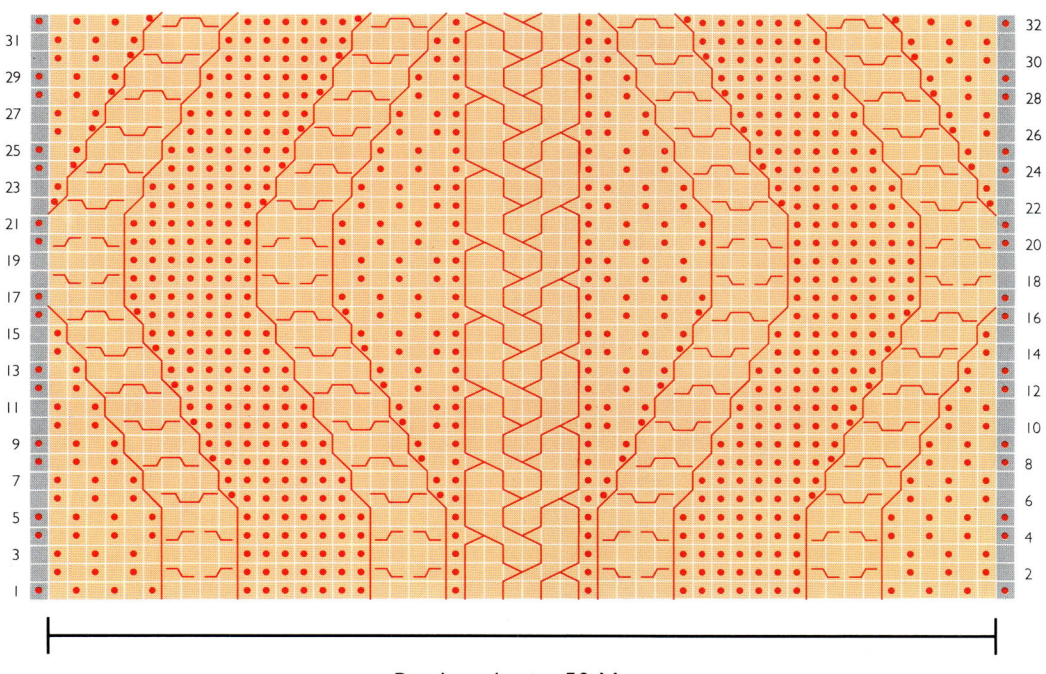

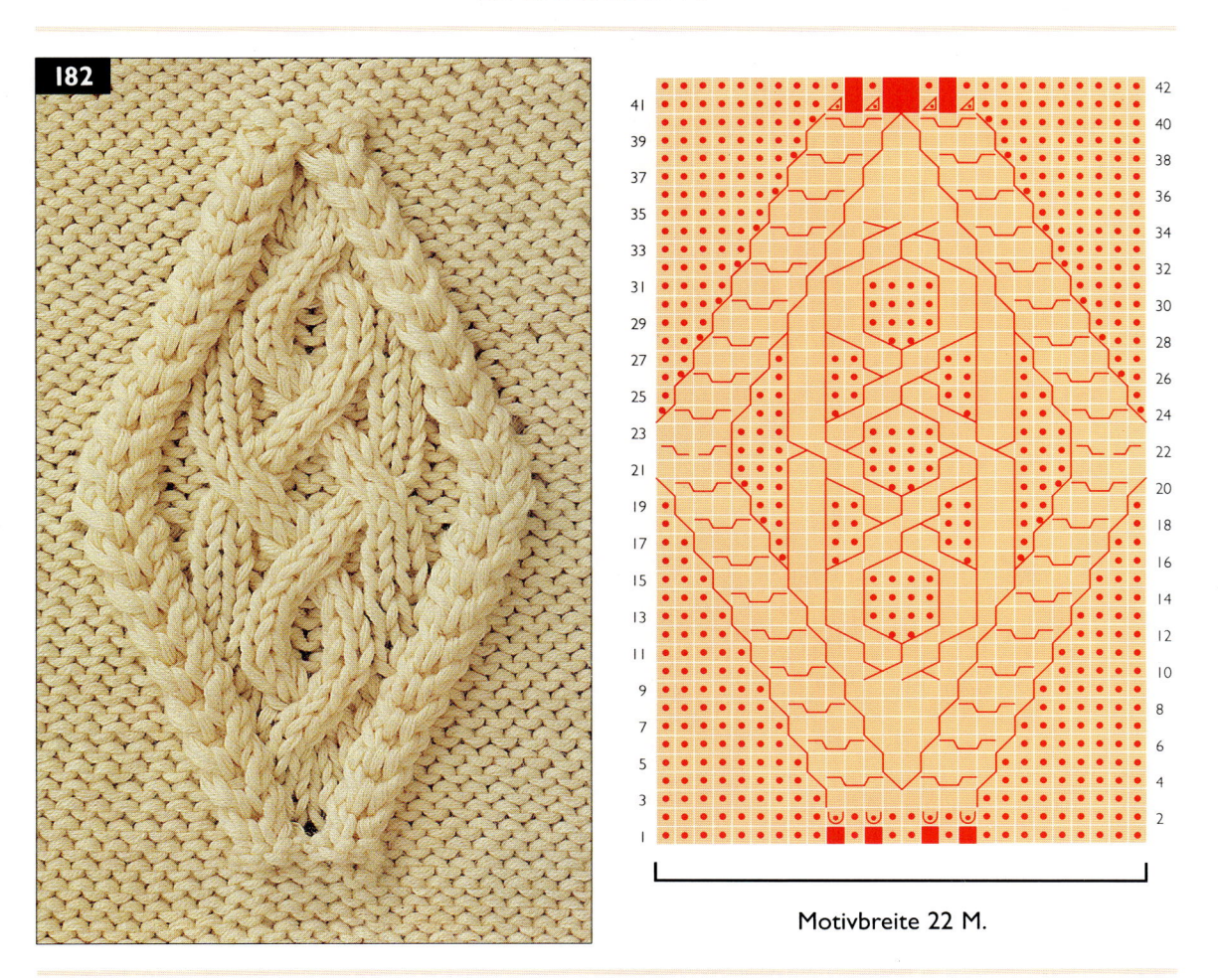

182

Motivbreite 22 M.

ZOPFMUSTER

ZOPFMUSTER

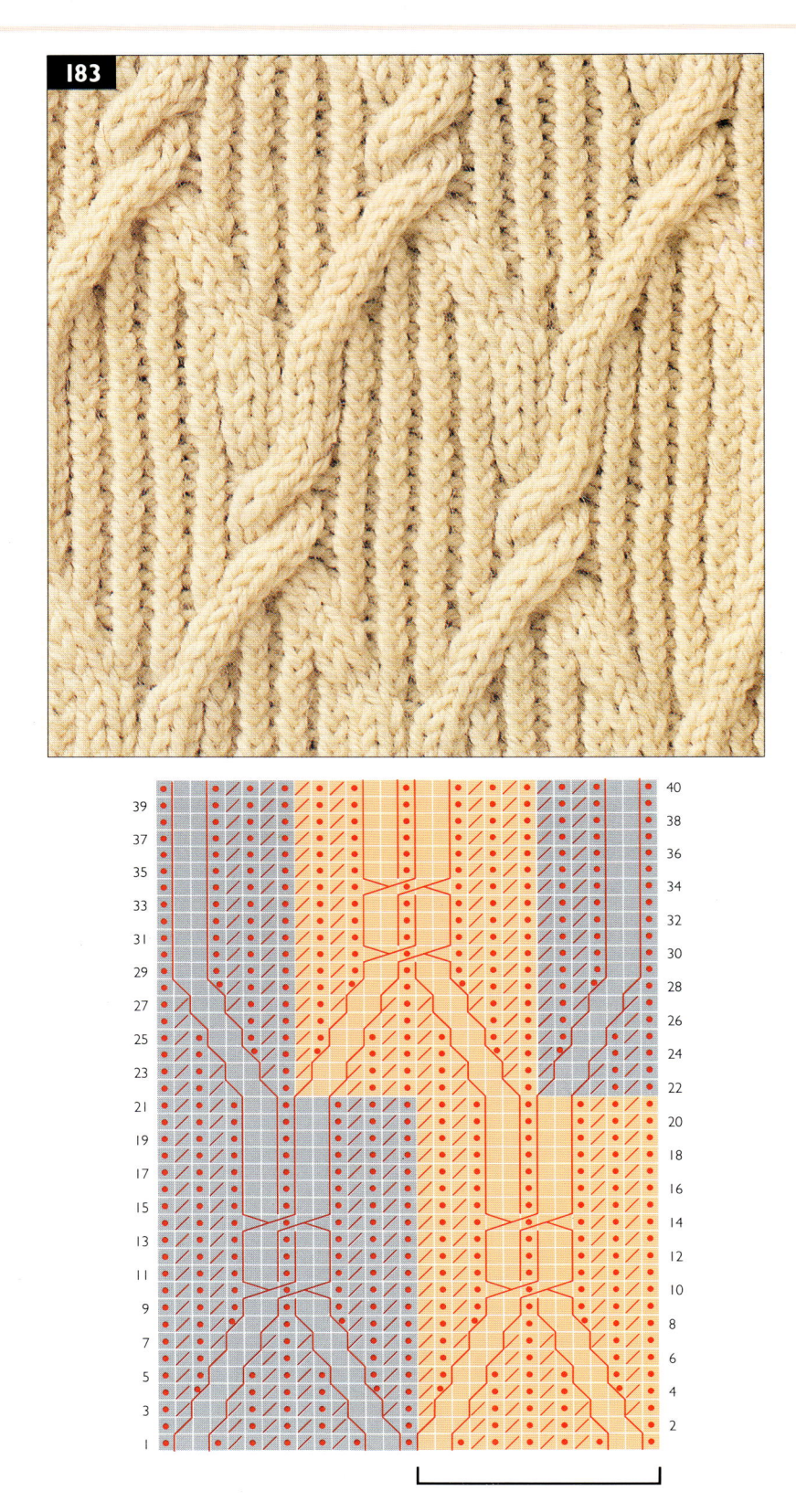

183

Maschenzahl teilbar durch 14 + 15 M.

184

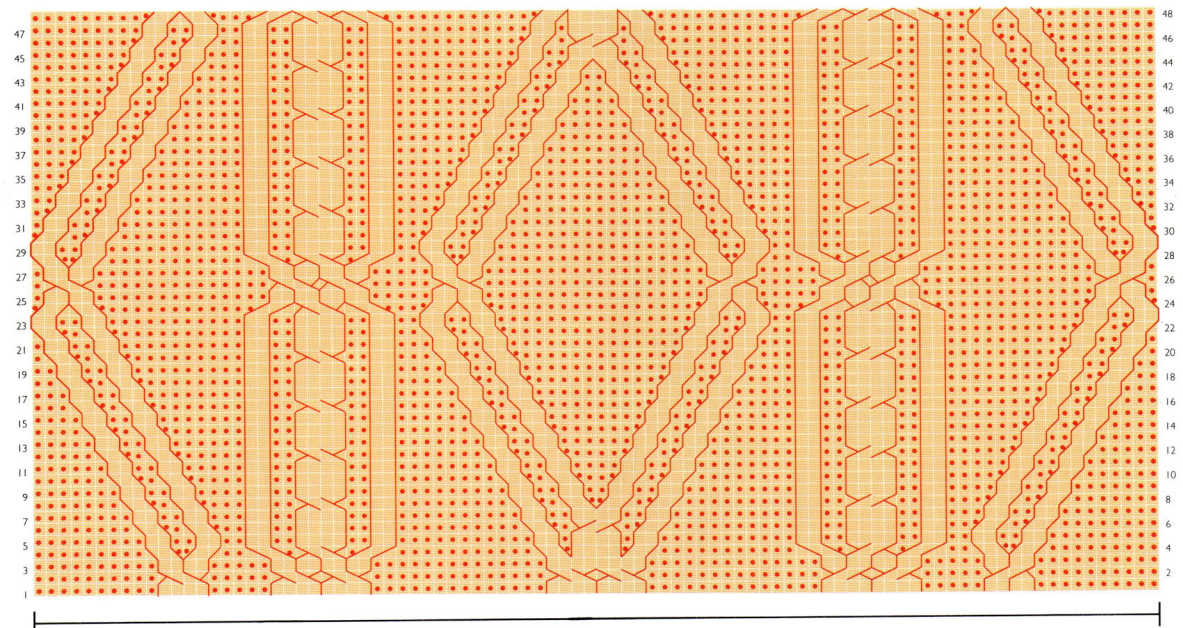

ZOPFMUSTER

Bordürenbreite 90 M.

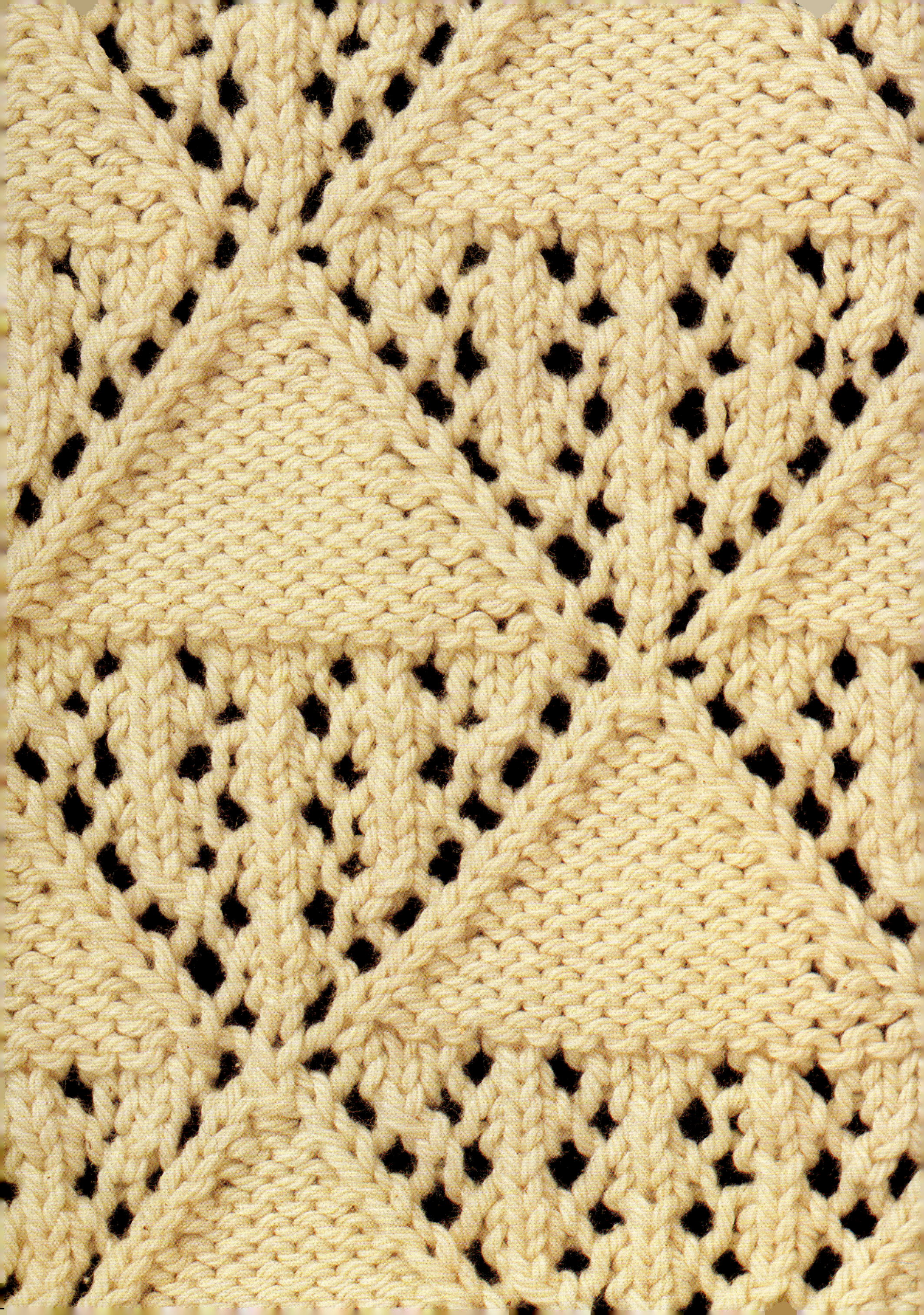

Loch- und Noppenmuster

Loch- und Noppenmuster lassen sich gut mit Zopfmustern kombinieren, wie schon zuvor gezeigt. In diesem Kapitel treten sie einfach und kombiniert auf, sodass sich bisweilen runde, plastische Noppen und offene Löcher wie Knopf und Knopfloch ergänzen. Noppen können auf unterschiedliche Art gestrickt werden. Mit der hier gezeigten Technik werden neue Maschen aus einer Masche herausgestrickt, getrennt weitergestrickt und schließlich durch Überzüge wieder auf eine Masche als »Anker« reduziert. Solche festen, runden Noppen neigen nicht dazu, auf der linken Seite des Strickwerks zu verschwinden. Einfache Löcher entstehen durch Abnahme einer Masche, die danach durch das Umschlagen des Fadens um die Nadel ersetzt wird. Zweifache Löcher entstehen durch entsprechend zweifache Abnahmen und Umschläge. Lochmuster bilden sowohl größere spitzenartige Flächen als auch kleine Einzelmotive – als Blickfang in einem geschlossenen Umfeld.
Am besten fallen Lochmuster mit recht dicken Nadeln gestrickt aus und mit Garn, das ein Spannen der fertigen Arbeit (In-Form-Ziehen, Stecken, Anfeuchten, Trocknen) und Bügeln verträgt.

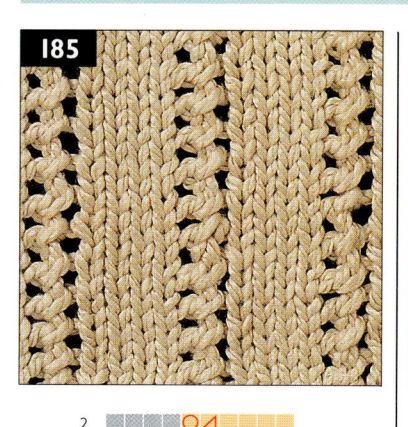

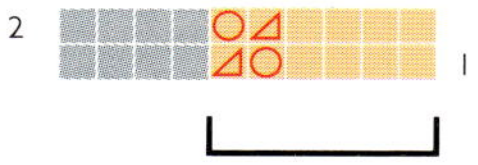

LOCH- UND NOPPENMUSTER

185
Maschenzahl teilbar durch
6 + 4 M.

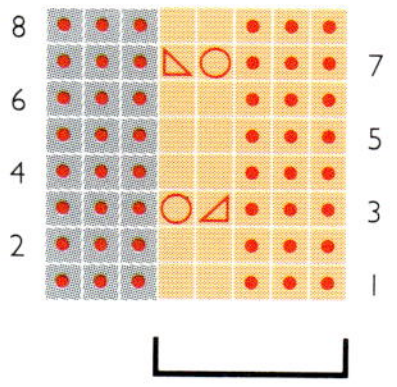

186
Maschenzahl teilbar durch
5 + 3 M.

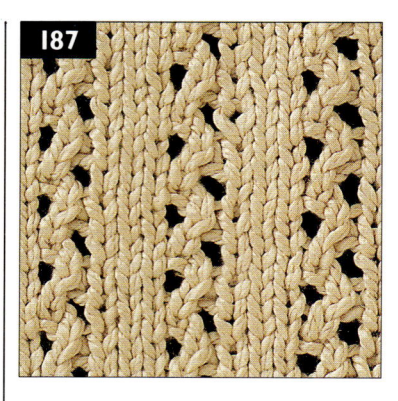

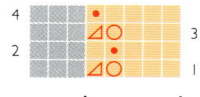

187
Maschenzahl teilbar durch
5 + 3 M.

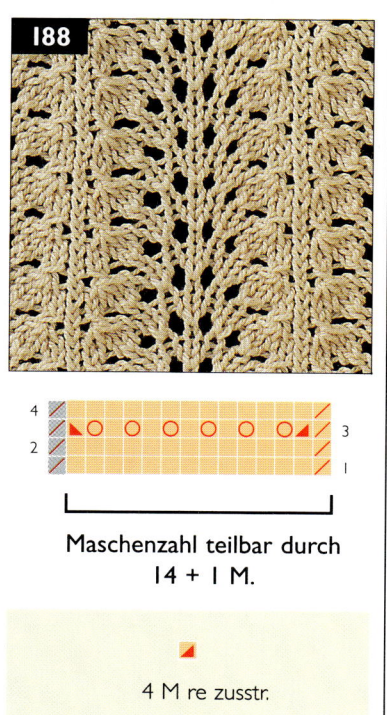

188
Maschenzahl teilbar durch
14 + 1 M.

◤ 4 M re zusstr.

◣ 4 M re verschr zusstr.

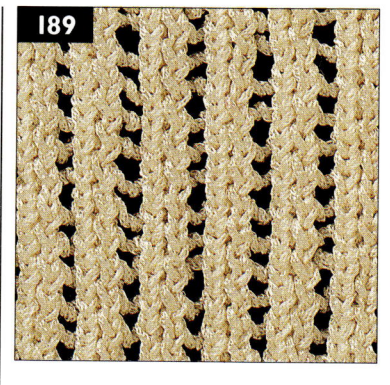

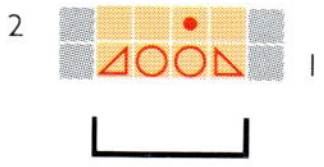

189
Maschenzahl teilbar durch
4 + 2 M.

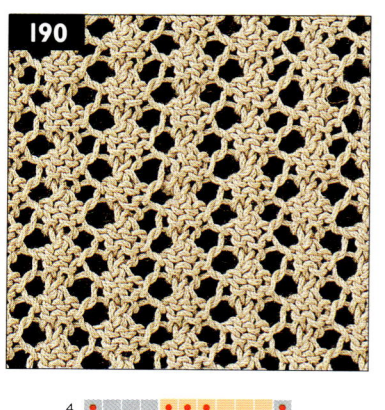

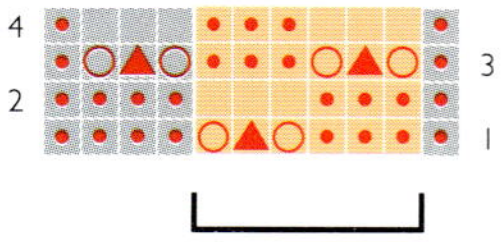

190
Maschenzahl teilbar durch
6 + 5 M.

191

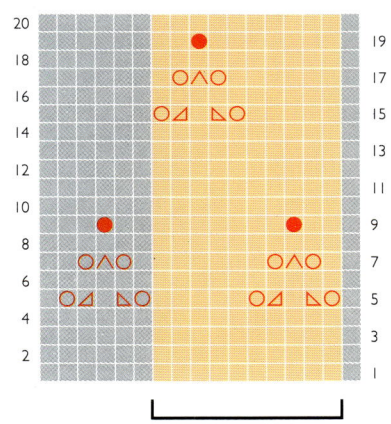

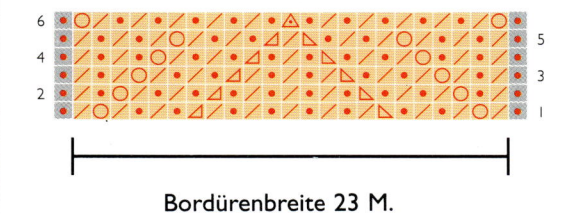

192

Maschenzahl teilbar durch 10 + 7 M.

Bordürenbreite 23 M.

● 5 aus 1 M herausstr:
1 M re, 1 U, 1 M re, 1 U,
1 M re, wenden; 5 M li, wenden;
3 M re, 2 M re zusstr,
die 3 M davor überz.

LOCH- UND NOPPENMUSTER

LOCH- UND NOPPENMUSTER

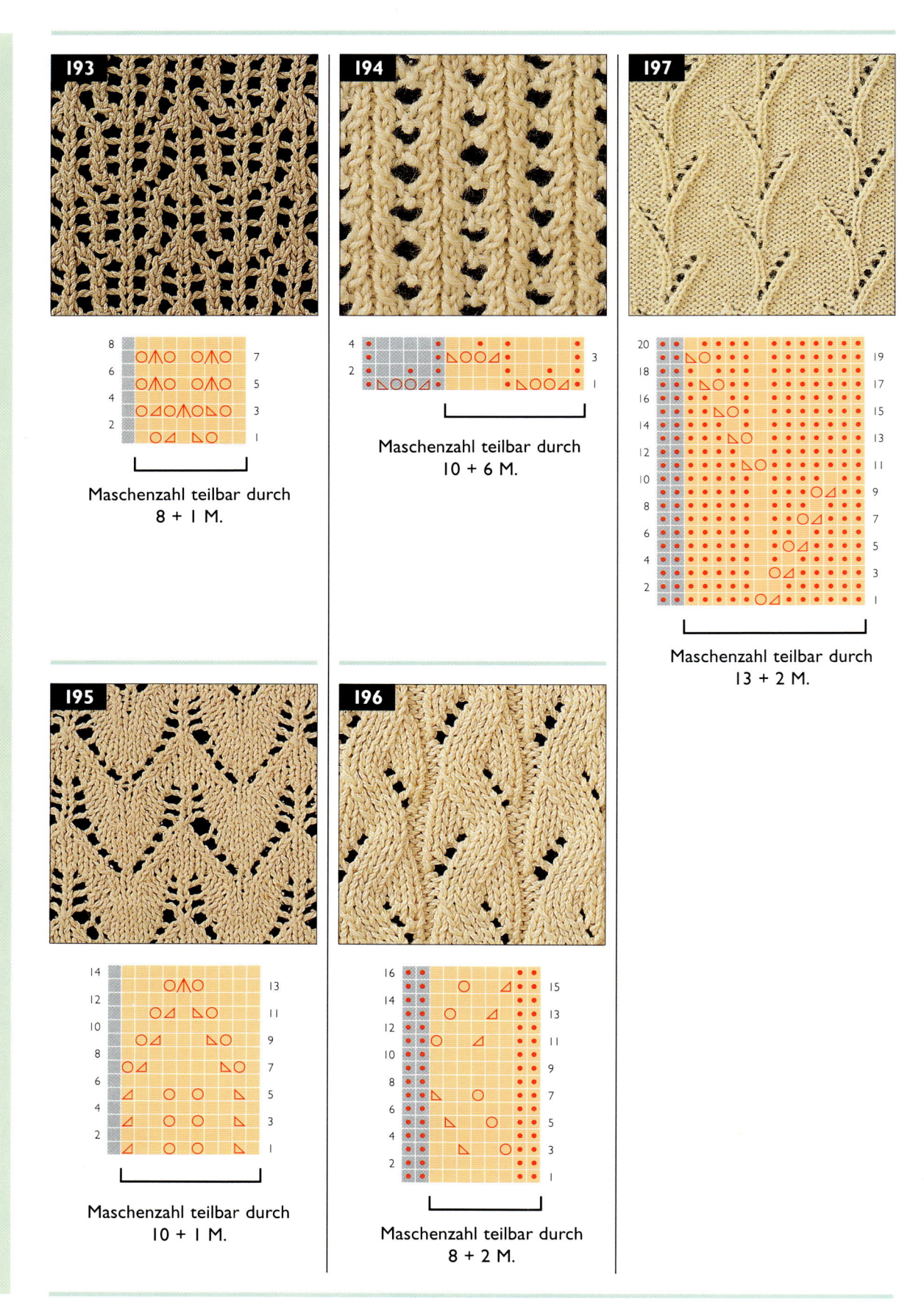

193

Maschenzahl teilbar durch
8 + 1 M.

194

Maschenzahl teilbar durch
10 + 6 M.

197

Maschenzahl teilbar durch
13 + 2 M.

195

Maschenzahl teilbar durch
10 + 1 M.

196

Maschenzahl teilbar durch
8 + 2 M.

198

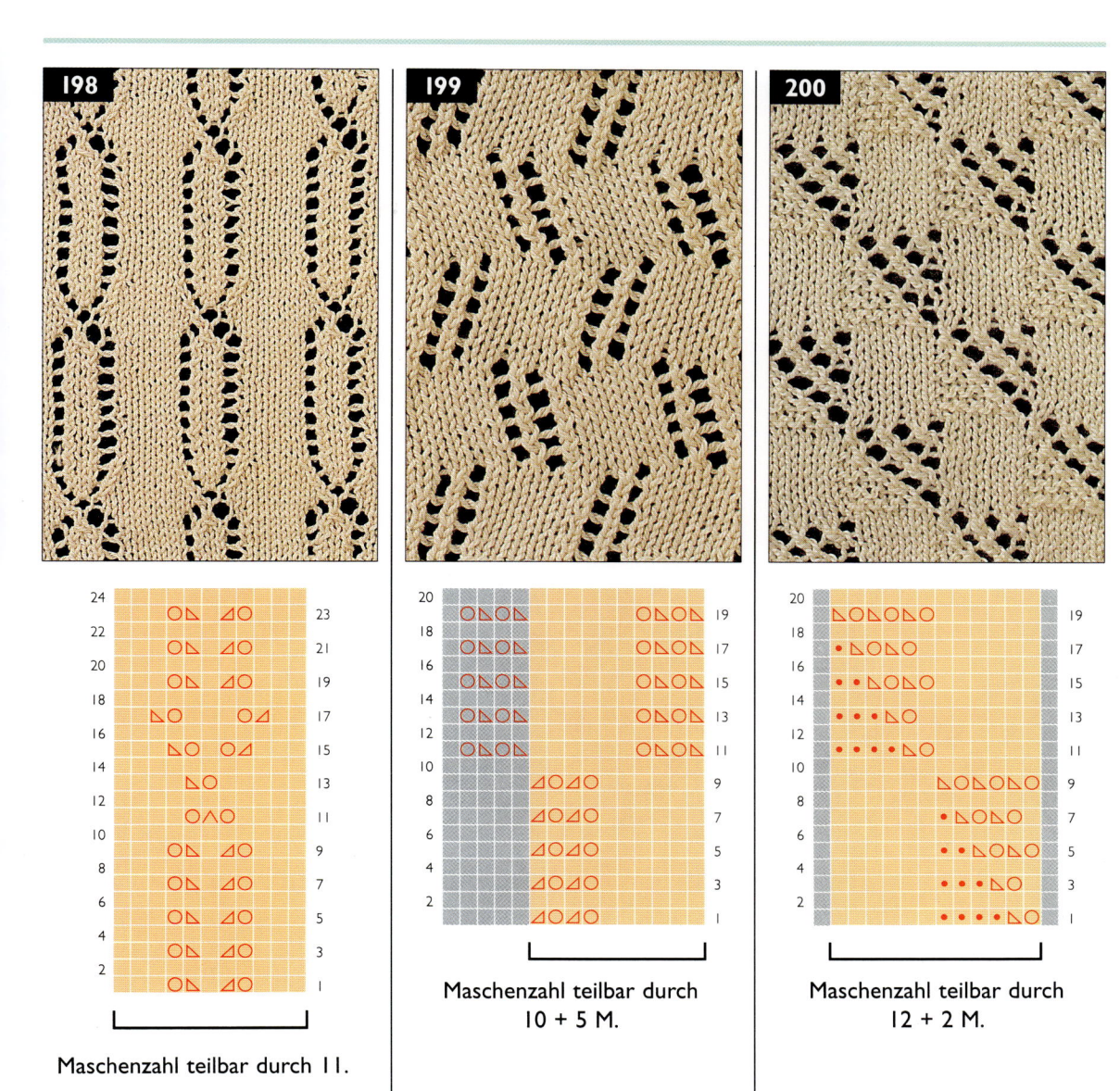

Maschenzahl teilbar durch 11.

199

Maschenzahl teilbar durch 10 + 5 M.

200

Maschenzahl teilbar durch 12 + 2 M.

LOCH- UND NOPPENMUSTER

LOCH- UND NOPPENMUSTER

201

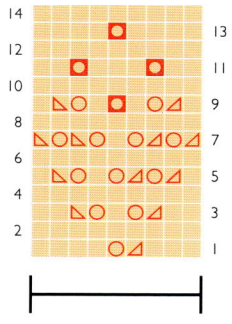

Bordürenbreite 9 M.

202

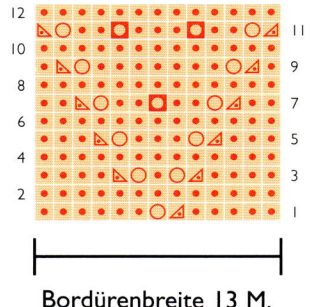

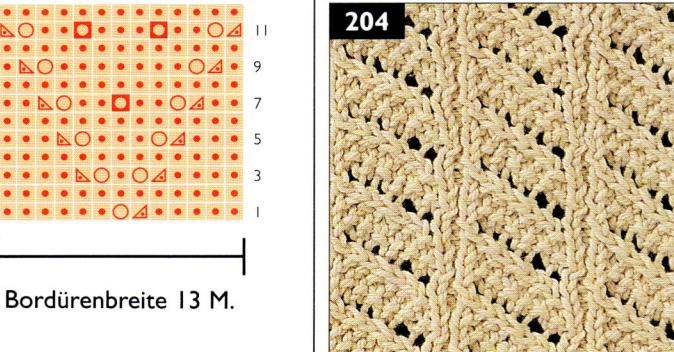

Bordürenbreite 13 M.

◻ 5 aus 1 M herausstr:
1 M re, 1 M li, 1 M re, 1 M li,
1 M re, wenden; 5 M re, wenden;
die 2., 3., 4. und 5. M der Reihe
nach über 1. M überz.

203

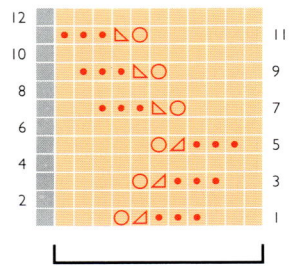

Maschenzahl teilbar durch
11 + 1 M.

204

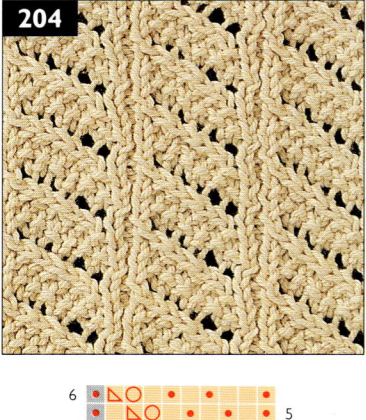

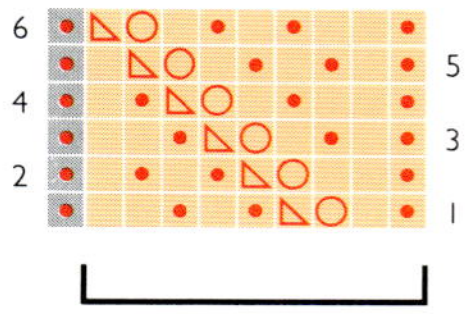

Maschenzahl teilbar durch
9 + 1 M.

205

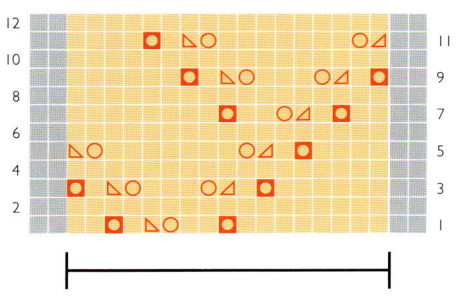

Bordürenbreite 17 M.

206

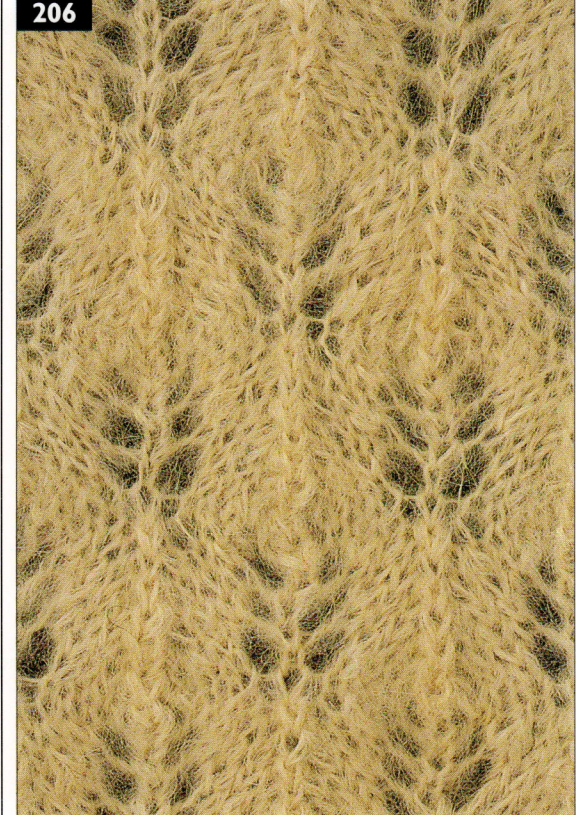

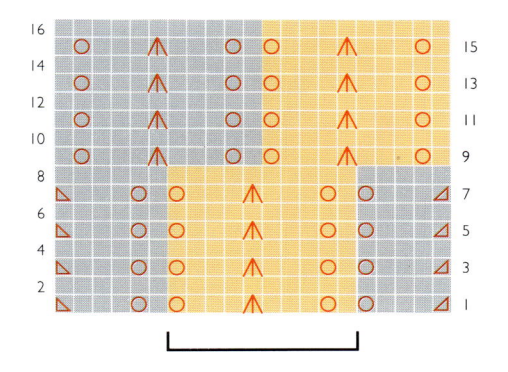

Maschenzahl teilbar durch
10 + 11 M.

LOCH- UND NOPPENMUSTER

LOCH- UND NOPPENMUSTER

207

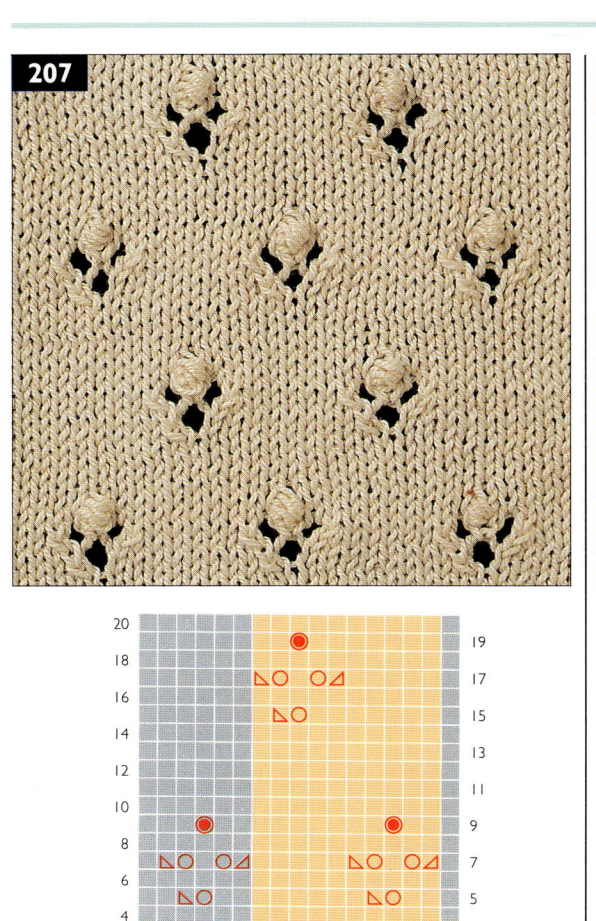

Maschenzahl teilbar durch
10 + 7 M.

208

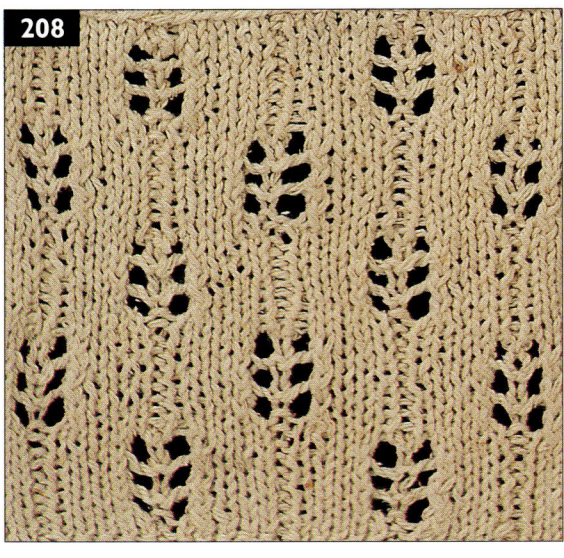

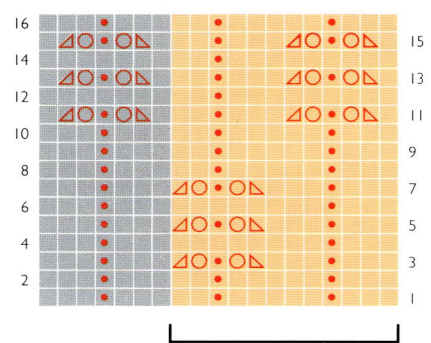

Maschenzahl teilbar durch
12 + 7 M.

209

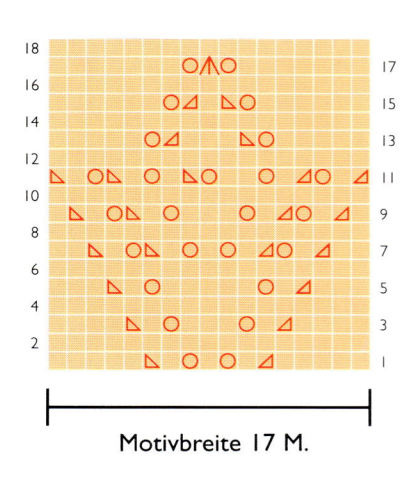

Motivbreite 17 M.

210

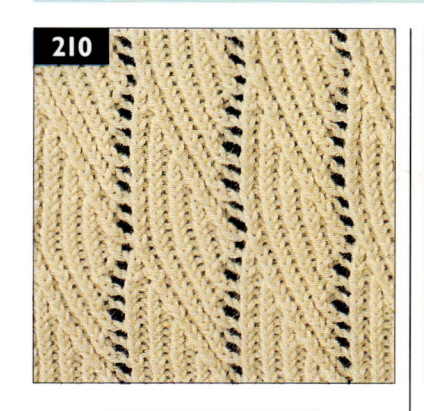

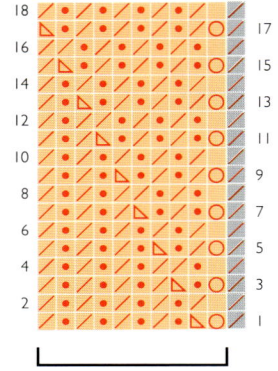

Maschenzahl teilbar durch
10 + 1 M.

◩ 2 M re verschr zusstr
(durchs hintere Maschenglied).

211

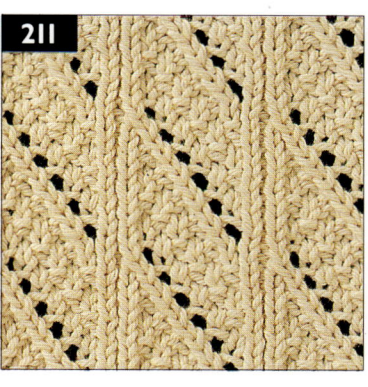

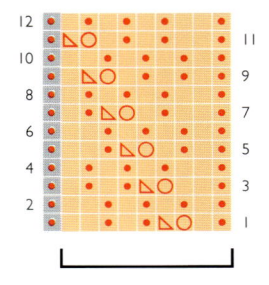

Maschenzahl teilbar durch
9 + 1 M.

212

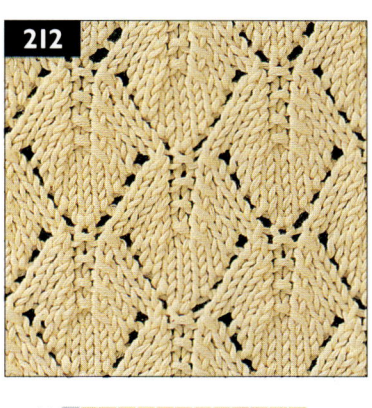

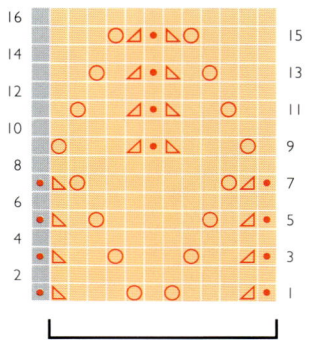

Maschenzahl teilbar durch
12 + 1 M.

213

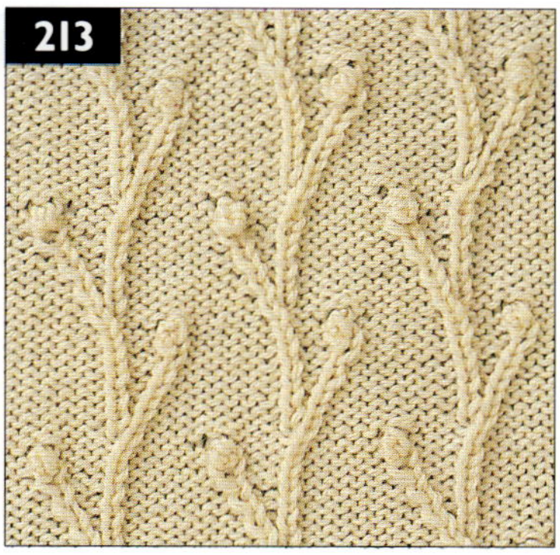

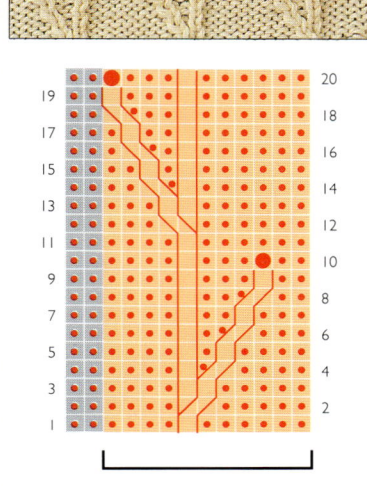

Maschenzahl teilbar durch
11 + 2 M.

LOCH- UND NOPPENMUSTER

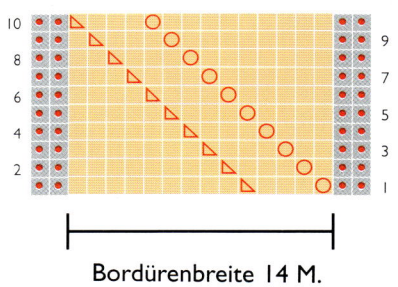

LOCH- UND NOPPENMUSTER

214

215

Bordürenbreite 14 M.

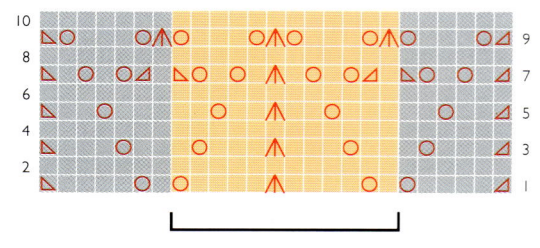

Maschenzahl teilbar durch 12 + 13 M.

216

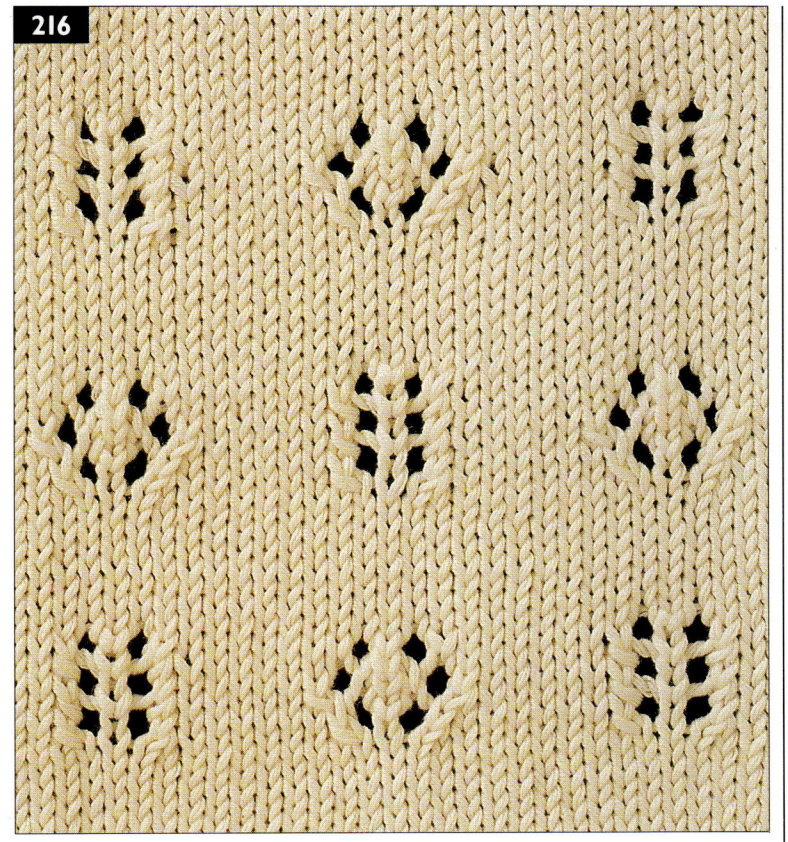

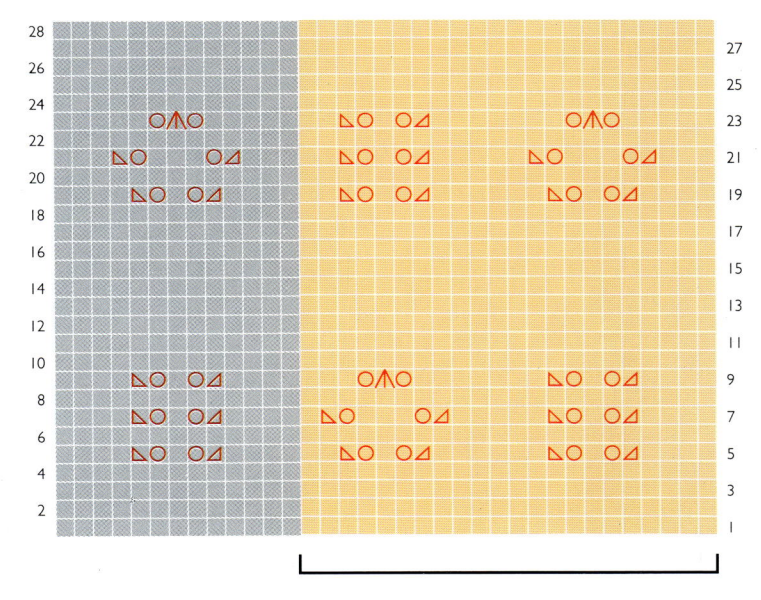

217

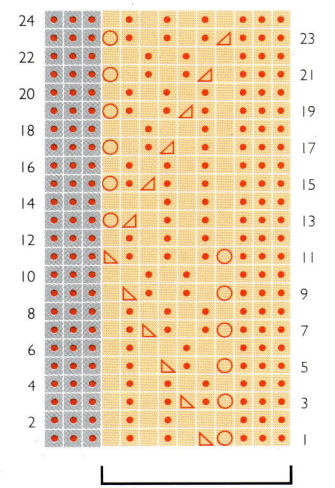

Maschenzahl teilbar durch 10 + 3 M.

Maschenzahl teilbar durch 22 + 13 M.

LOCH- UND NOPPENMUSTER

LOCH- UND NOPPENMUSTER

218

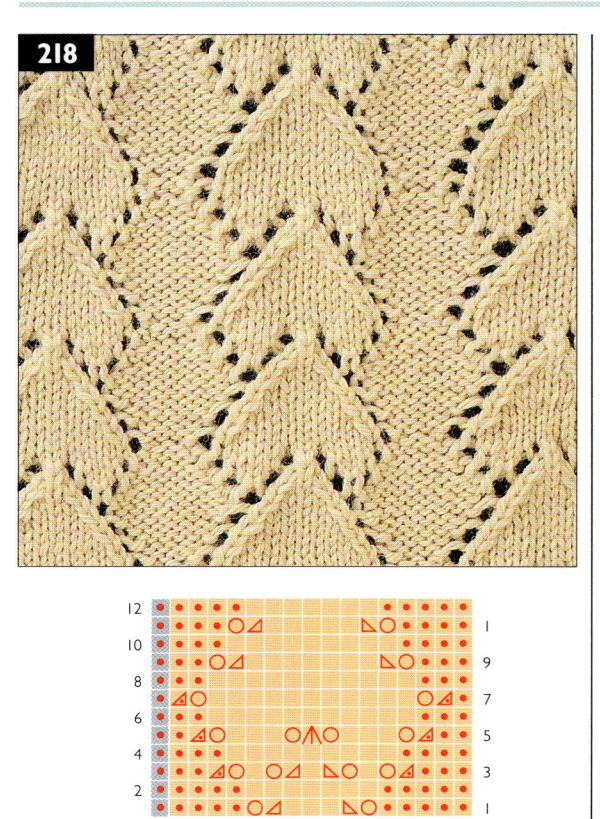

Maschenzahl teilbar durch 16 + 1 M.

219

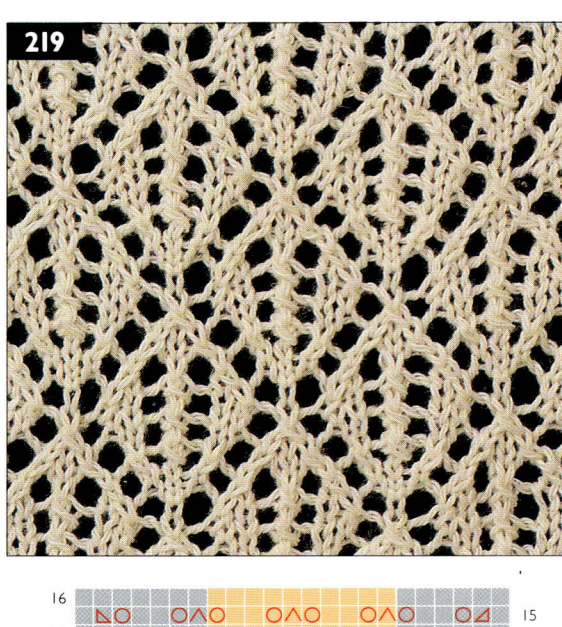

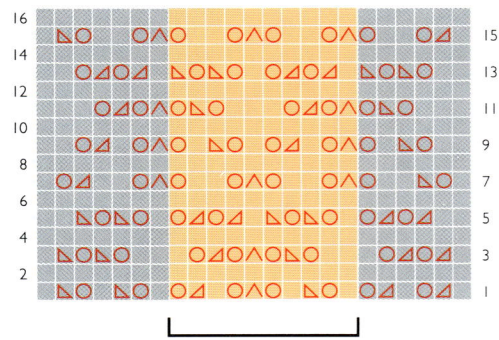

Maschenzahl teilbar durch 10 + 13 M.

220

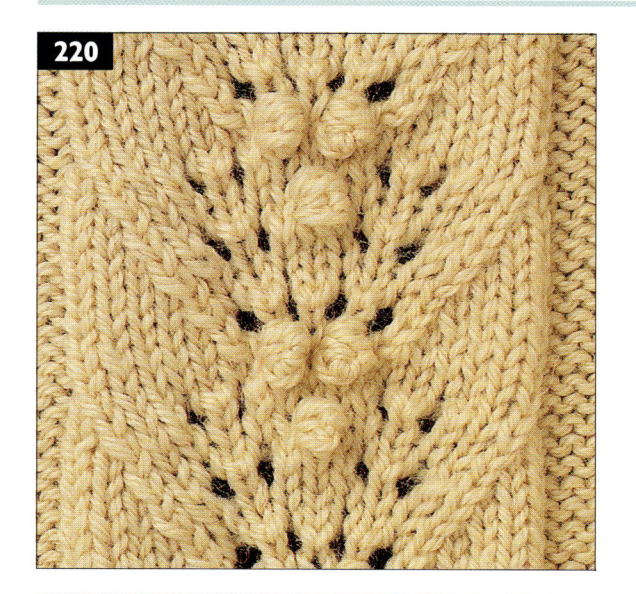

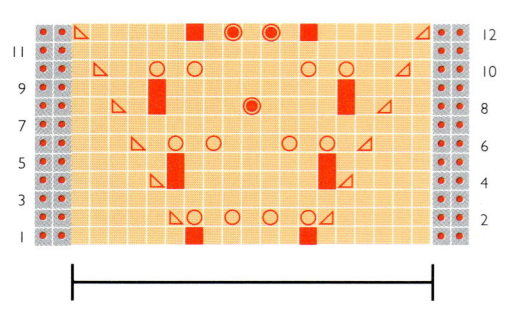

Bordürenbreite 17 M.

221

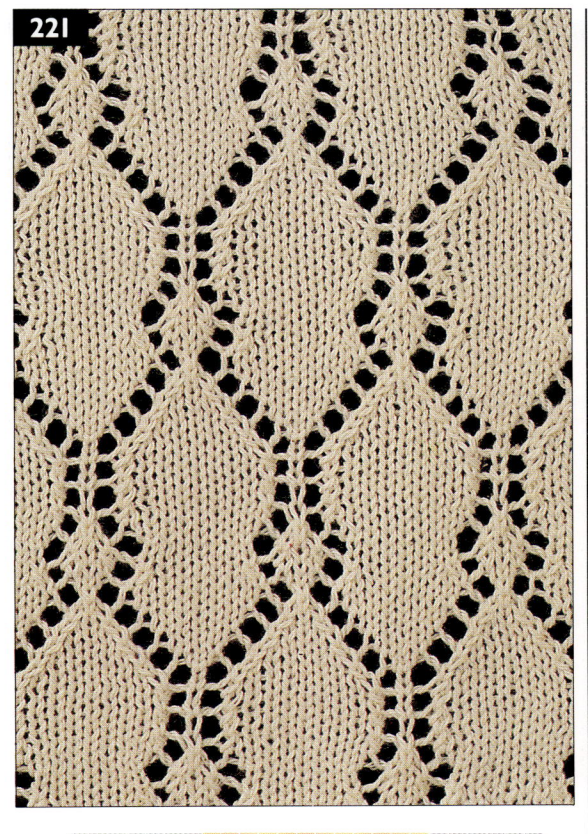

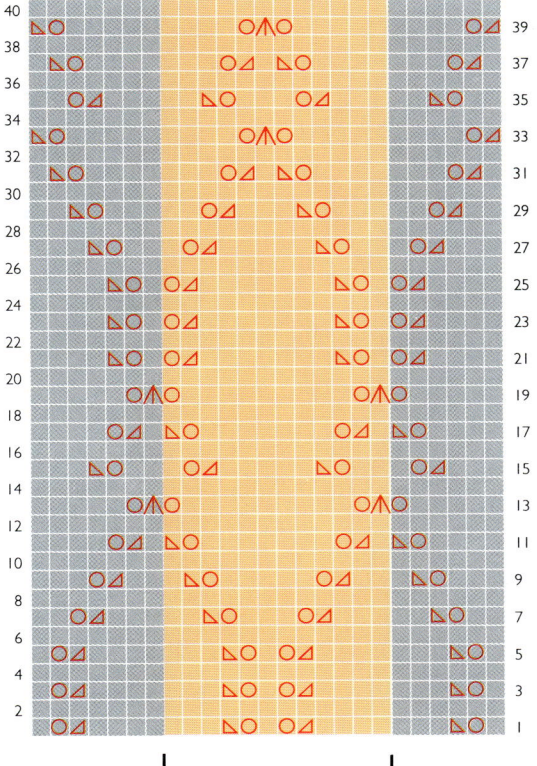

222

Maschenzahl teilbar durch 12 + 13 M.

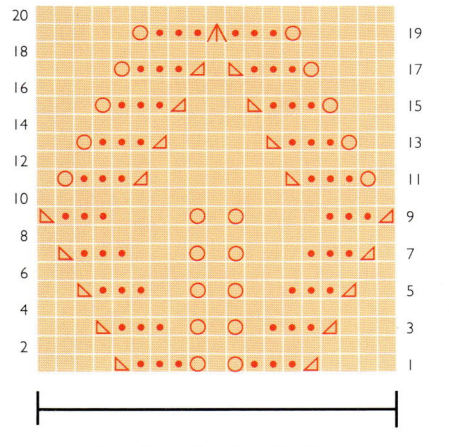

Bordürenbreite 19 M.

LOCH- UND NOPPENMUSTER

135

LOCH- UND NOPPENMUSTER

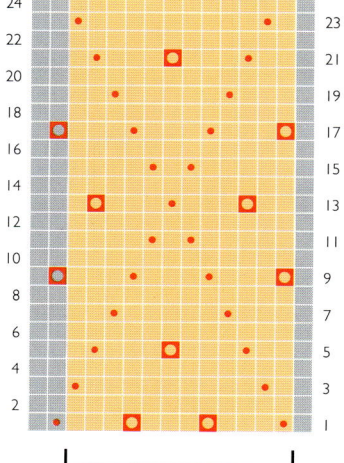

223

Maschenzahl teilbar durch 12 + 3 M.

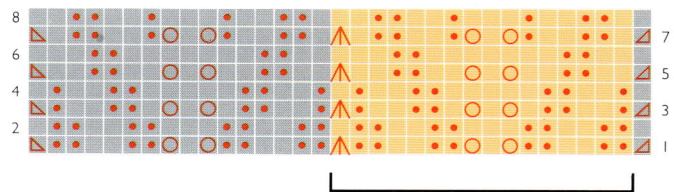

224

Maschenzahl teilbar durch 16 + 17 M.

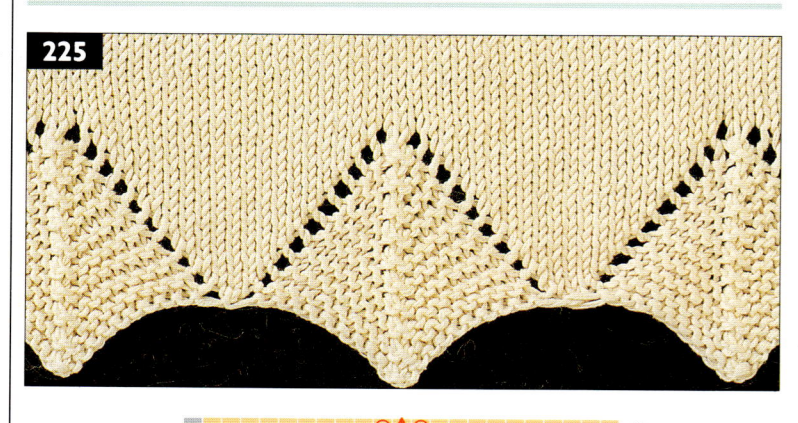

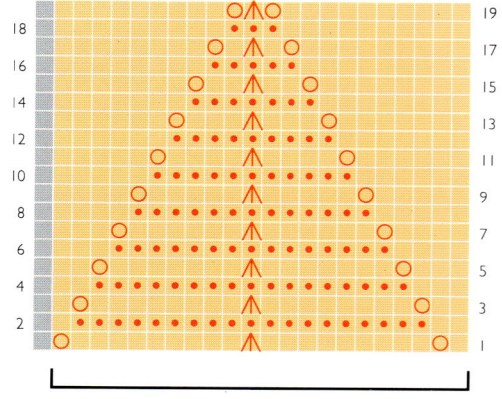

225

Maschenzahl teilbar durch 22 + 1 M.

226

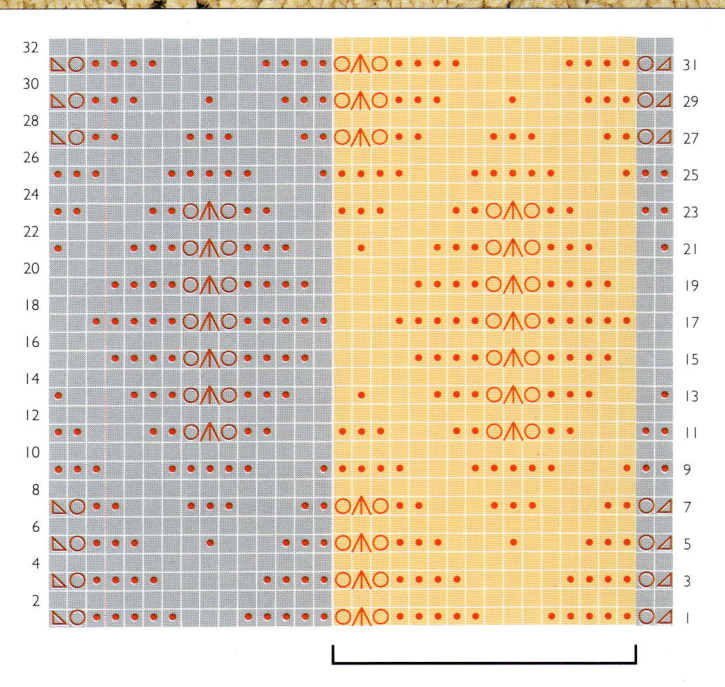

227

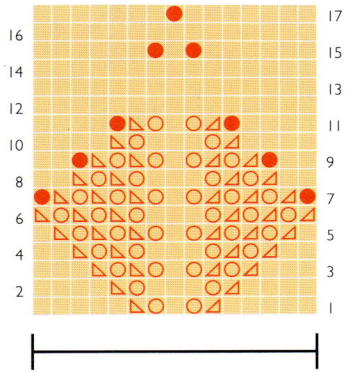

Motivbreite 15 M.

Maschenzahl teilbar durch 16 + 17 M.

LOCH- UND NOPPENMUSTER

137

LOCH- UND NOPPENMUSTER

228

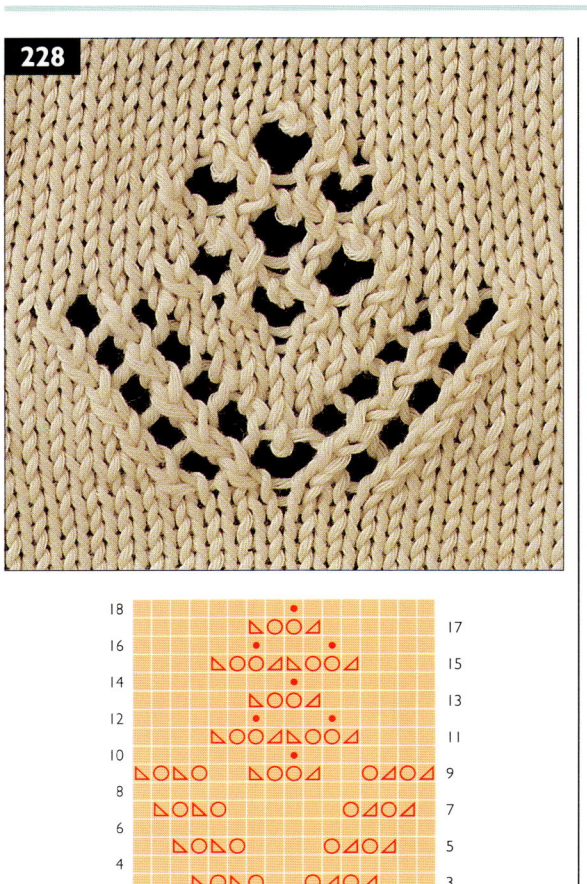

Motivbreite 16 M.

229

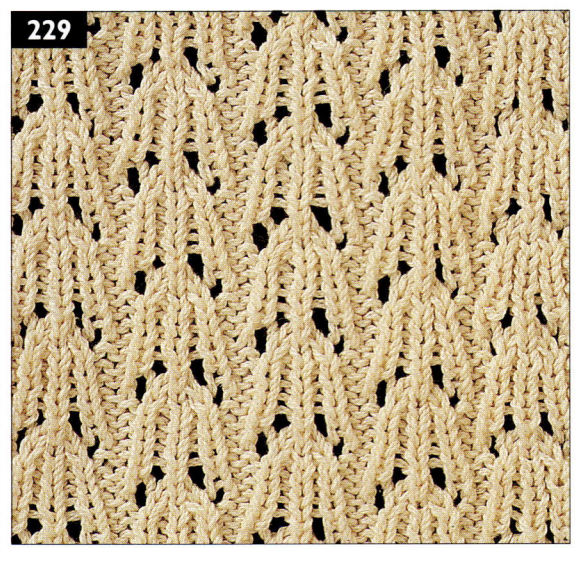

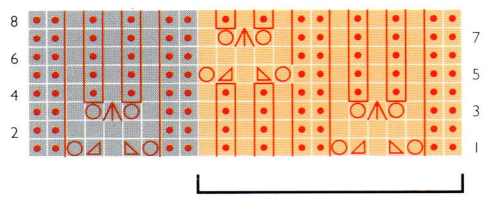

Maschenzahl teilbar durch 14 + 9 M.

230

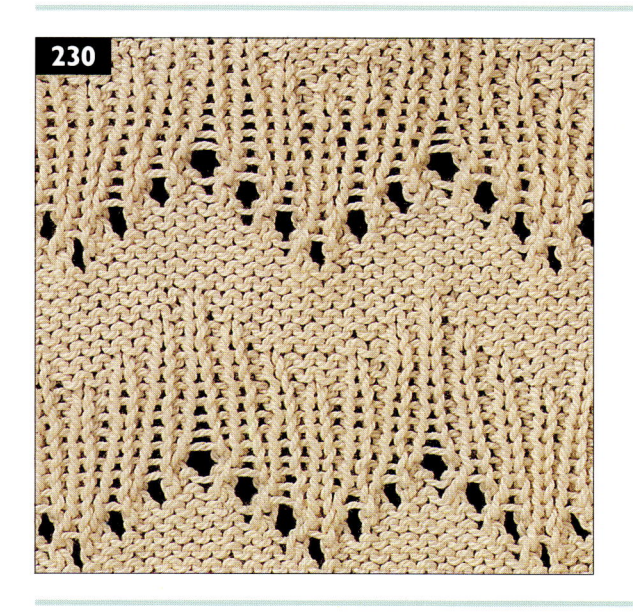

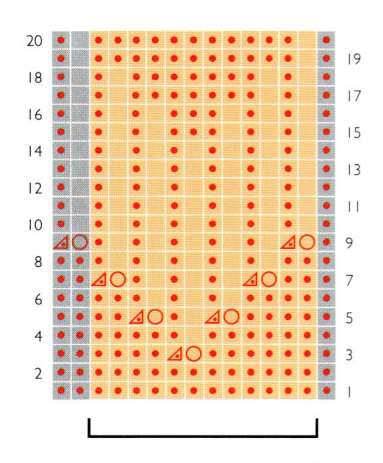

Maschenzahl teilbar durch 12 + 3 M.

231

232

Bordürenbreite 16 M.

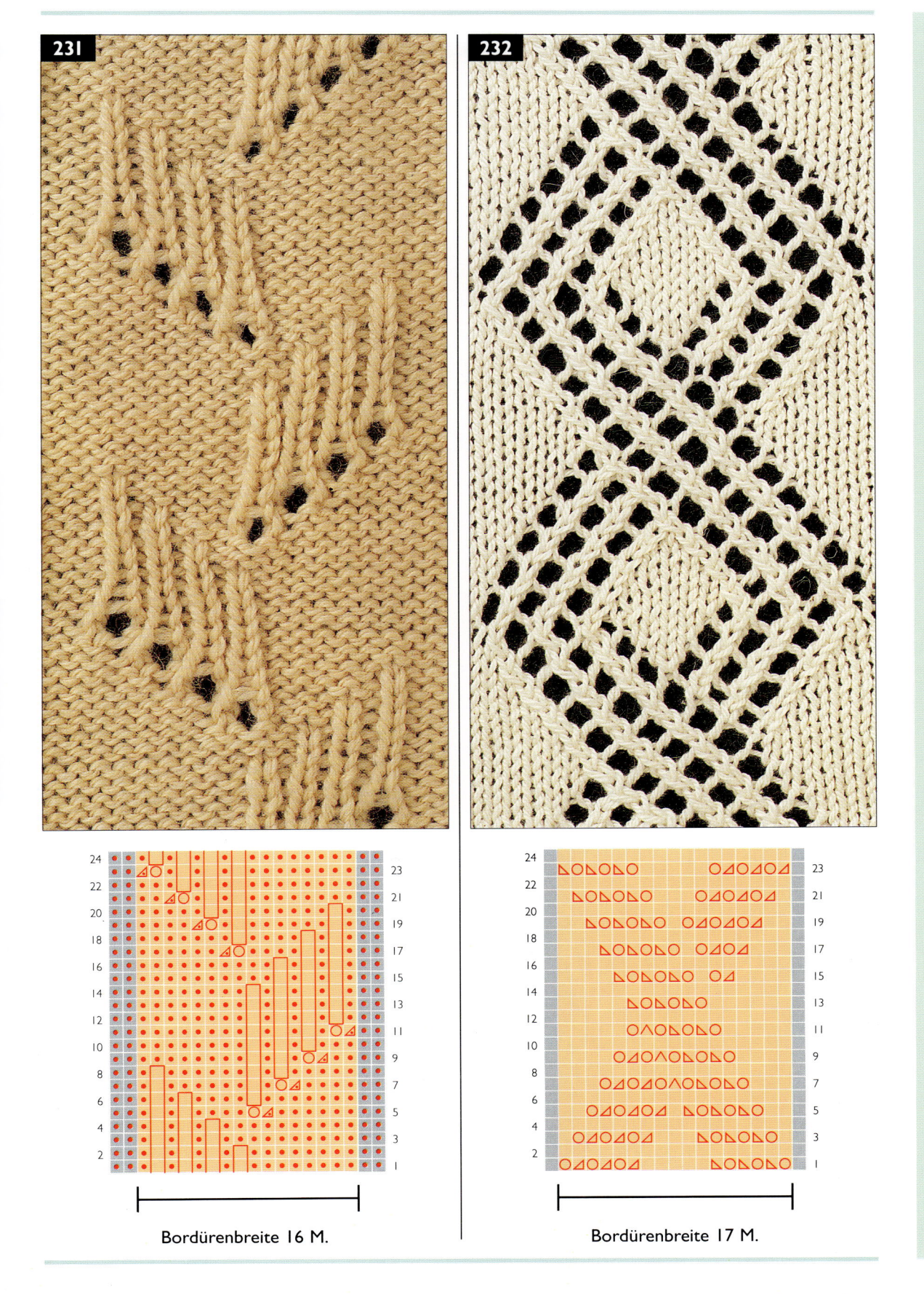

Bordürenbreite 17 M.

LOCH- UND NOPPENMUSTER

LOCH- UND NOPPENMUSTER

233

Maschenzahl teilbar durch 12 + 4 M.

234

Maschenzahl teilbar durch 12 + 13 M.

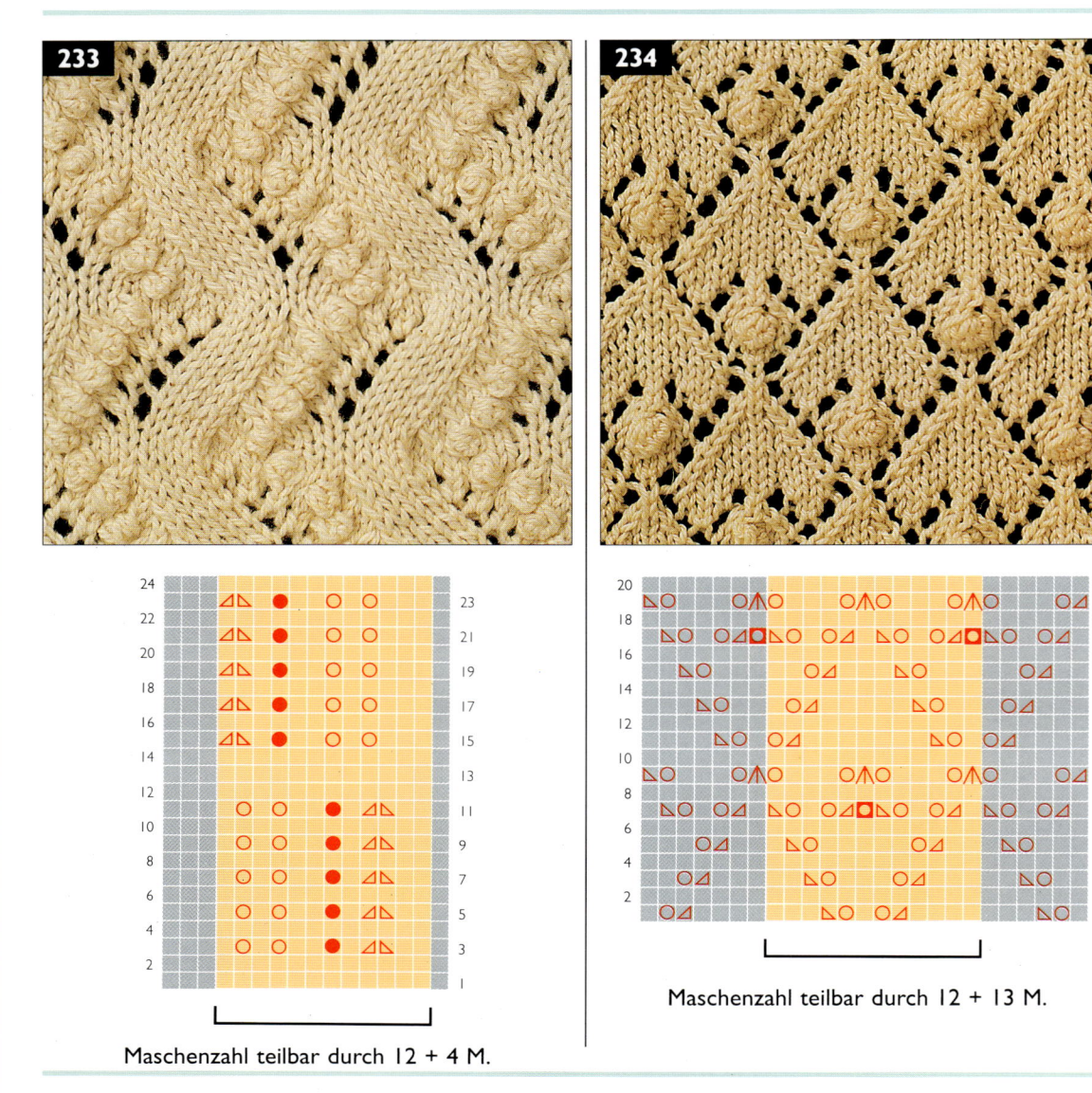

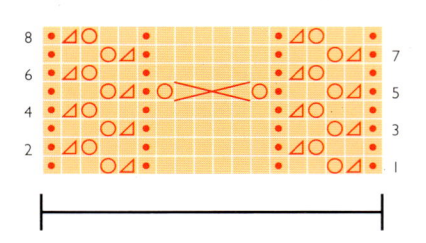

235

Bordürenbreite 18 M.

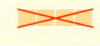

3 M auf rechte Nd abh, aus nächster 1 M re und 1 M re verschr herausstr; 2 M re; die 3 abgeh M über die 4 dazu gestr M überz.

140

236

Maschenzahl teilbar durch 12 + 13 M.

237

Motivbreite 13 M.

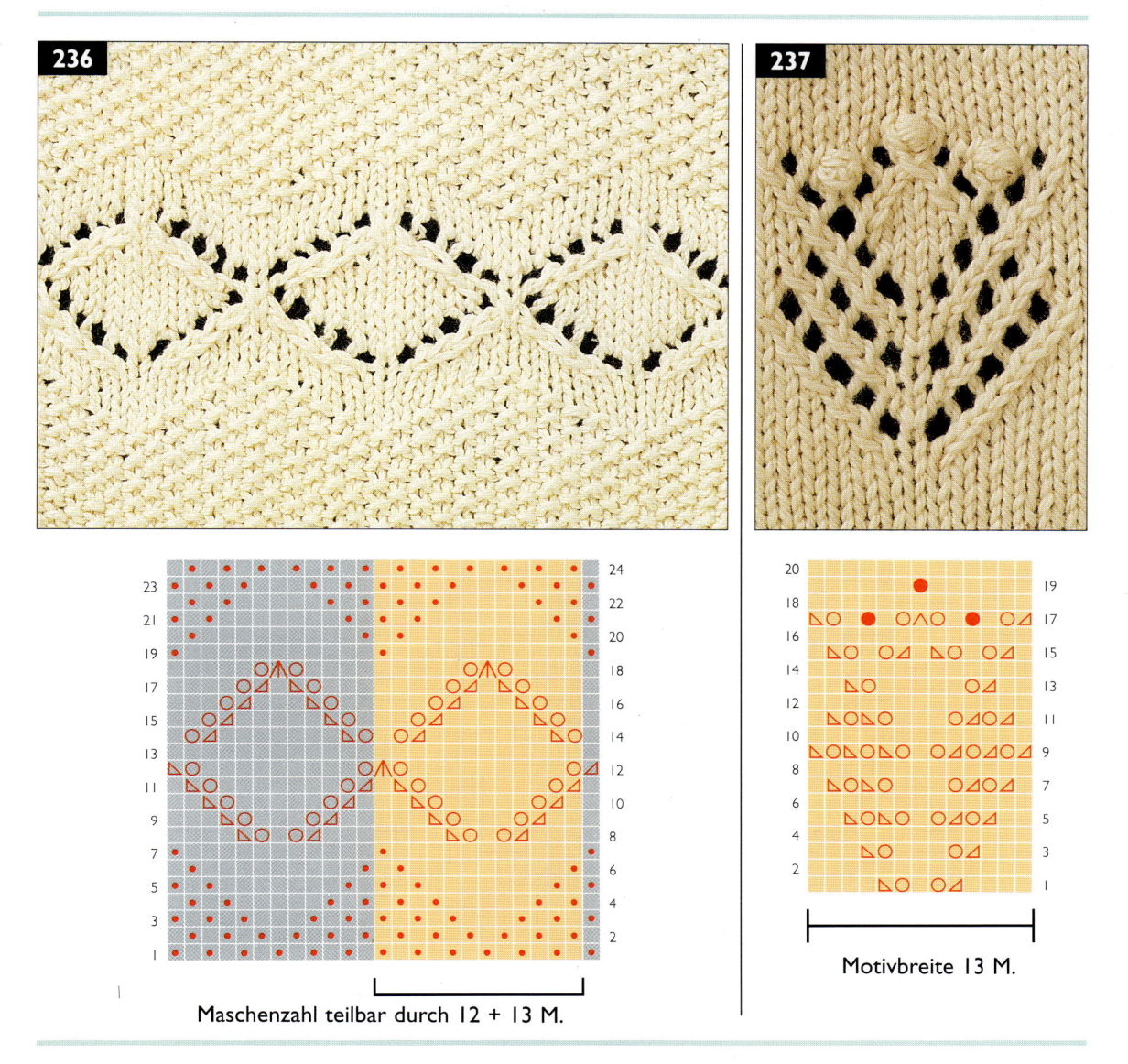

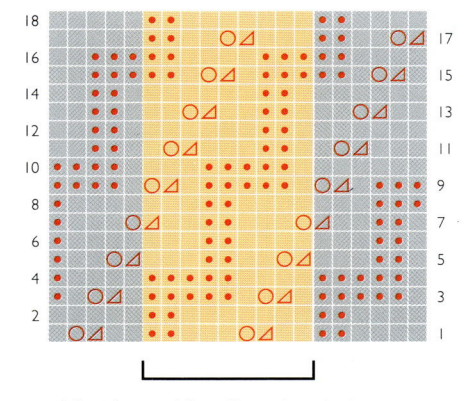

238

Maschenzahl teilbar durch 9 + 11 M.

LOCH- UND NOPPENMUSTER

141

LOCH- UND NOPPENMUSTER

239

Maschenzahl teilbar durch 12 + 15 M.

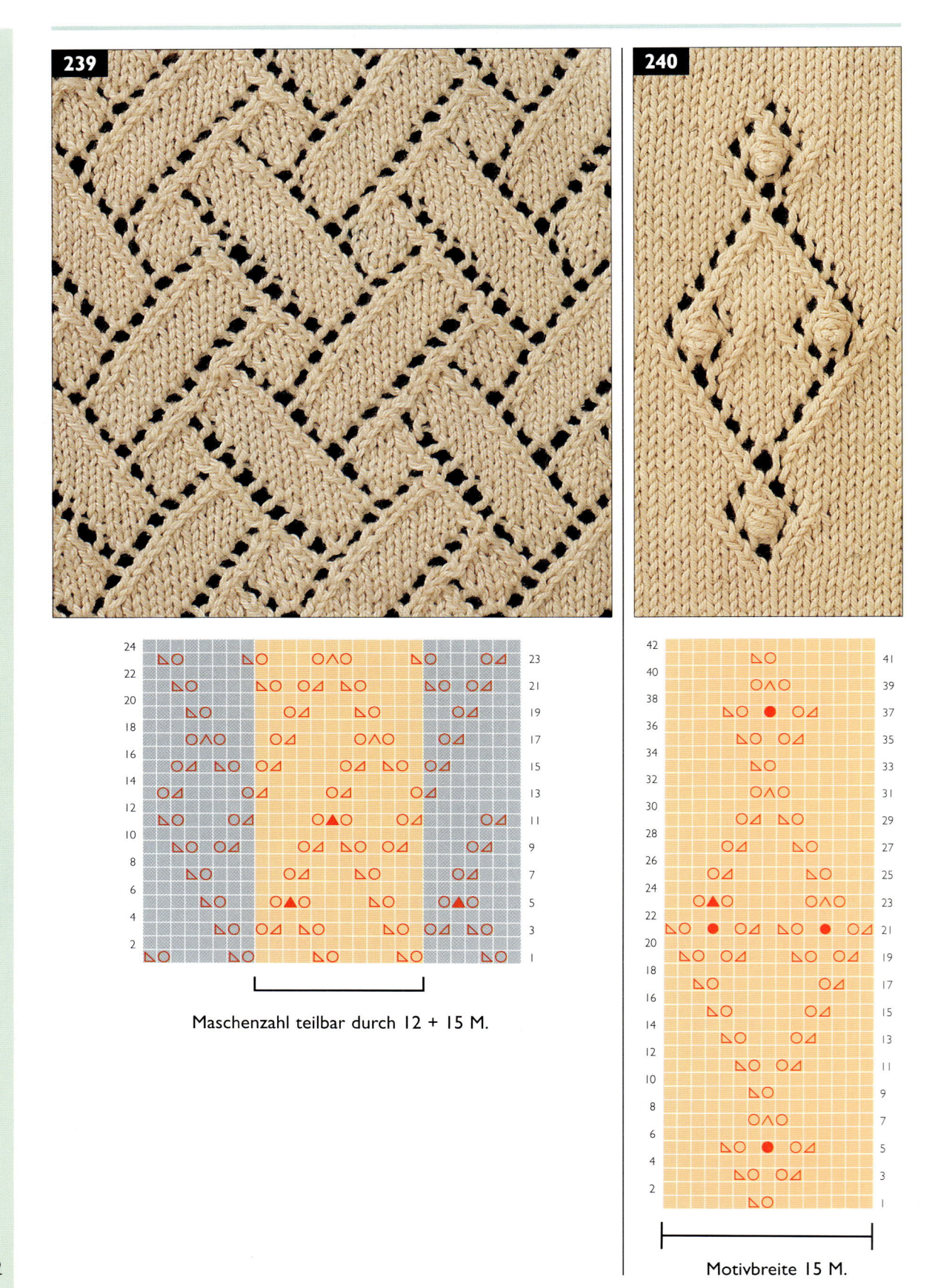

240

Motivbreite 15 M.

241

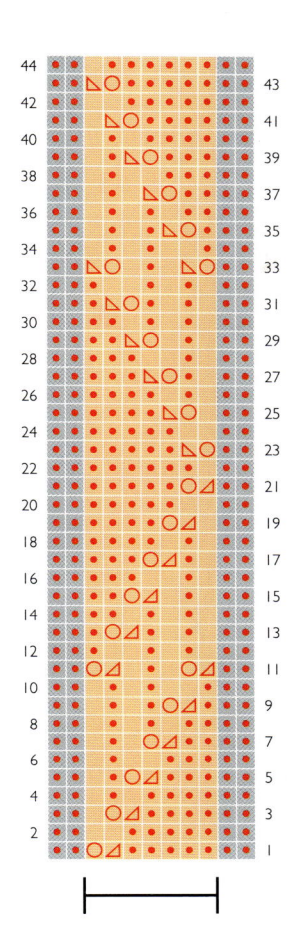

Bordürenbreite 7 M.

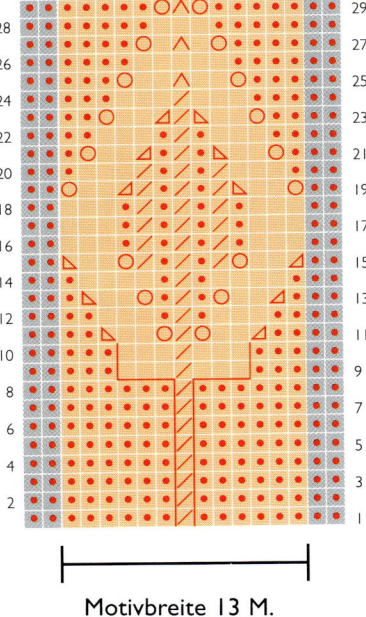

242

Motivbreite 13 M.

LOCH- UND NOPPENMUSTER

143

LOCH- UND NOPPENMUSTER

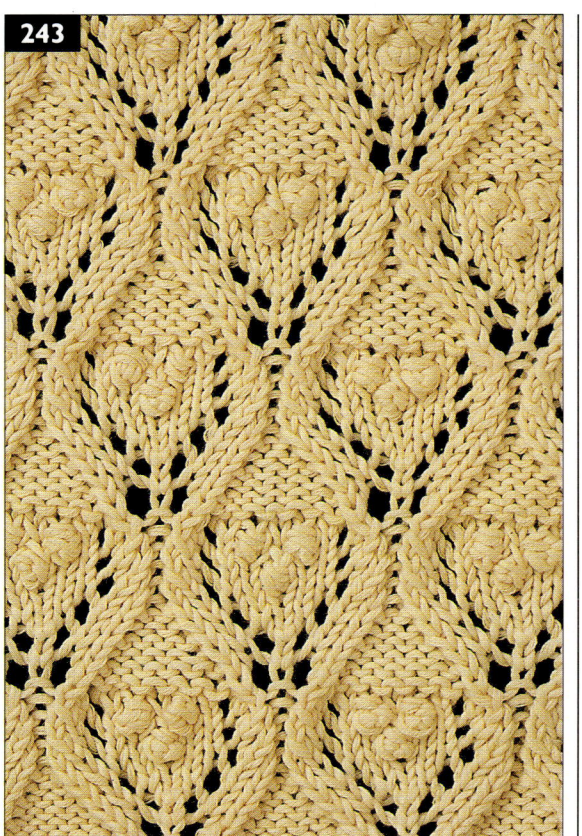

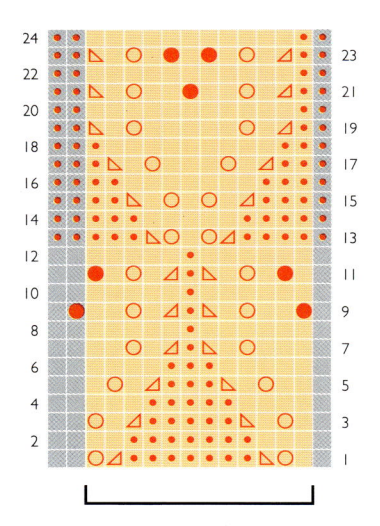

243

244

Maschenzahl teilbar durch 12 + 3 M.

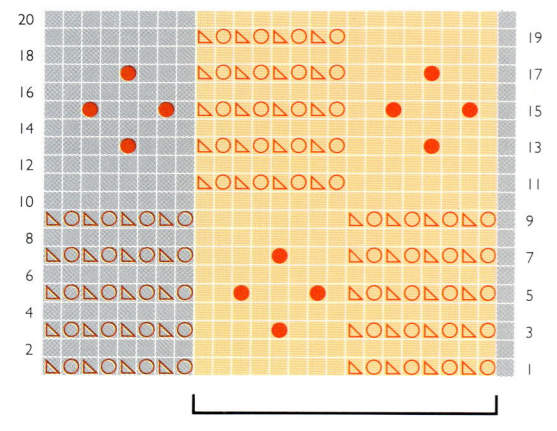

Maschenzahl teilbar durch 16 + 9 M.

● 7 M aus 1 M herausstr:
1 M re, 1 M li, 1 M re, 1 M li,
1 M re, 1 M li, 1 M re;
dann die 2., 3., 4., 5., 6. und 7. M
über die 1. M überz.

245

246

Bordürenbreite 23 M.

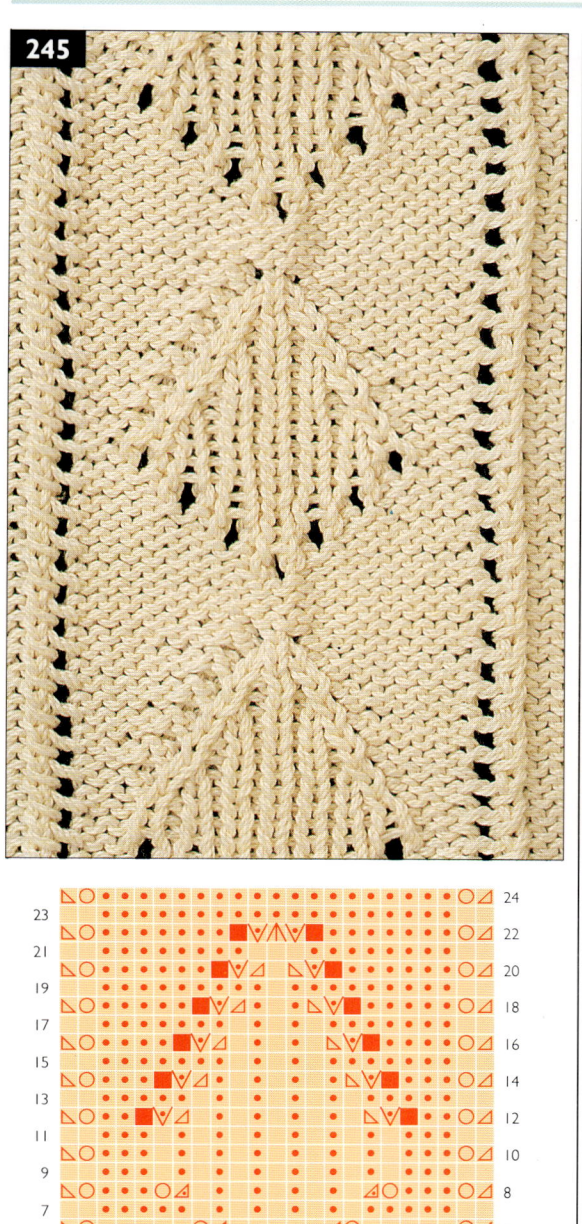

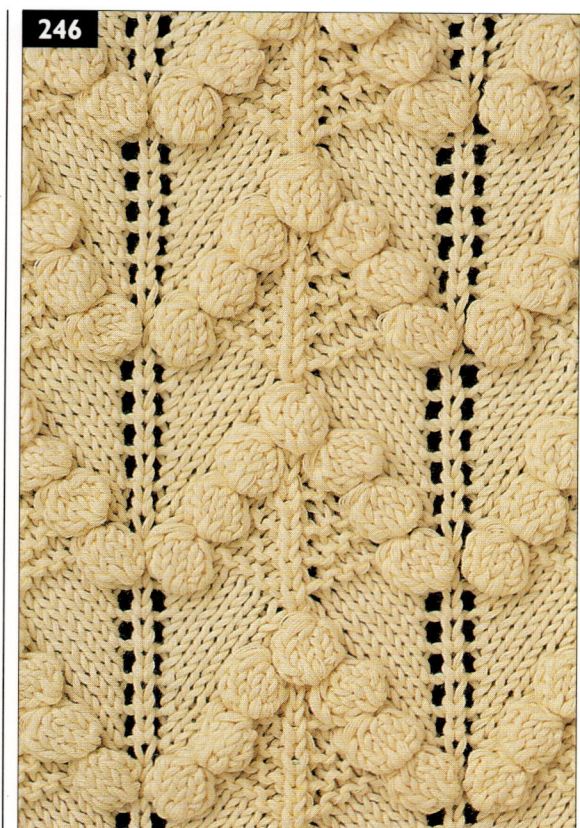

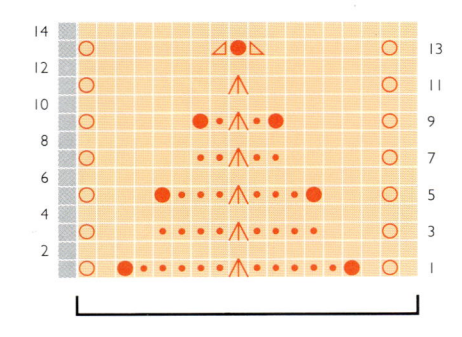

Maschenzahl teilbar durch 18 + 1 M.

LOCH- UND NOPPENMUSTER

LOCH- UND NOPPENMUSTER

247

248

Motivbreite 23 M.

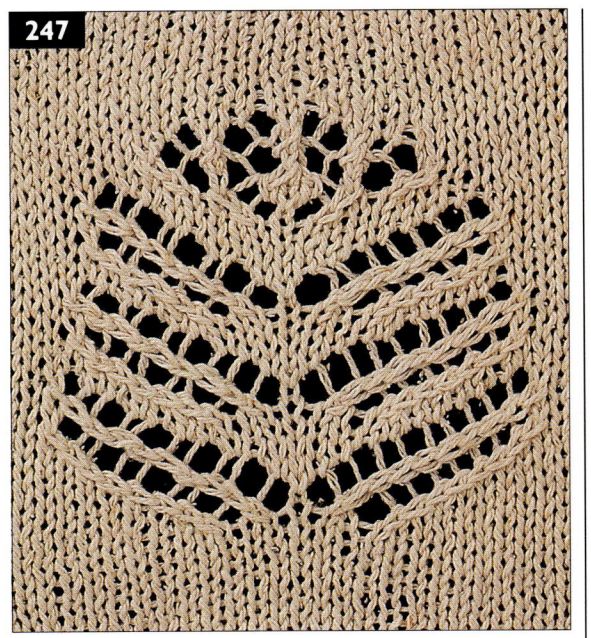

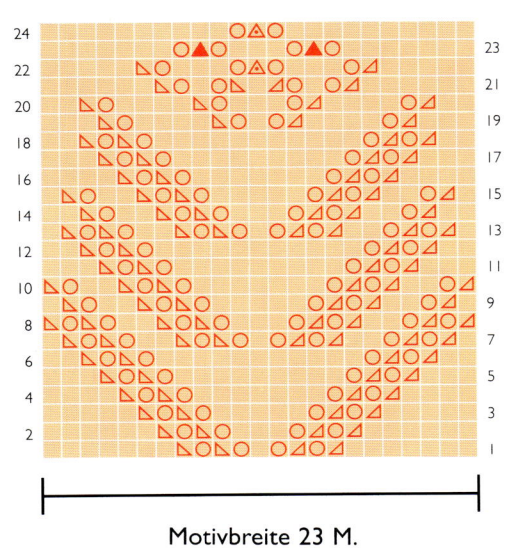

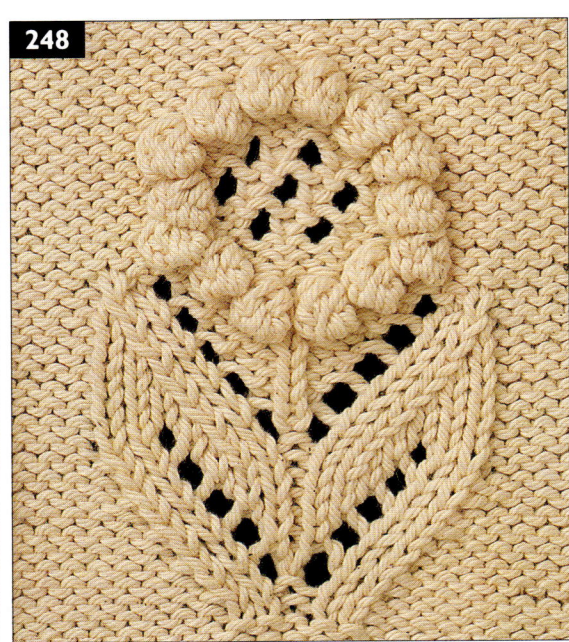

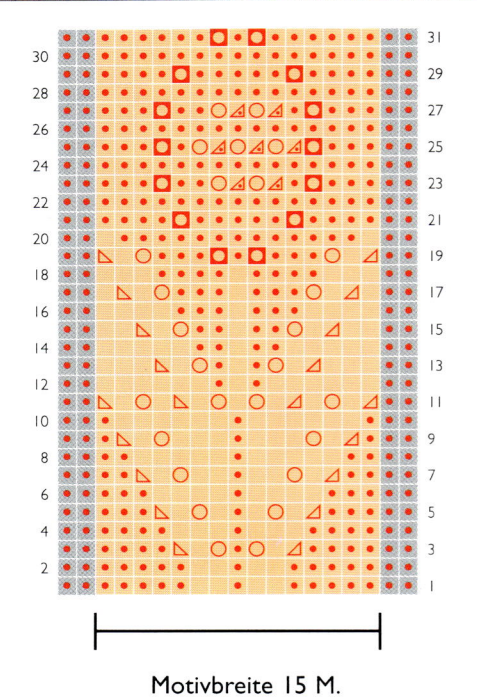

Motivbreite 15 M.

249

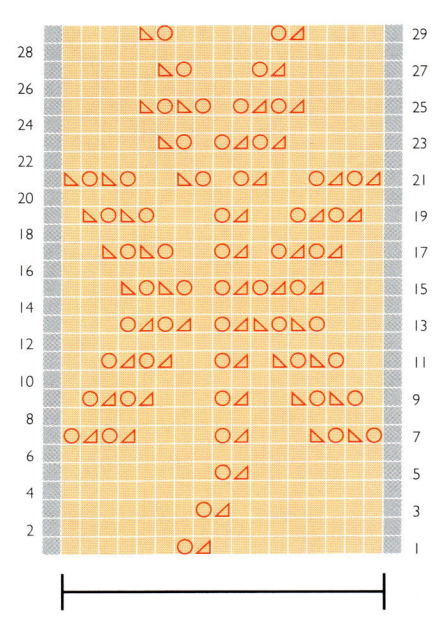

250

Motivbreite 17 M.

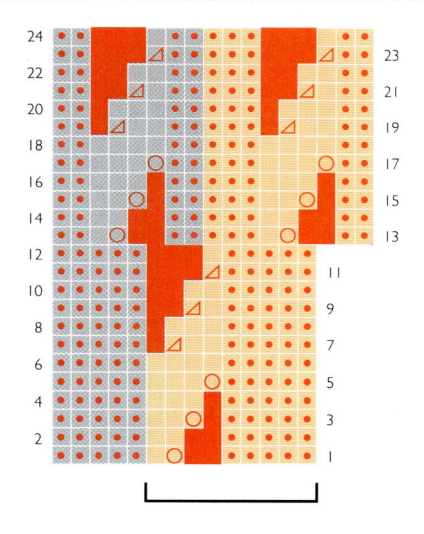

Maschenzahl teilbar durch 6 + 5 M.

LOCH- UND NOPPENMUSTER

147

LOCH- UND NOPPENMUSTER

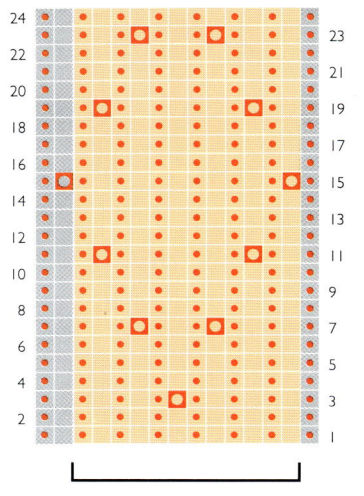

251

Maschenzahl teilbar durch
12 + 3 M.

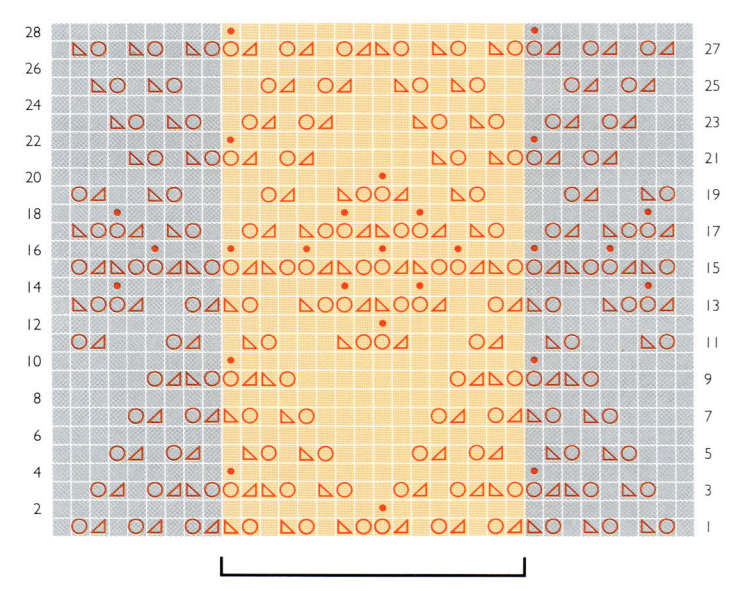

252

Maschenzahl teilbar durch 16 + 18 M.

253

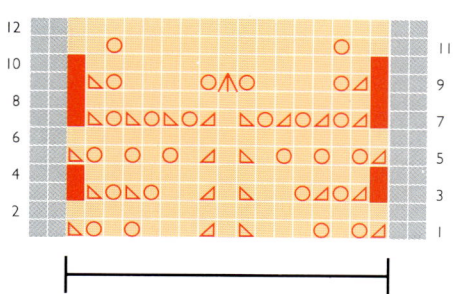

Bordürenbreite 17 M.

254

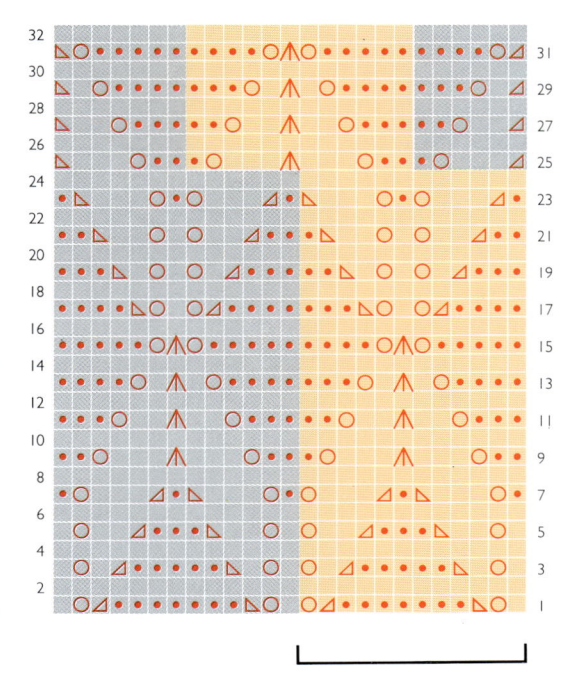

Maschenzahl teilbar durch 12 + 13 M.

LOCH- UND NOPPENMUSTER

149

LOCH- UND NOPPENMUSTER

255

256

Bordürenbreite 23 M.

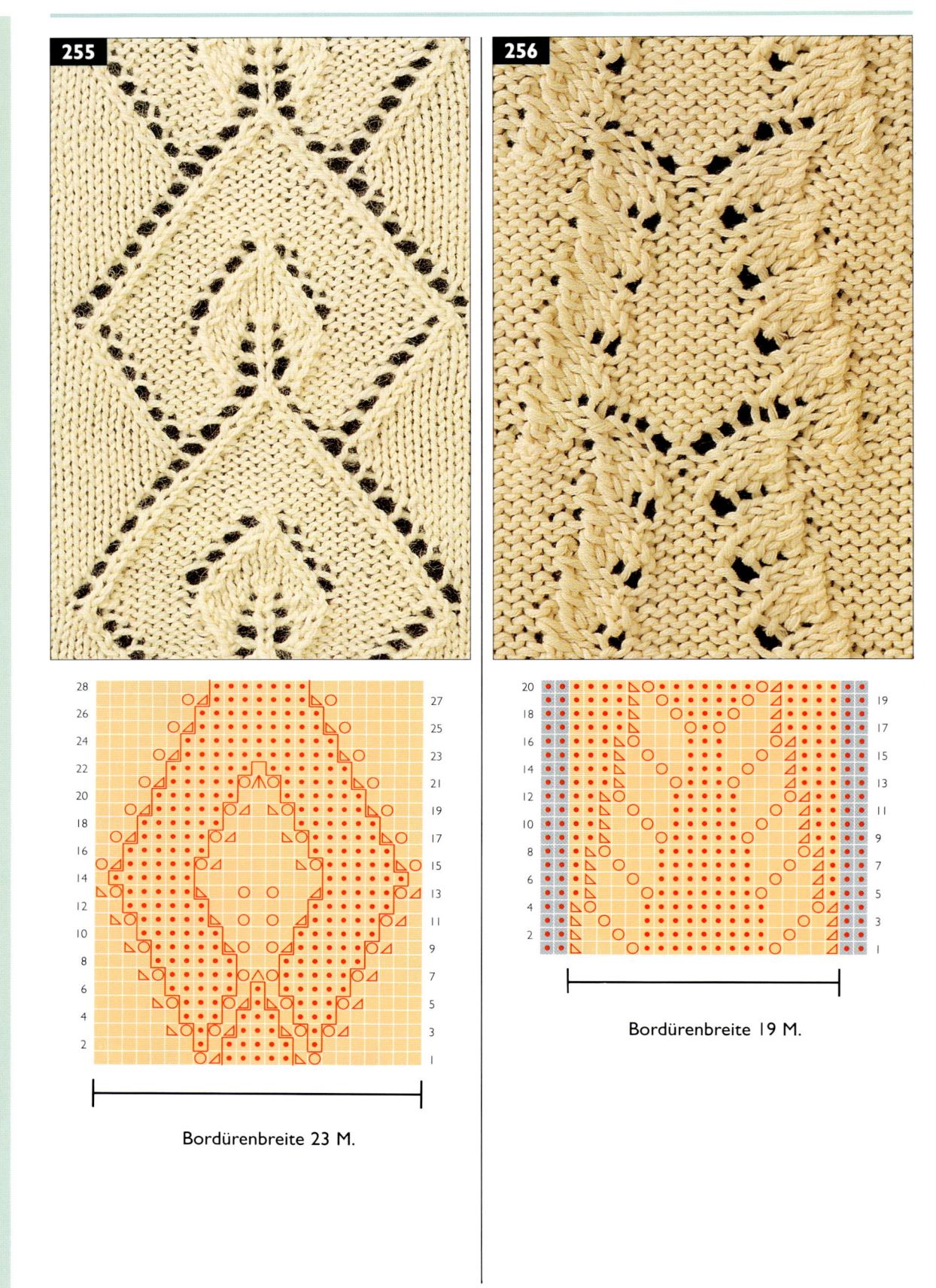

Bordürenbreite 19 M.

257

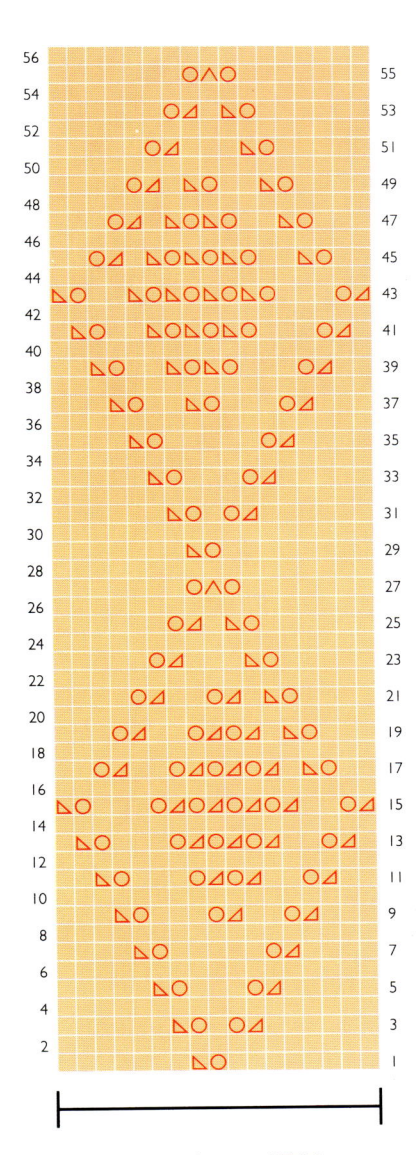

Bordürenbreite 17 M.

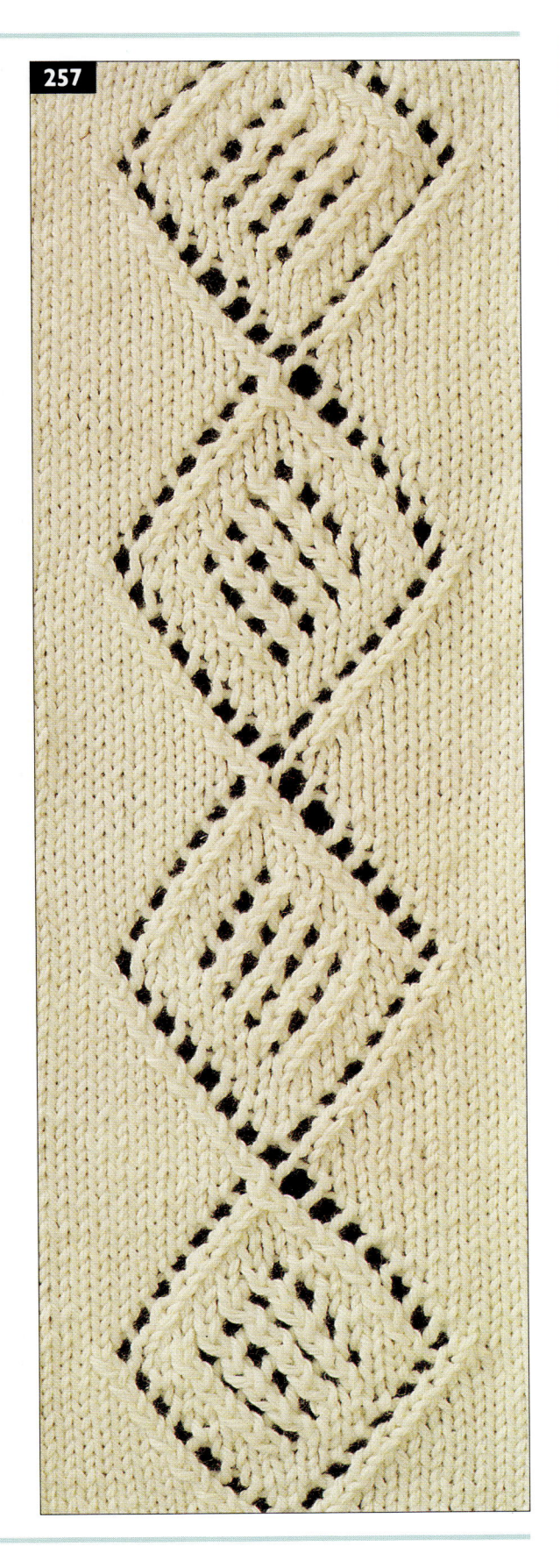

LOCH- UND NOPPENMUSTER

LOCH- UND NOPPENMUSTER

258

259

Bordürenbreite 2 M.

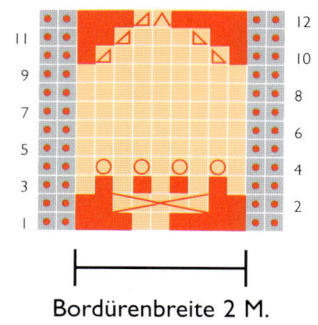

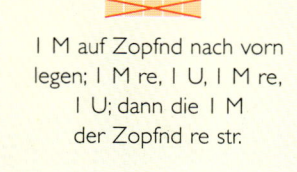

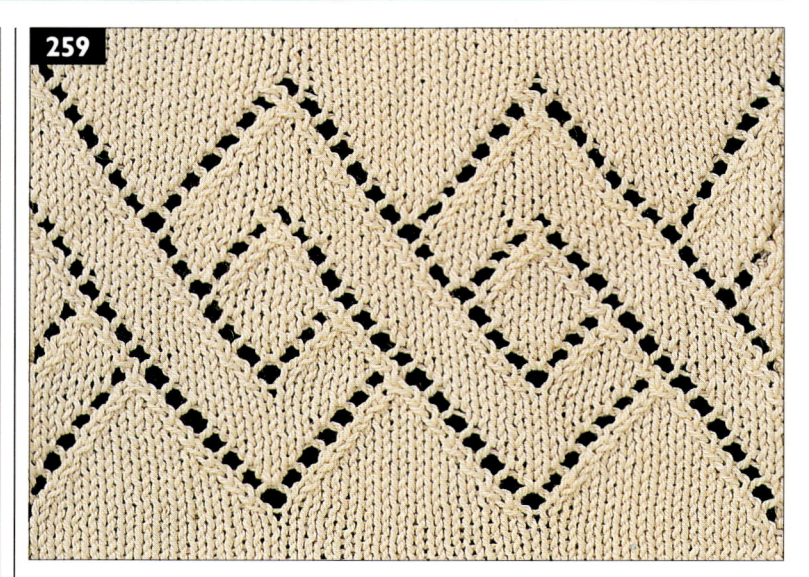

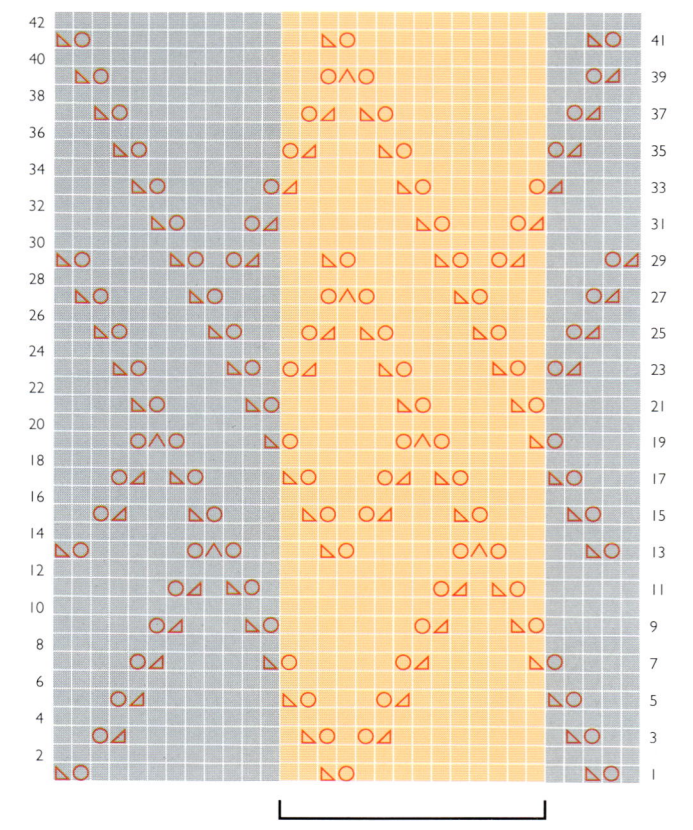

1 M auf Zopfnd nach vorn legen; 1 M re, 1 U, 1 M re, 1 U; dann die 1 M der Zopfnd re str.

Maschenzahl teilbar durch 14 + 17 M.

260

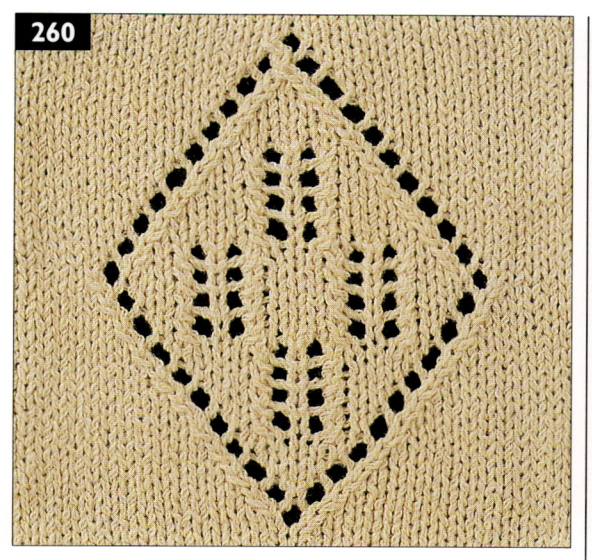

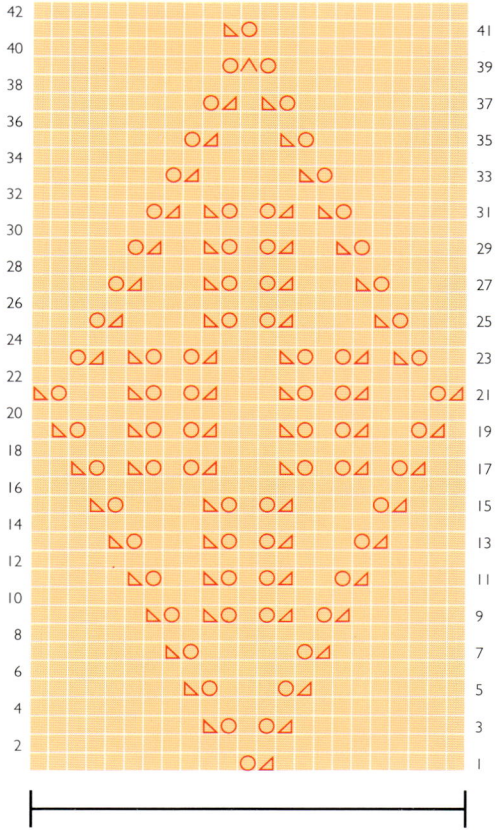

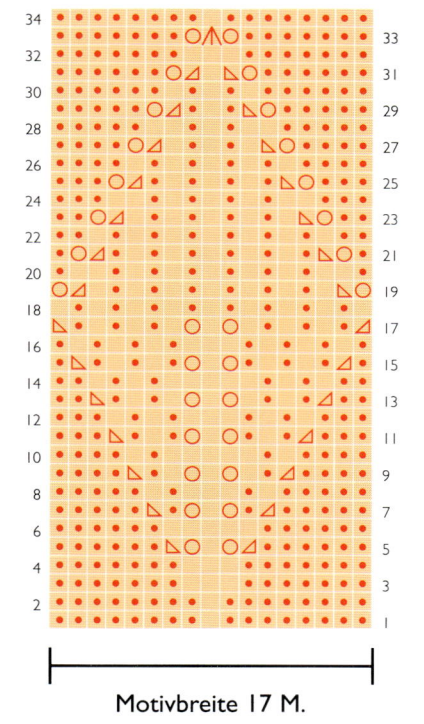

261

Motivbreite 23 M.

Motivbreite 17 M.

LOCH- UND NOPPENMUSTER

LOCH- UND NOPPENMUSTER

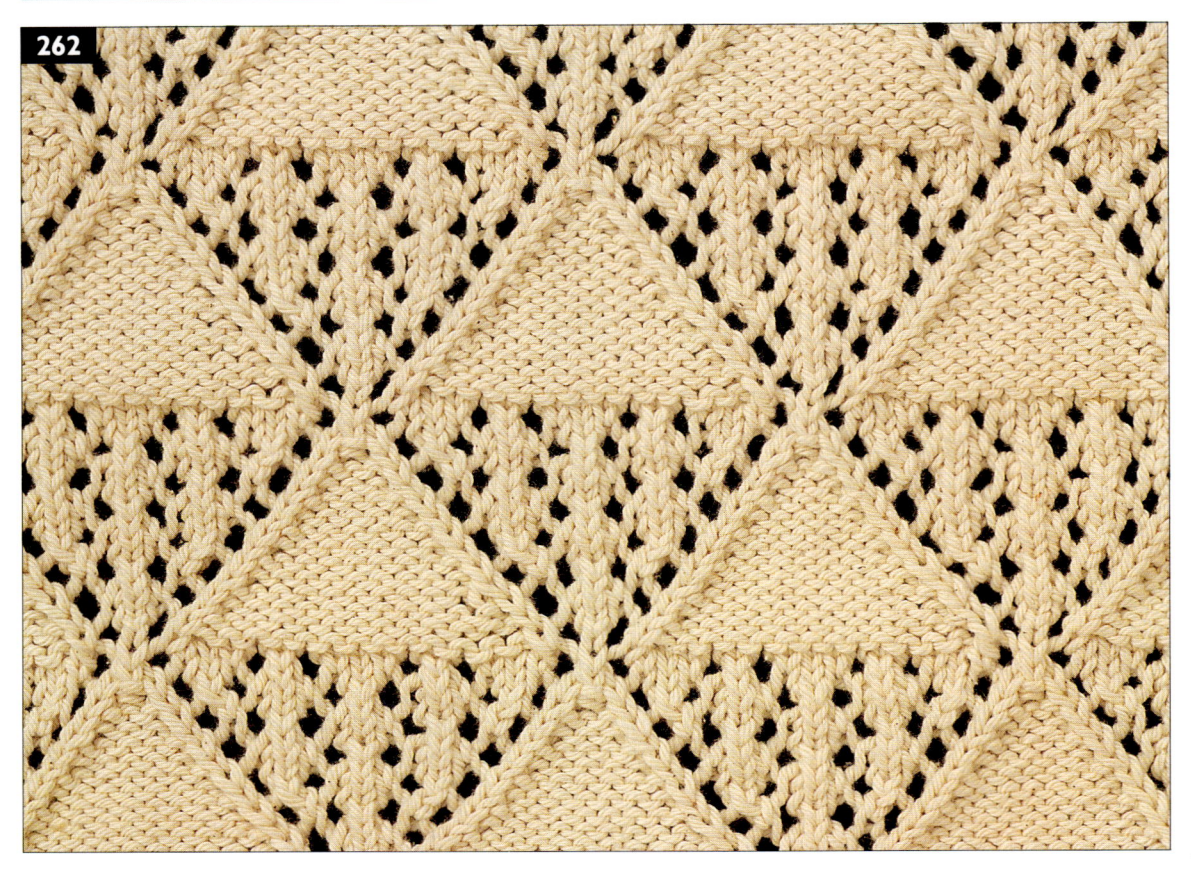

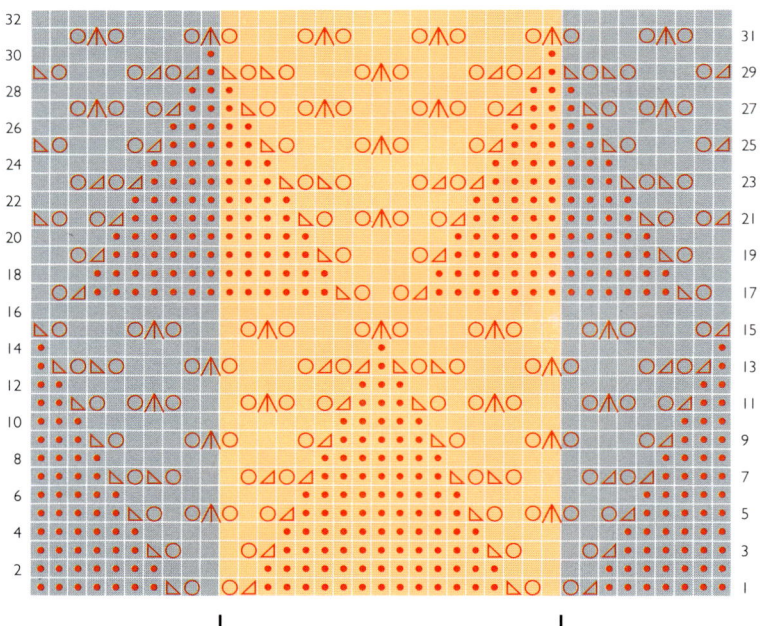

262

Maschenzahl teilbar durch 18 + 19 M.

263

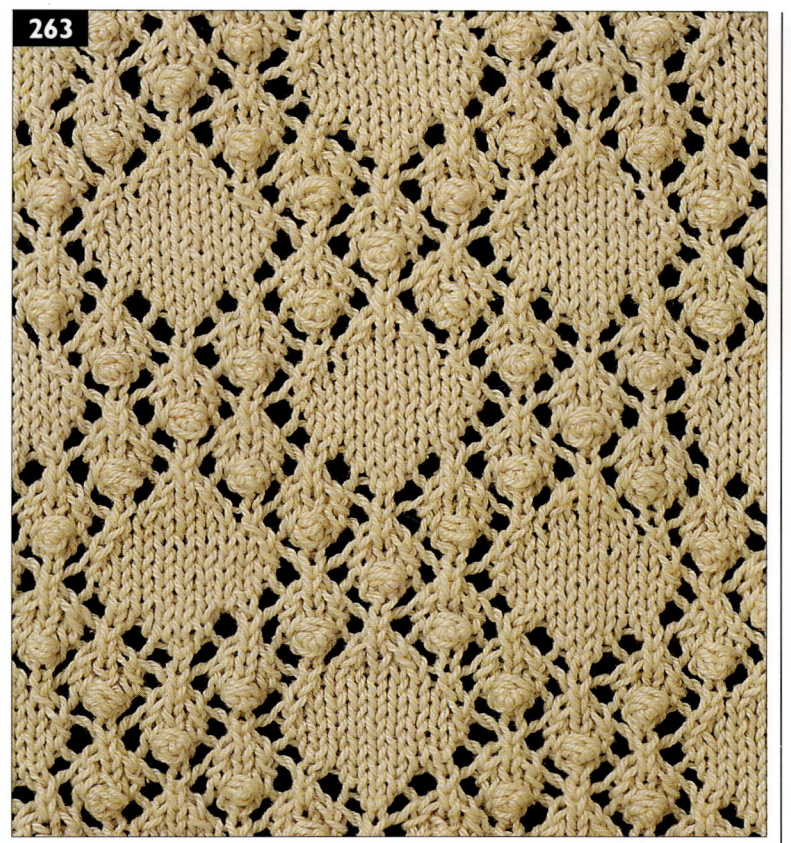

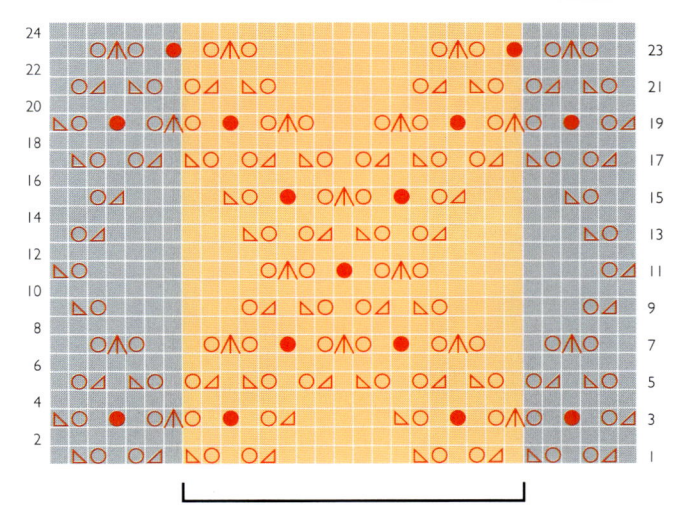

264

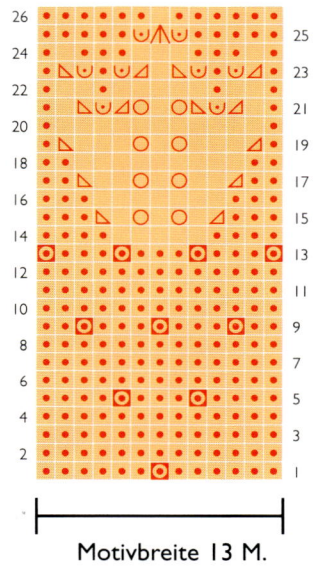

Motivbreite 13 M.

Maschenzahl teilbar durch 18 + 13 M.

LOCH- UND NOPPENMUSTER

265

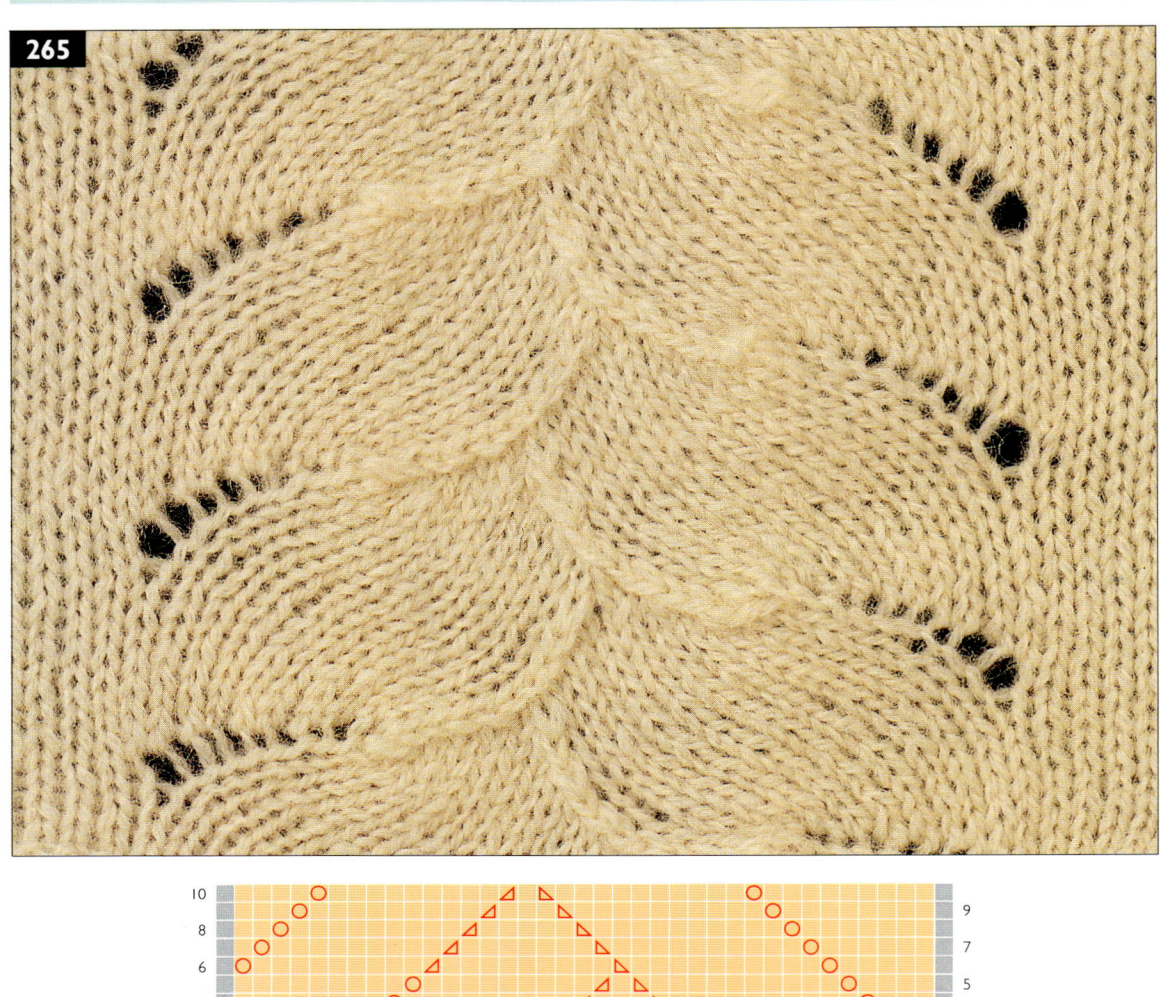

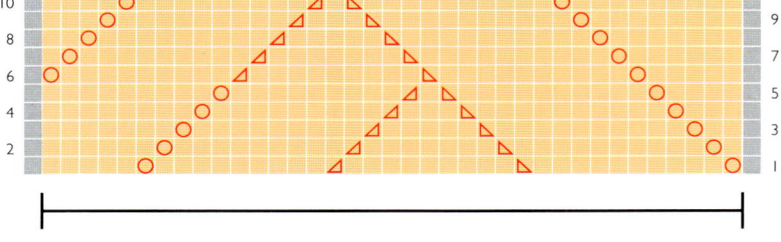

Bordürenbreite 37 M.

266

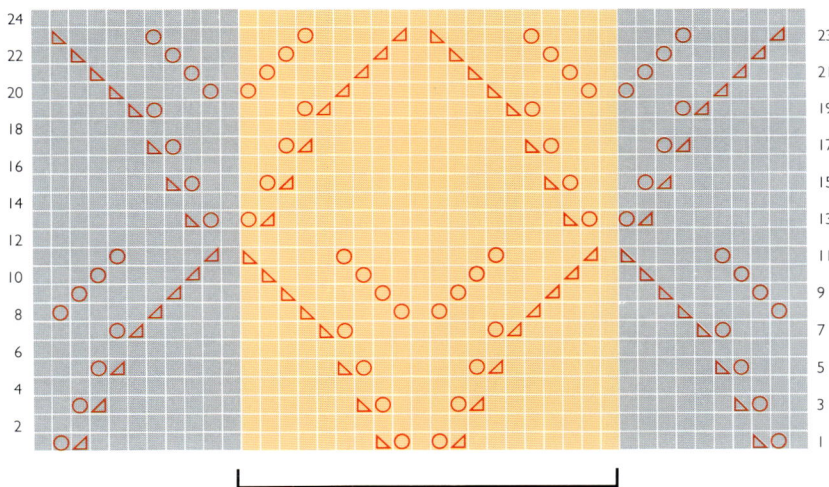

Maschenzahl teilbar durch 20 + 21 M.

LOCH- UND NOPPENMUSTER

267

Maschenzahl teilbar durch 18 + 5 M.

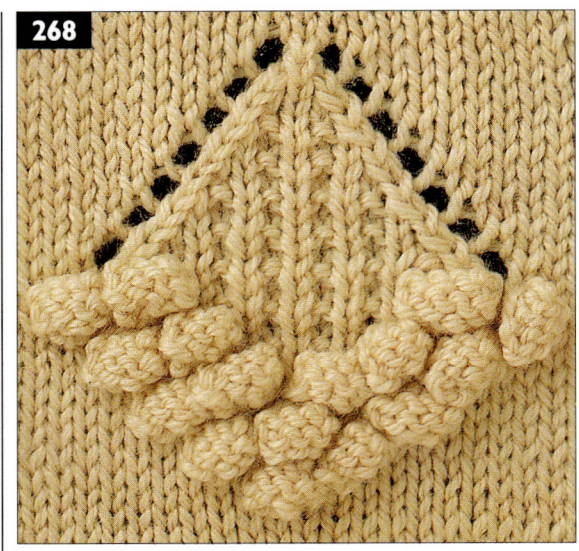

268

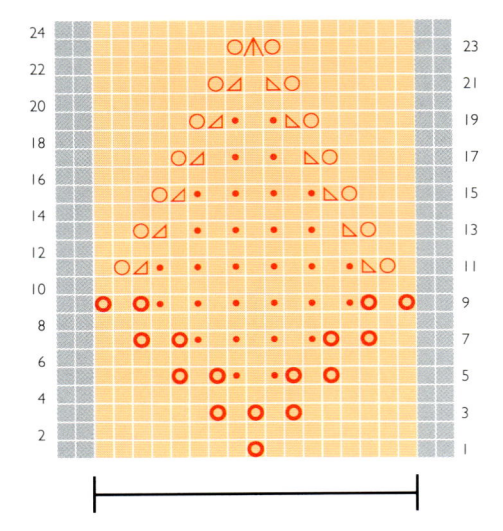

Motivbreite 17 M.

269

270

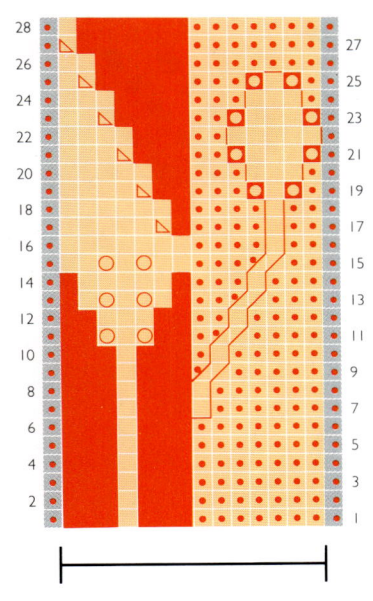

Motivbreite 8 M.

Bordürenbreite 26 M.

LOCH- UND NOPPENMUSTER

LOCH- UND NOPPENMUSTER

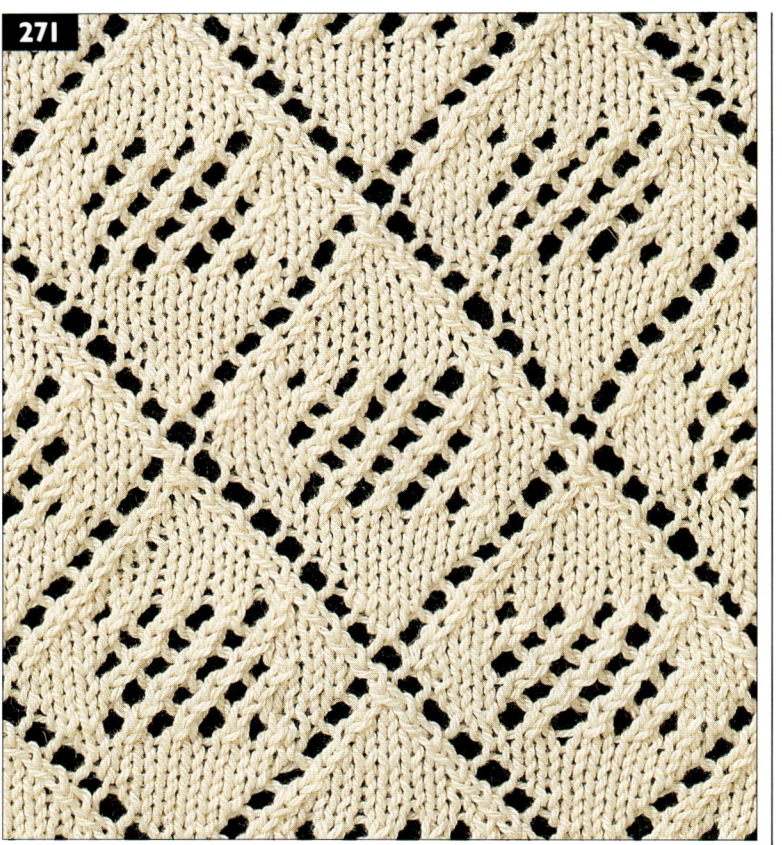

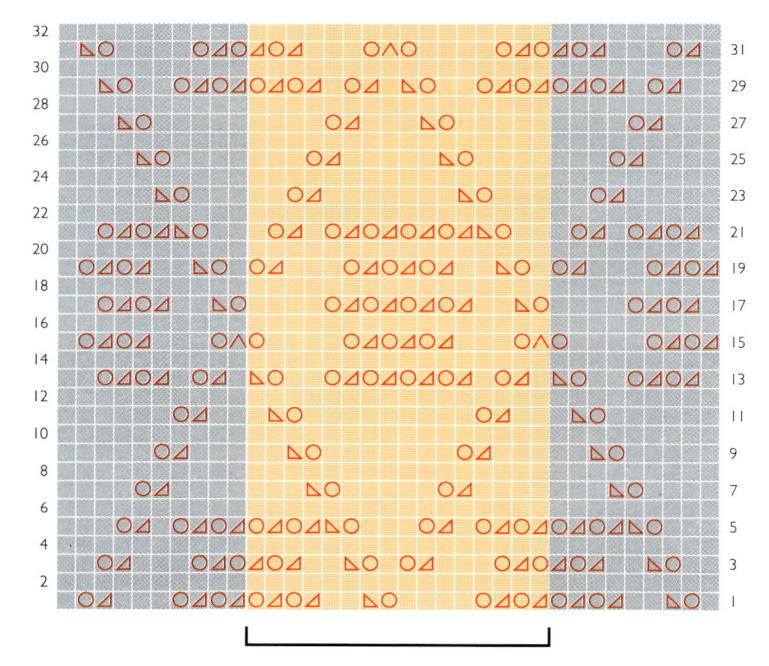

271

272

Maschenzahl teilbar durch 16 + 19 M.

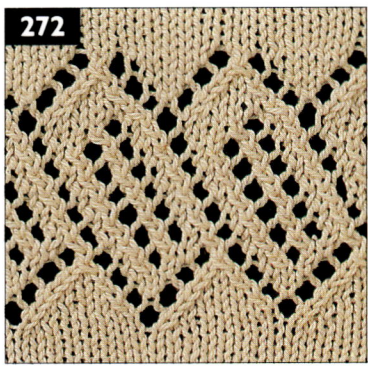

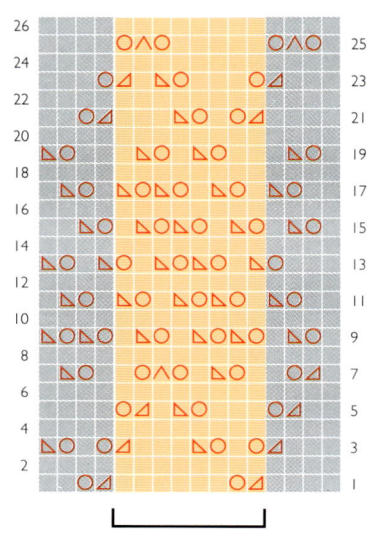

Maschenzahl teilbar durch 8 + 8 M.

273

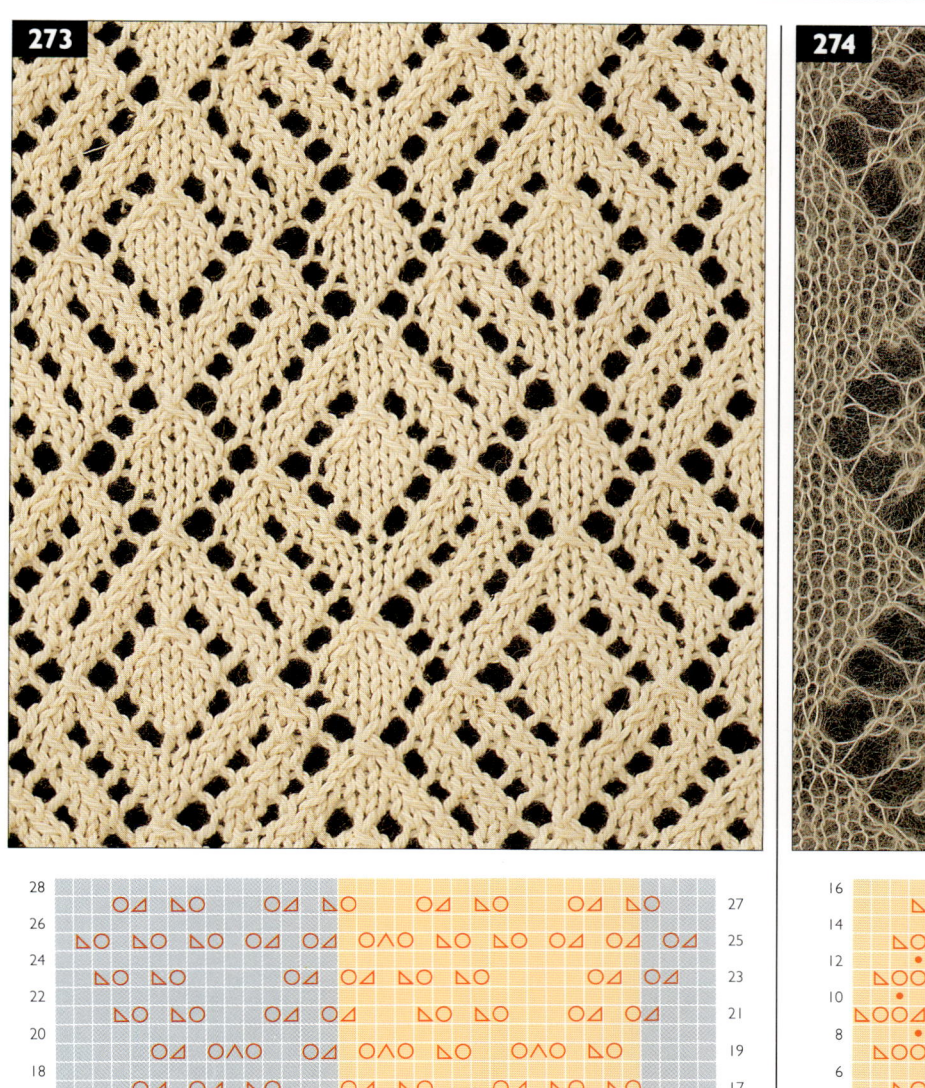

274

LOCH- UND NOPPENMUSTER

Maschenzahl teilbar durch 16 + 19 M.

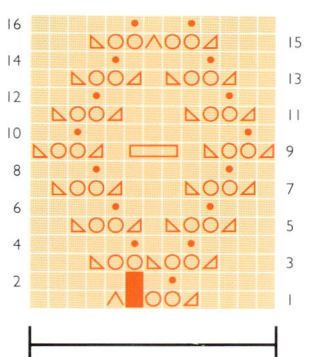

Bordürenbreite 13 M.

LOCH- UND NOPPENMUSTER

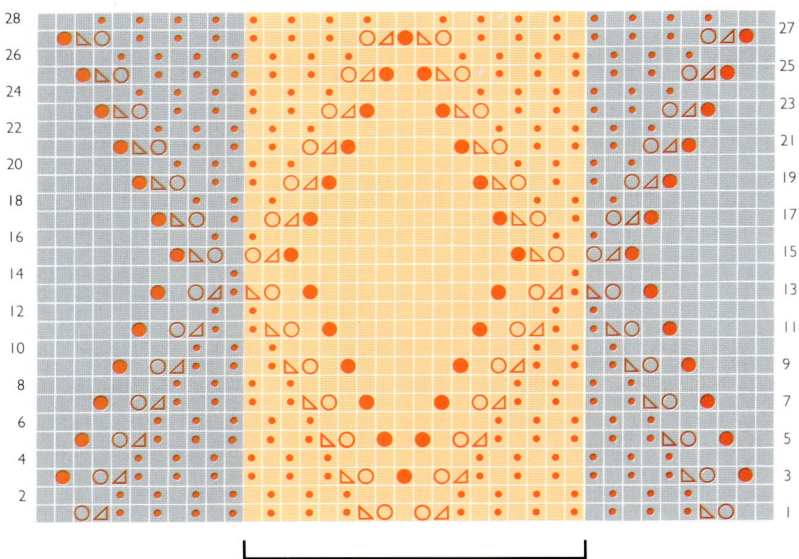

275

Maschenzahl teilbar durch 18 + 21 M.

162

276

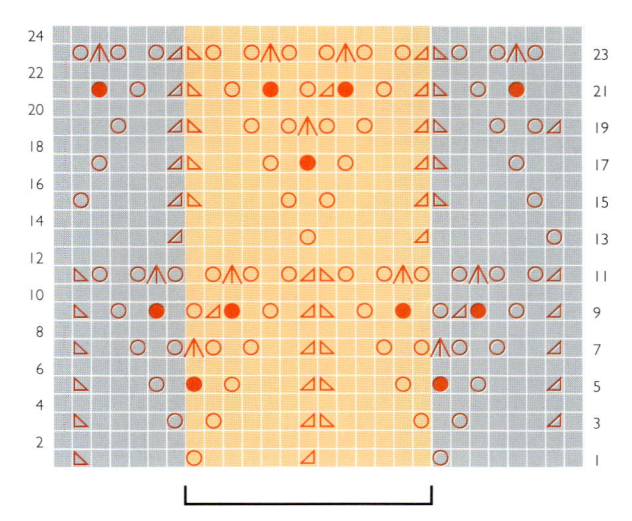

277

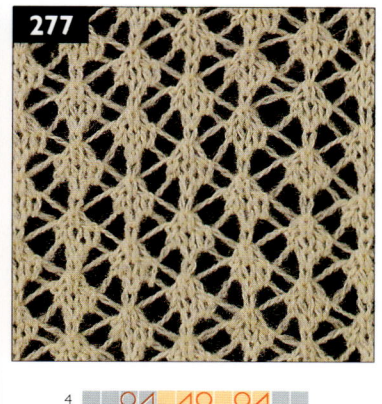

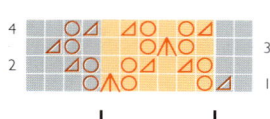

Maschenzahl teilbar durch 6 + 6 M.

Maschenzahl teilbar durch 13 + 15 M.

LOCH- UND NOPPENMUSTER

LOCH- UND NOPPENMUSTER

278

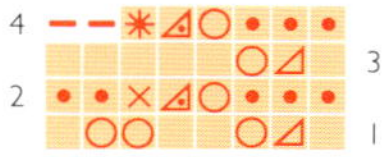

6 M anschlagen.

279

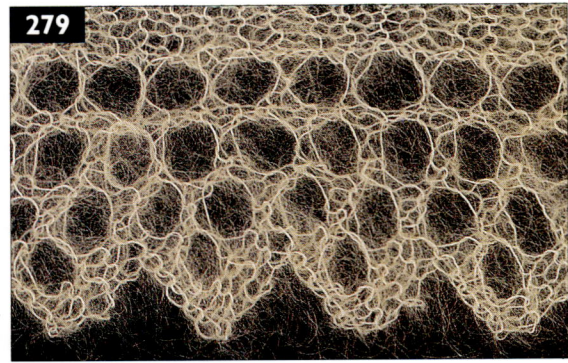

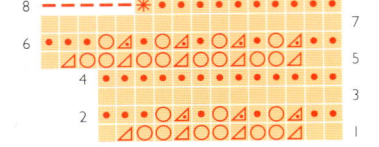

11 M anschlagen.

280

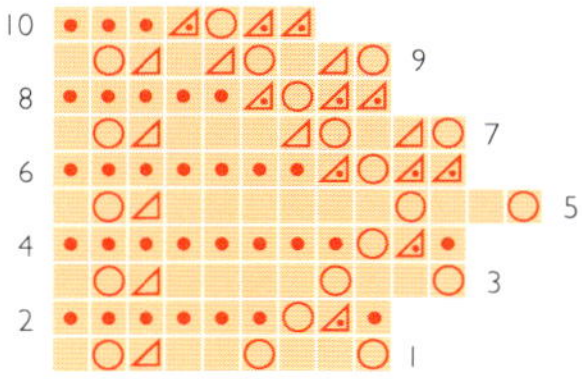

7 M anschlagen.

281

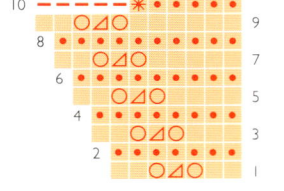

6 M anschlagen.

282

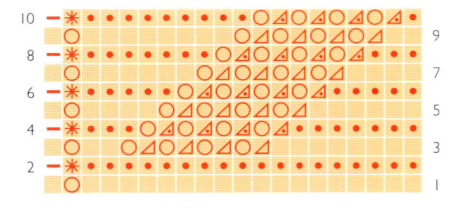

19 M anschlagen.

283

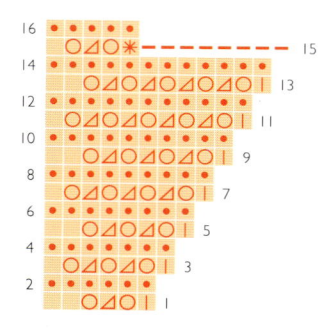

5 M anschlagen.

284

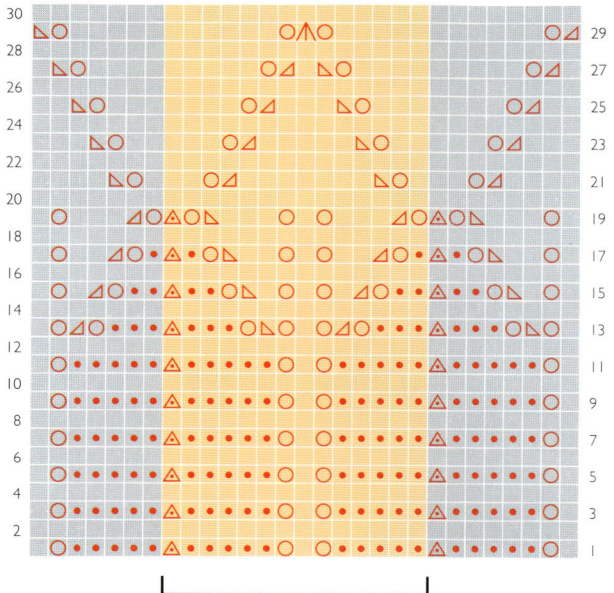

Maschenzahl teilbar durch 14 + 15 M.

LOCH- UND NOPPENMUSTER

165

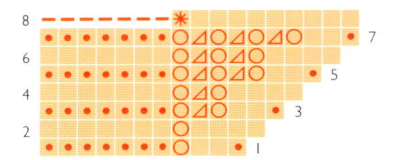

LOCH- UND NOPPENMUSTER

285

10 M anschlagen.

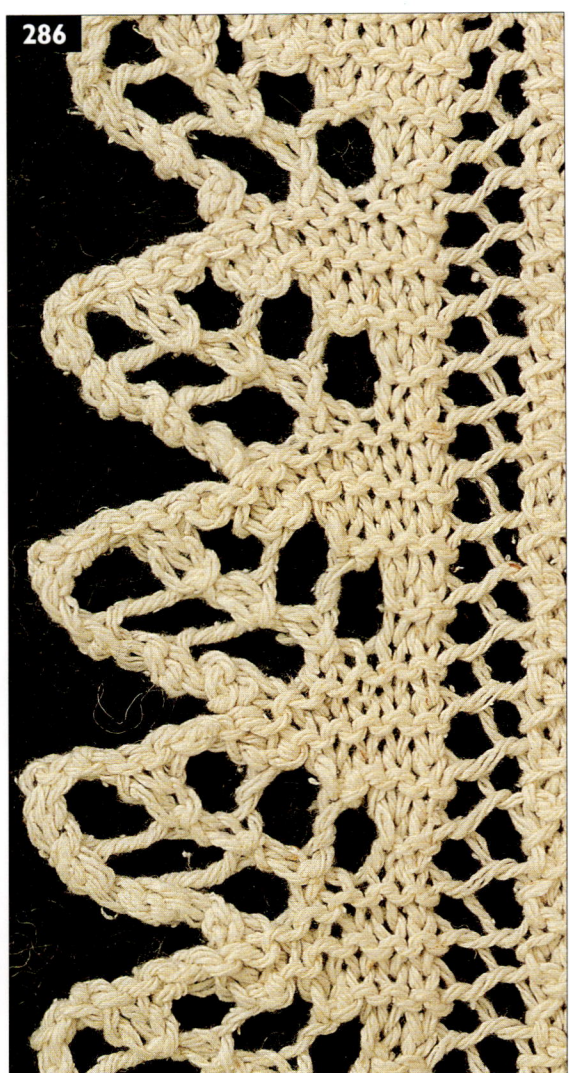

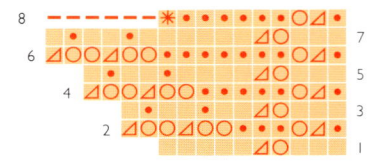

286

10 M anschlagen.

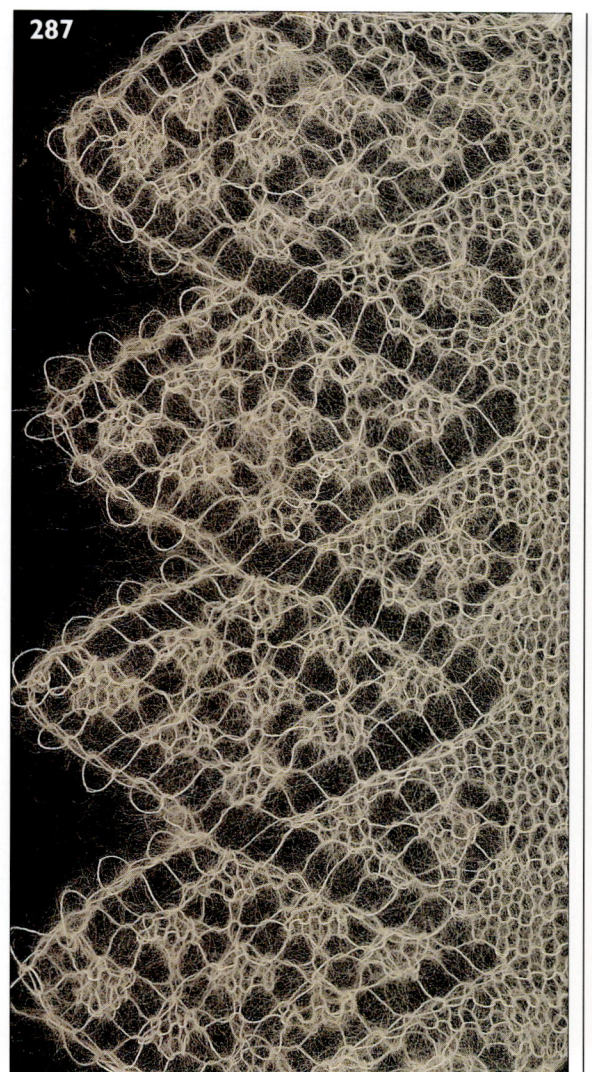

287

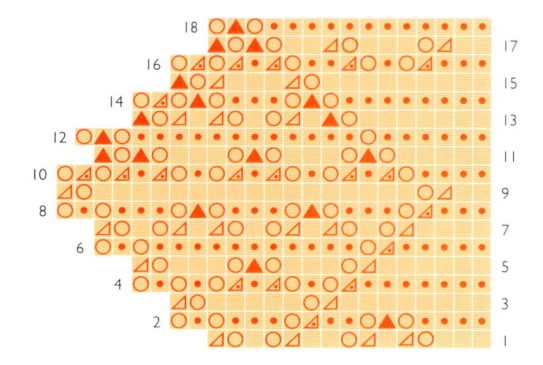

15 M anschlagen.

288

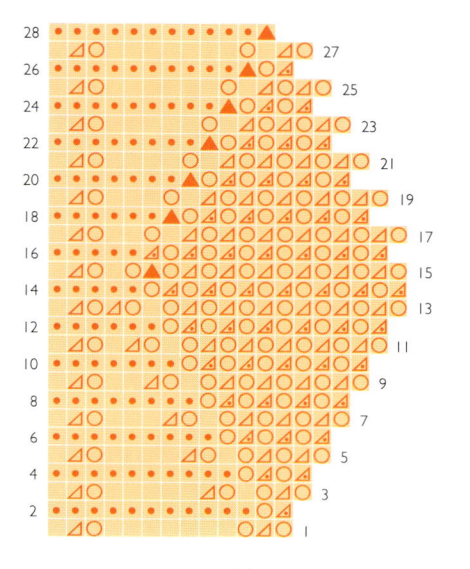

12 M anschlagen.

LOCH- UND NOPPENMUSTER

167

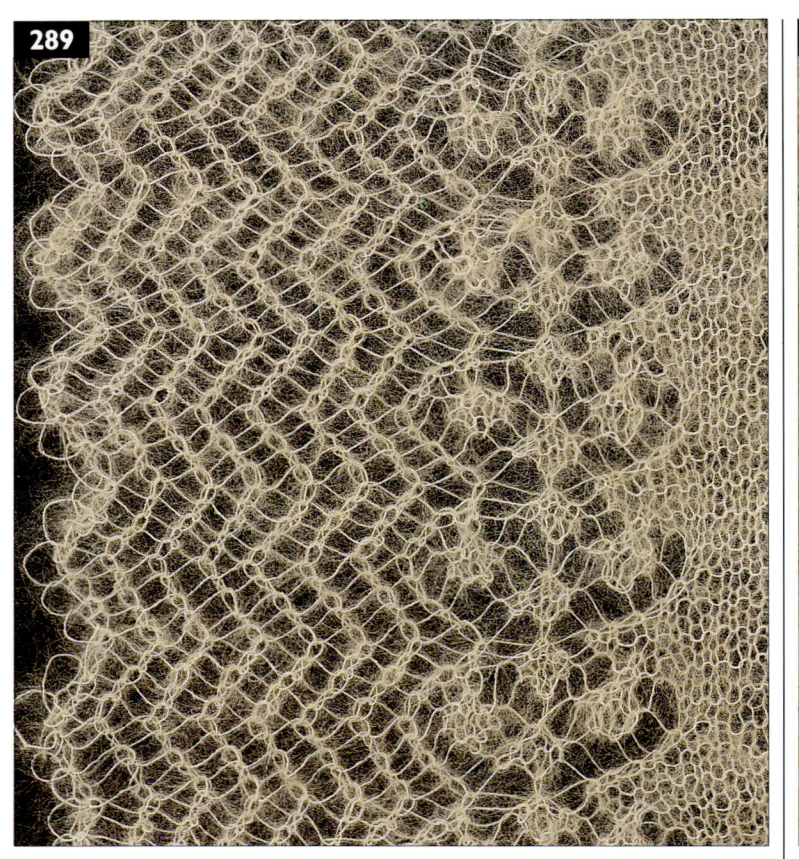

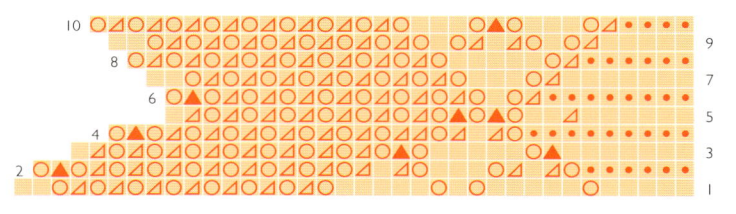

LOCH- UND NOPPENMUSTER

289

32 M anschlagen.

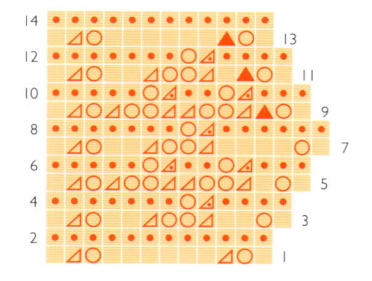

290

12 M anschlagen.

291

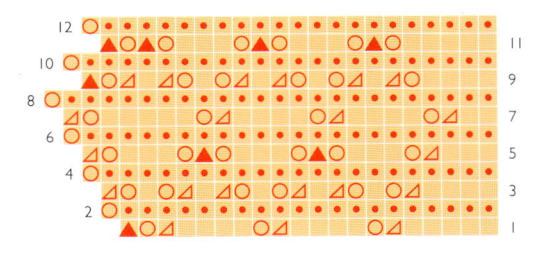

22 M anschlagen.

292

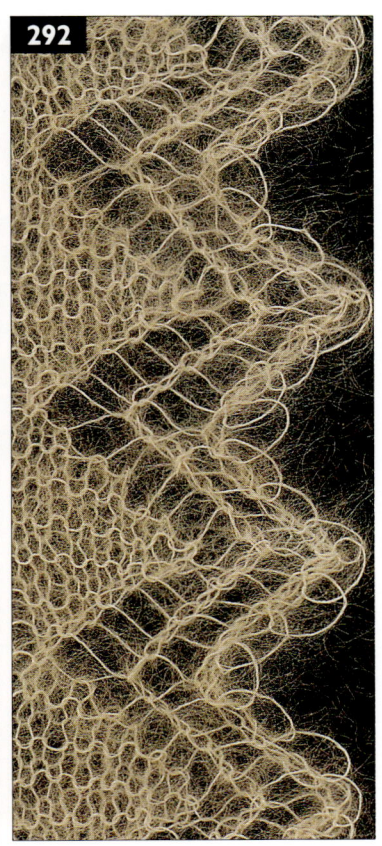

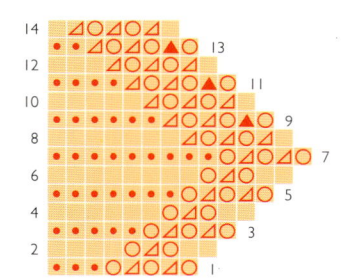

7 M anschlagen.

LOCH- UND NOPPENMUSTER

169

LOCH- UND NOPPENMUSTER

293

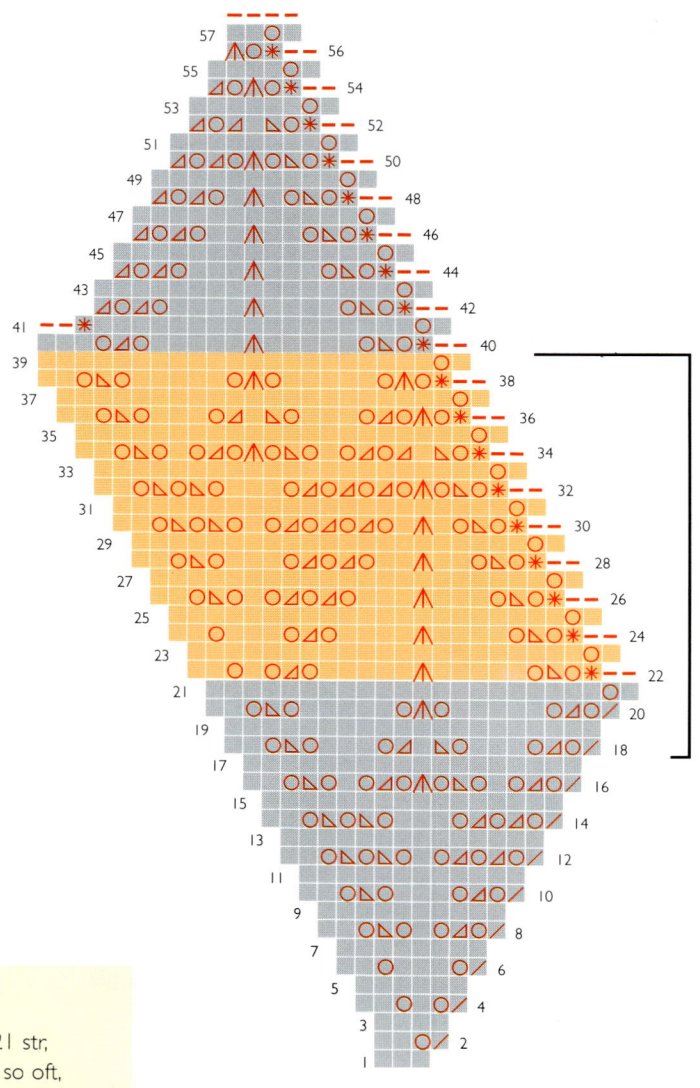

Zuerst R 1 bis 21 str, dann R 22 bis 39 so oft, bis die gewünschte Länge erreicht ist, schließlich R 40 bis 57; restliche 4 M abketten.

3 M anschlagen.

170

LOCH- UND NOPPENMUSTER

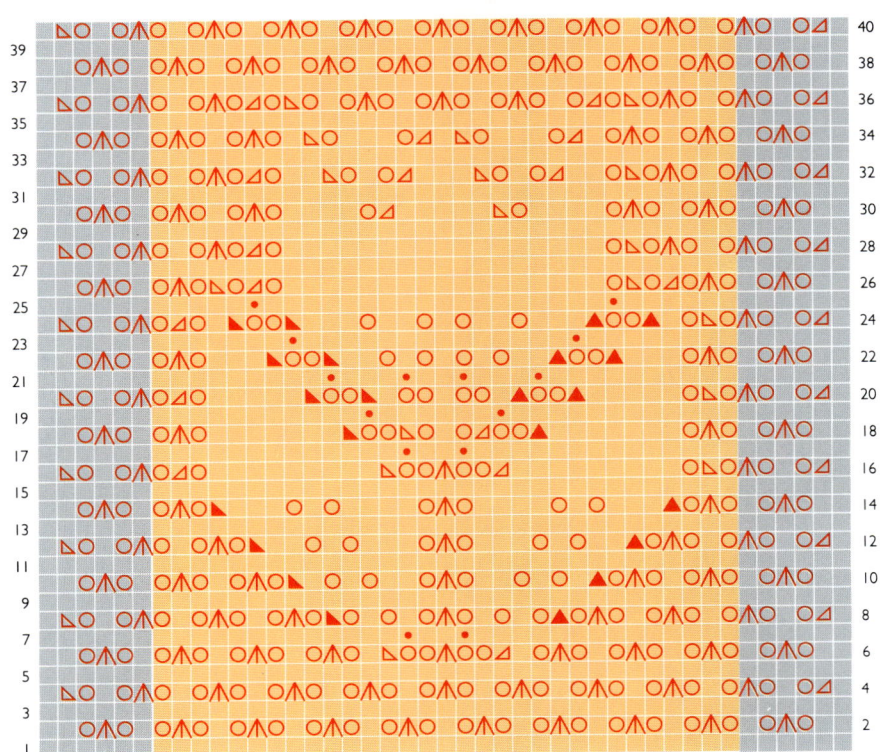

294

Motivbreite 31 M.

LOCH- UND NOPPENMUSTER

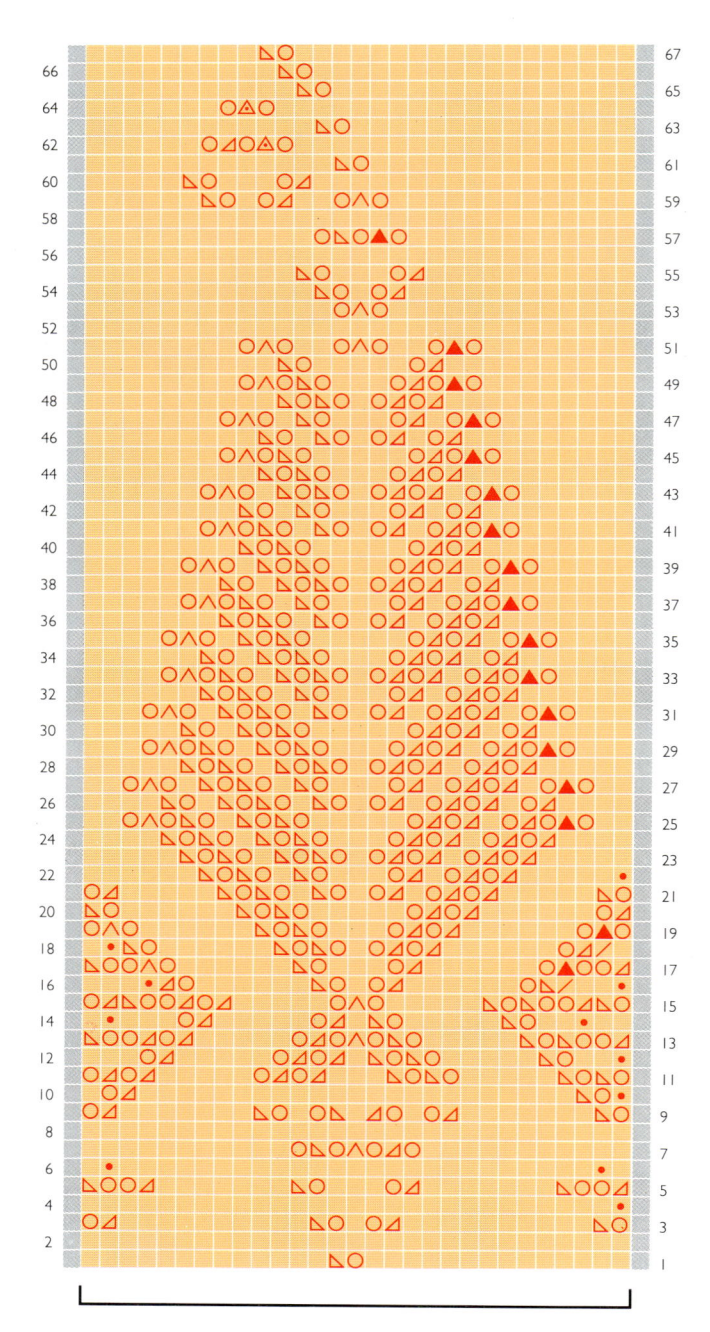

Maschenzahl teilbar durch 29 + 2 M.

295

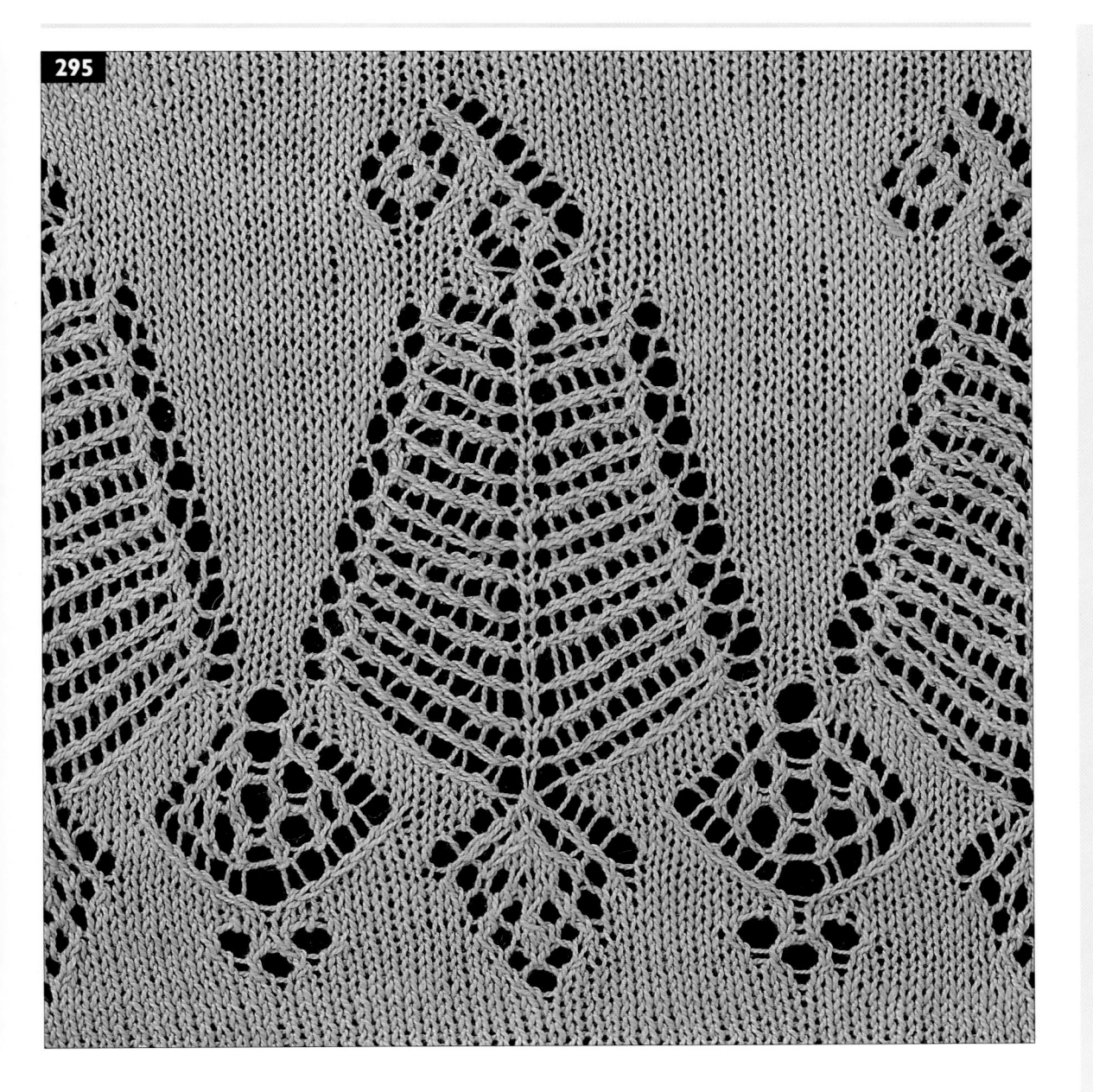

LOCH- UND NOPPENMUSTER

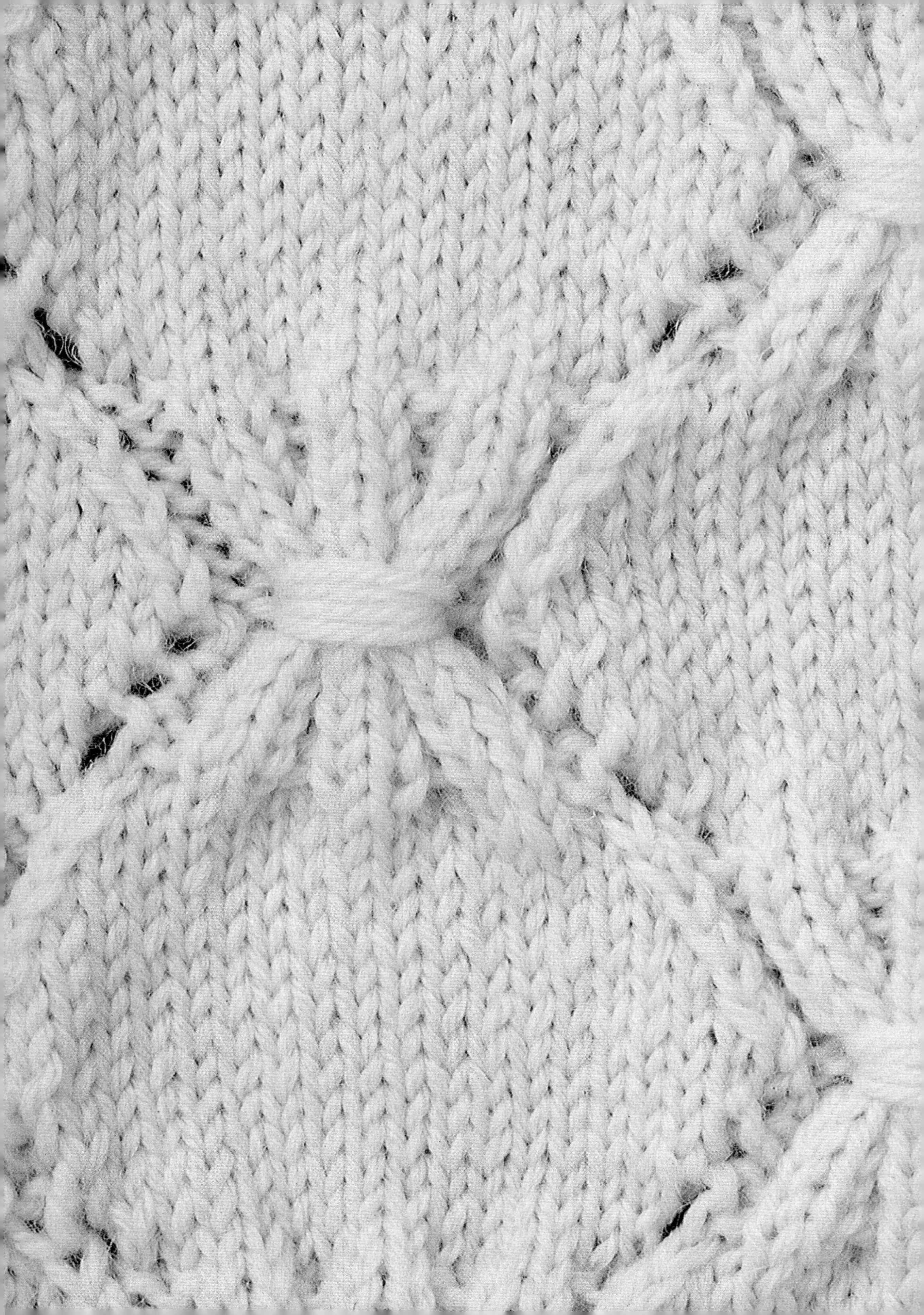

Muster aus verkreuzten Maschen

Muster aus verkreuzten Maschen – dazu wird die zweite vor der ersten Masche gestrickt – haben einen ähnlichen plastischen Effekt wie Zöpfe aus Einzelmaschen. Der Vorteil ist jedoch, dass keine Zopfnadel benötigt wird und dass so größere Partien recht einfach mit Maschenkreuzungen gestrickt werden können, was mit Zopfnadeln zu mühsam wäre. Obwohl verkreuzte Maschen nicht so deutlich hervortreten wie richtige Zöpfe, wird die Fläche dennnoch durch feine erhabene Linien belebt. Modelle mit verschränkten Maschen ziehen sich aber auch in der Breite zusammen. Dies kann durch Zunahmen unterhalb und Abnahmen oberhalb der Musterbereiche oder durch ein Lochmuster ausgeglichen werden.

Eine andere Technik für eine gezielte Erhöhung der Strickoberfläche ist die mehrfache Zu- und Abnahme von Maschen. Plastische Formen wie Blätter, Obst und andere bildhafte Motive können so ganz ohne Farbe »gemalt« werden.

MUSTER AUS VERKREUZTEN MASCHEN

296
Maschenzahl teilbar durch
6 + 3 M.
Das Gestrick ist beidseitig gleich.

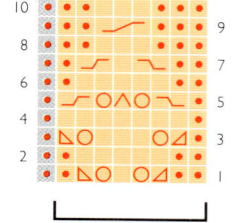

297
Maschenzahl teilbar durch
8 + 1 M.

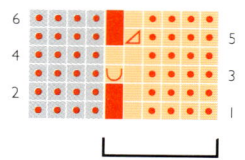

298
Maschenzahl teilbar durch
5 + 4 M.

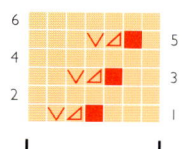

299
Maschenzahl teilbar durch 7.

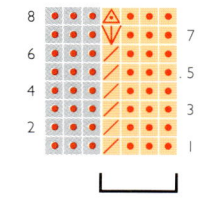

300
Maschenzahl teilbar durch
4 + 3 M.

301
Maschenzahl teilbar durch
8 + 1 M.

302

Maschenzahl teilbar durch
9 + 3 M.

303

Maschenzahl teilbar durch
6 + 2 M.

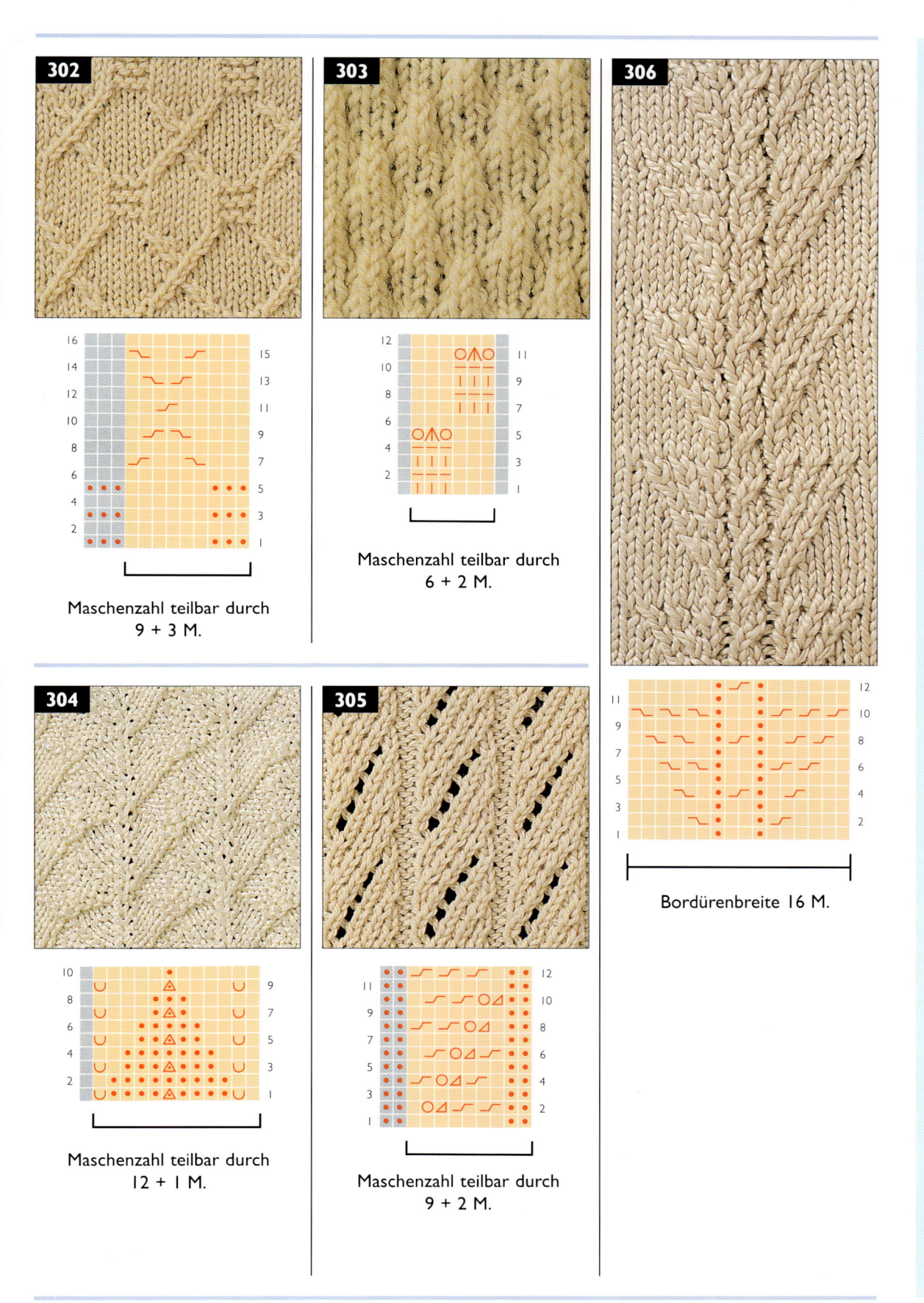

304

Maschenzahl teilbar durch
12 + 1 M.

305

Maschenzahl teilbar durch
9 + 2 M.

306

Bordürenbreite 16 M.

MUSTER AUS VERKREUZTEN MASCHEN

177

MUSTER AUS VERKREUZTEN MASCHEN

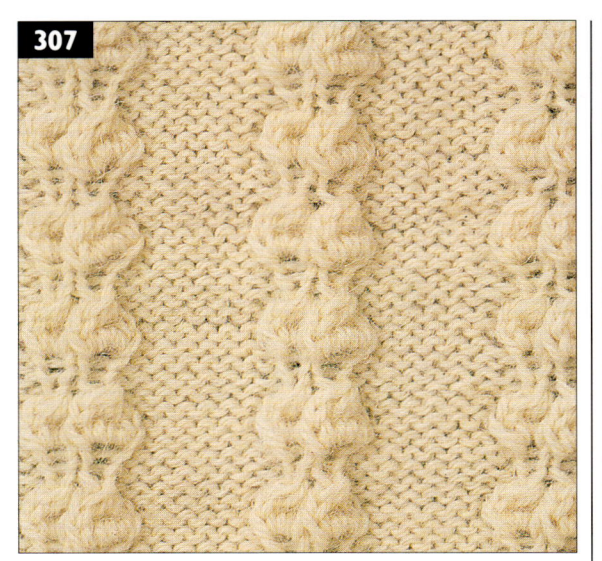

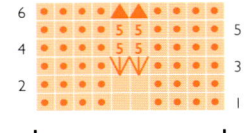

307

Maschenzahl teilbar durch 10.

⋎
5 M aus 1 M herausstr: 1 M re,
1 M li, 1 M re, 1 M li, 1 M re.

5
5 M re in Hinr,
5 M li in Rückr str.

▲
5 M li zusstr.

308

Maschenzahl teilbar durch 12 + 6 M.

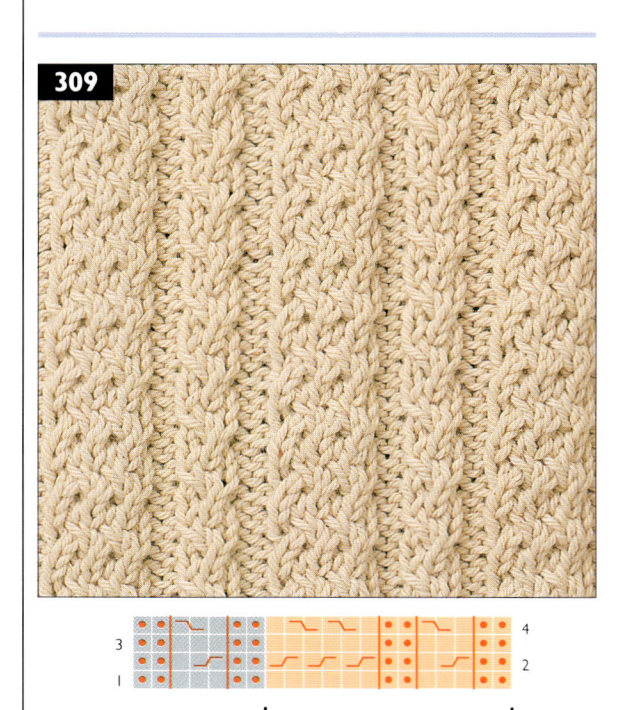

309

Maschenzahl teilbar durch 13 + 7 M.

MUSTER AUS VERKREUZTEN MASCHEN

310

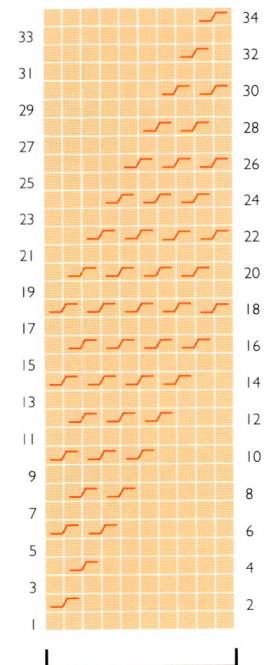

Maschenzahl teilbar durch 10.

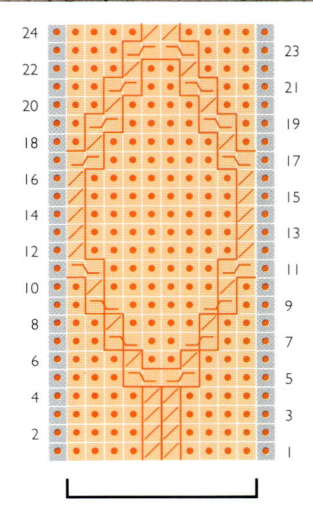

311

Maschenzahl teilbar durch 10 + 2 M.

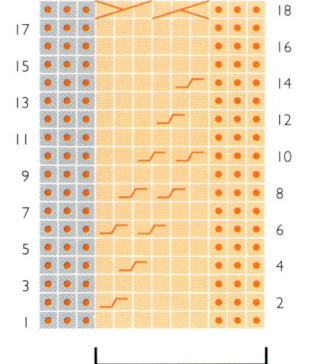

312

Maschenzahl teilbar durch 9 + 3 M.

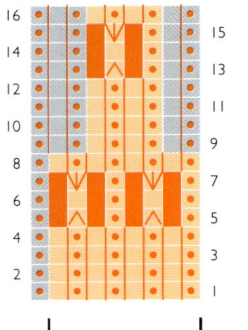

313

Maschenzahl teilbar durch 8 + 1 M. (Bitte beachten: Maschenzahl von R 9 bis 13 teilbar durch 4 + 5 M.)

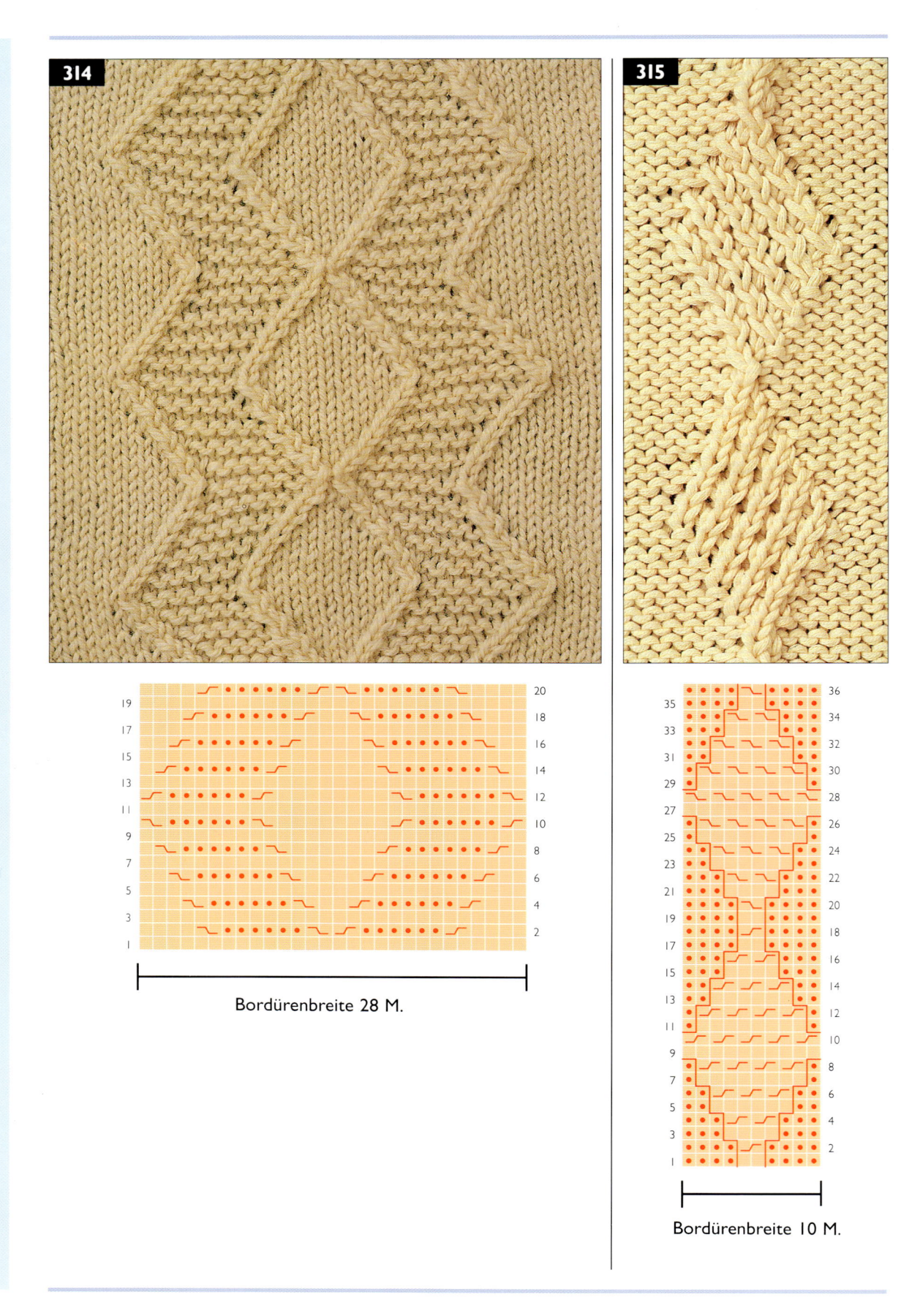

MUSTER AUS VERKREUZTEN MASCHEN

314

315

Bordürenbreite 28 M.

Bordürenbreite 10 M.

316

Maschenzahl teilbar durch 10 + 12 M.

317

Maschenzahl teilbar durch 16 + 8 M.

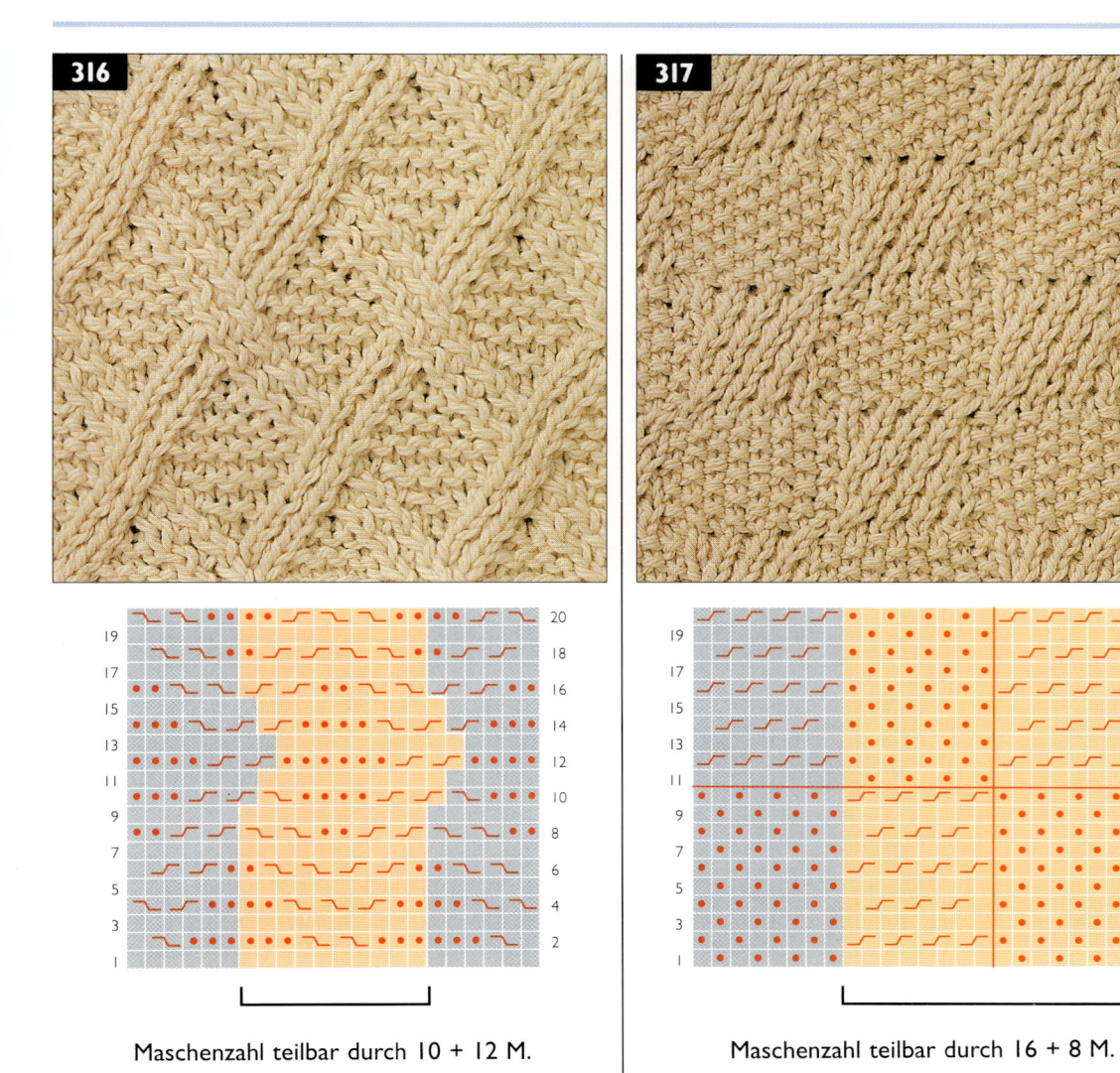

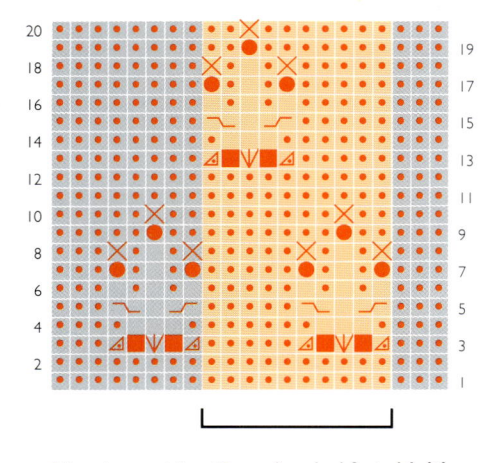

318

Maschenzahl teilbar durch 10 + 11 M.

MUSTER AUS VERKREUZTEN MASCHEN

181

MUSTER AUS VERKREUZTEN MASCHEN

319

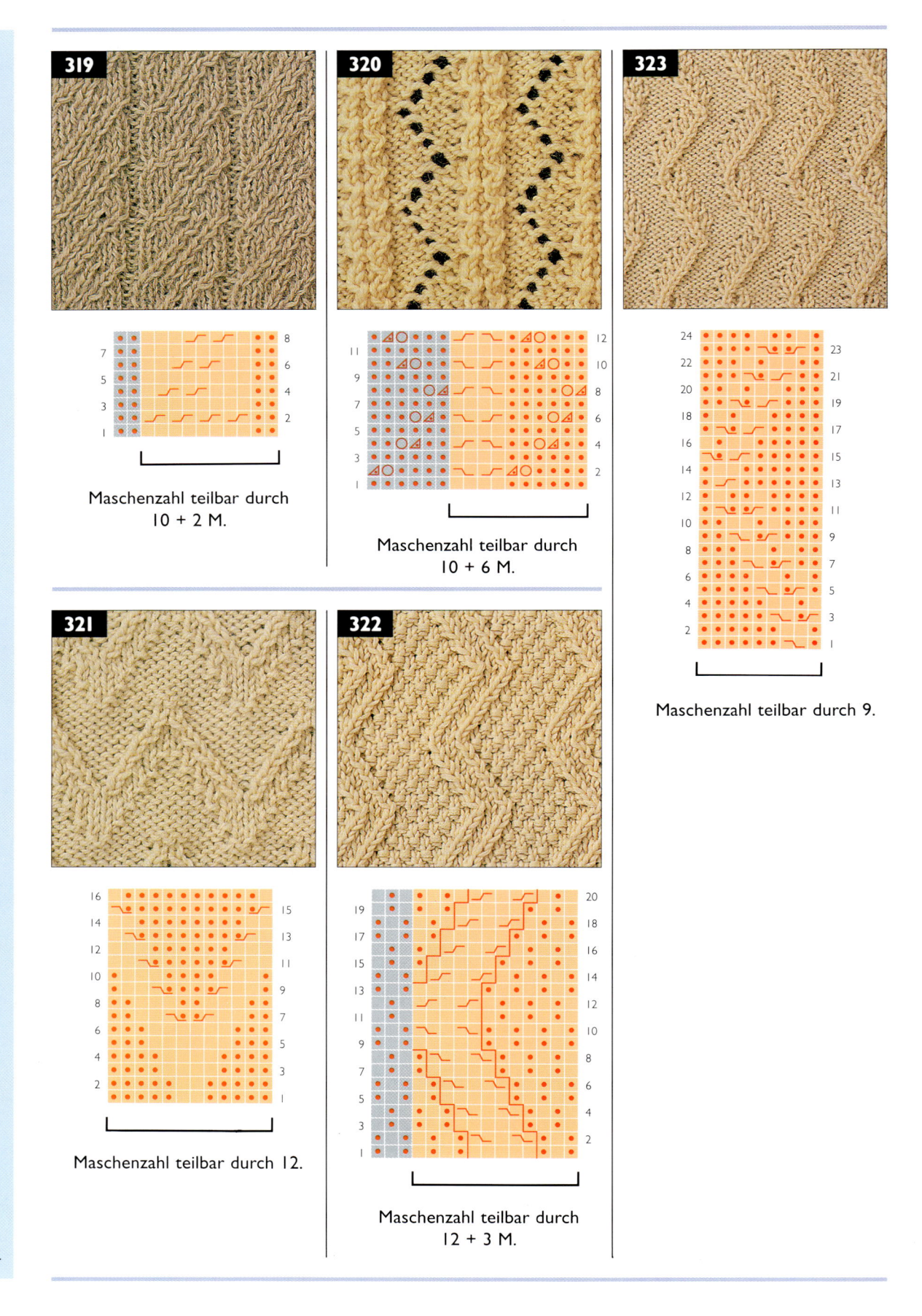

Maschenzahl teilbar durch 10 + 2 M.

320

Maschenzahl teilbar durch 10 + 6 M.

323

Maschenzahl teilbar durch 9.

321

Maschenzahl teilbar durch 12.

322

Maschenzahl teilbar durch 12 + 3 M.

324

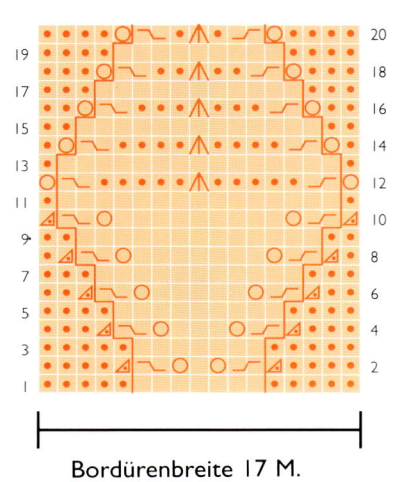

325

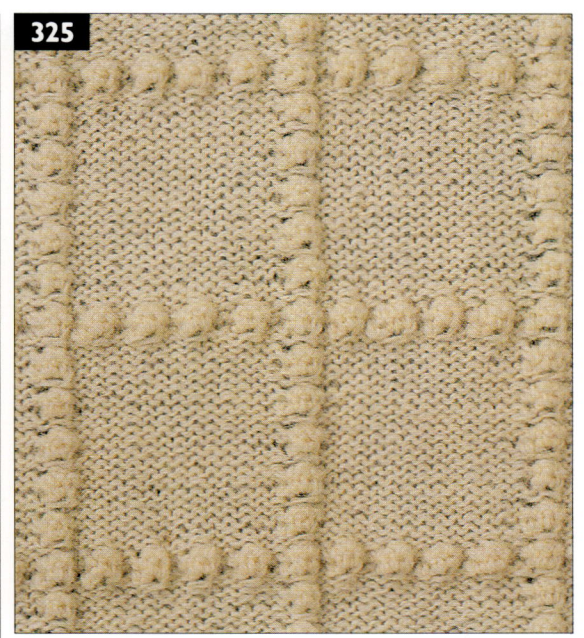

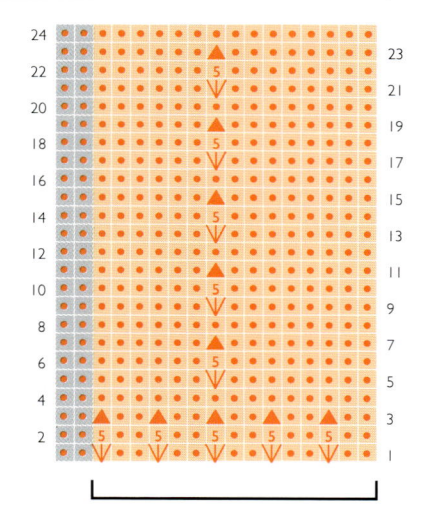

Maschenzahl teilbar durch 15 + 2 M.

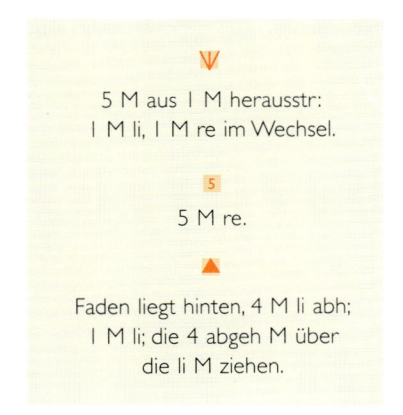

Bordürenbreite 17 M.

▽ 5 M aus 1 M herausstr: 1 M li, 1 M re im Wechsel.

5 — 5 M re.

▲ Faden liegt hinten, 4 M li abh; 1 M li; die 4 abgeh M über die li M ziehen.

MUSTER AUS VERKREUZTEN MASCHEN

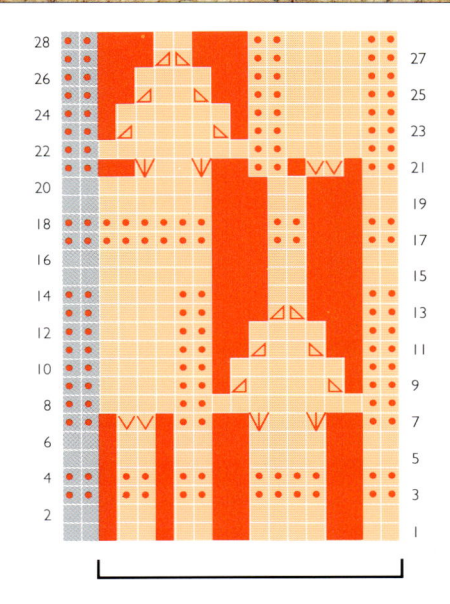

MUSTER AUS VERKREUZTEN MASCHEN

326

327

Maschenzahl teilbar durch 10 + 2 M.

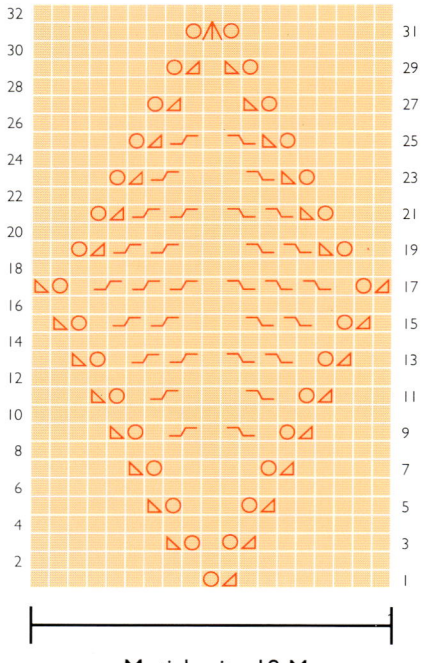

Motivbreite 19 M.

328

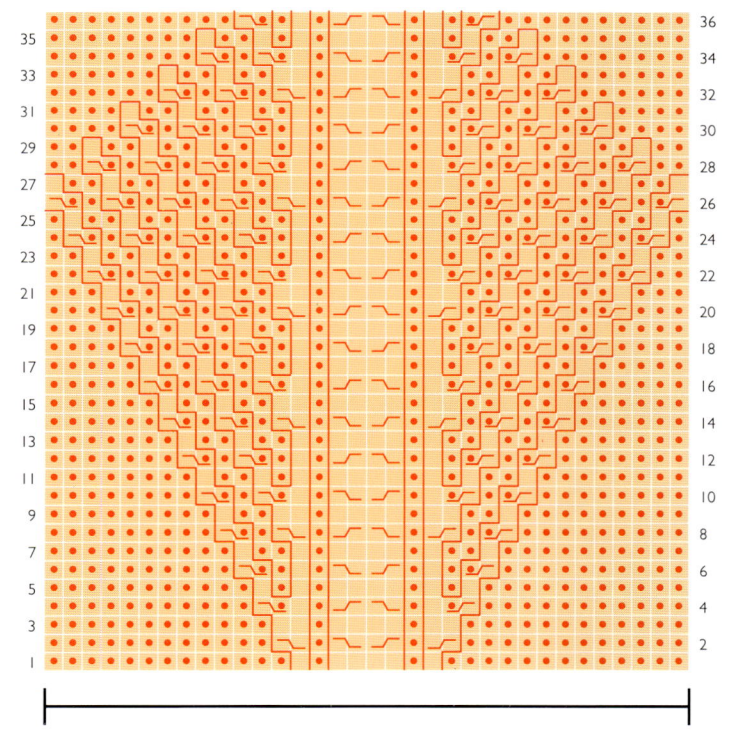

329

Motivbreite 34 M.

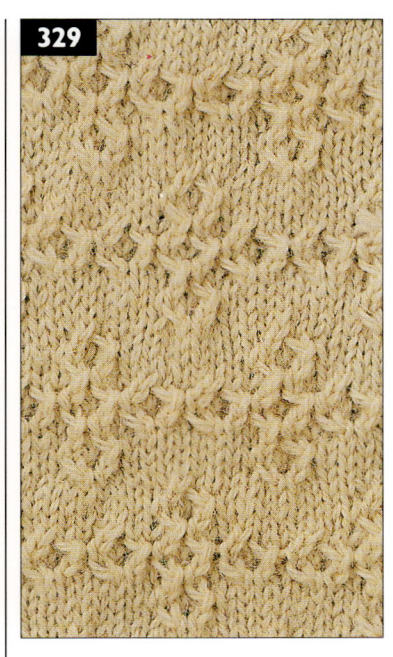

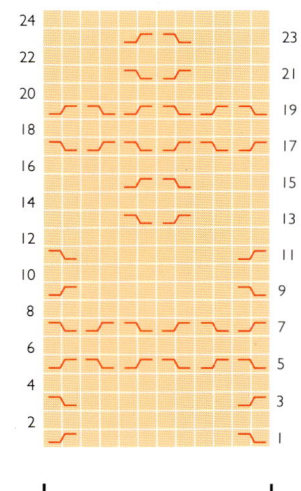

Motivbreite 12 M.

MUSTER AUS VERKREUZTEN MASCHEN

185

MUSTER AUS VERKREUZTEN MASCHEN

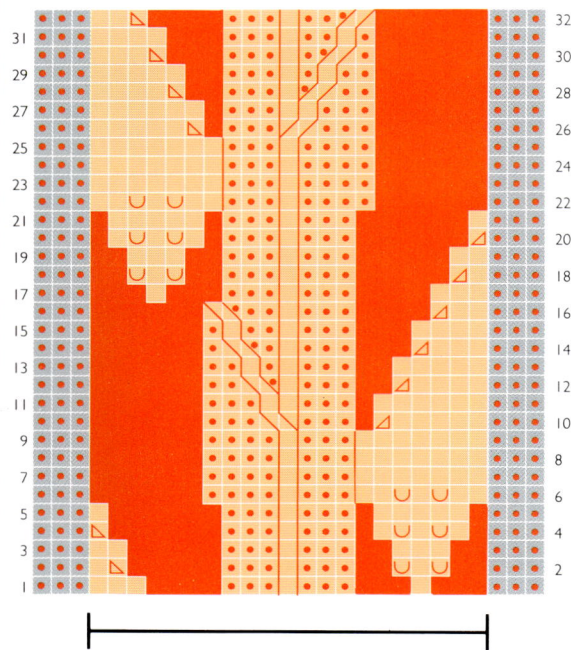

330

Bordürenbreite 11 M.

331

MUSTER AUS VERKREUZTEN MASCHEN

Maschenzahl teilbar durch 28 + 32 M.

MUSTER AUS VERKREUZTEN MASCHEN

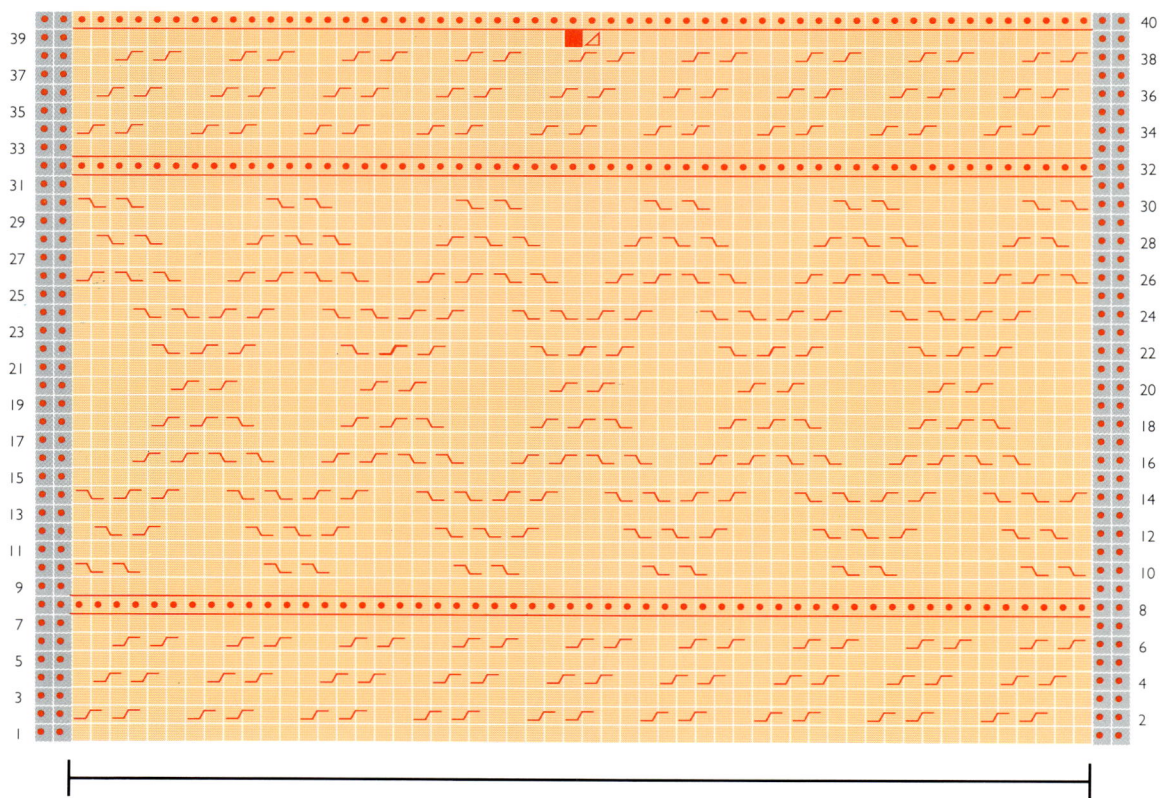

Zuerst nach Strickschrift A stricken,
mit einer Motivbreite von 54 M,
verringert auf 53 M in R 39.
Anschließend nach Strickschrift B weiterarbeiten.
Dieses Motiv beginnt mit einer Breite von 53 M in R 41.
Die Maschenzahl variiert dann,
bis 53 M in R 106 erreicht sind.

332

189

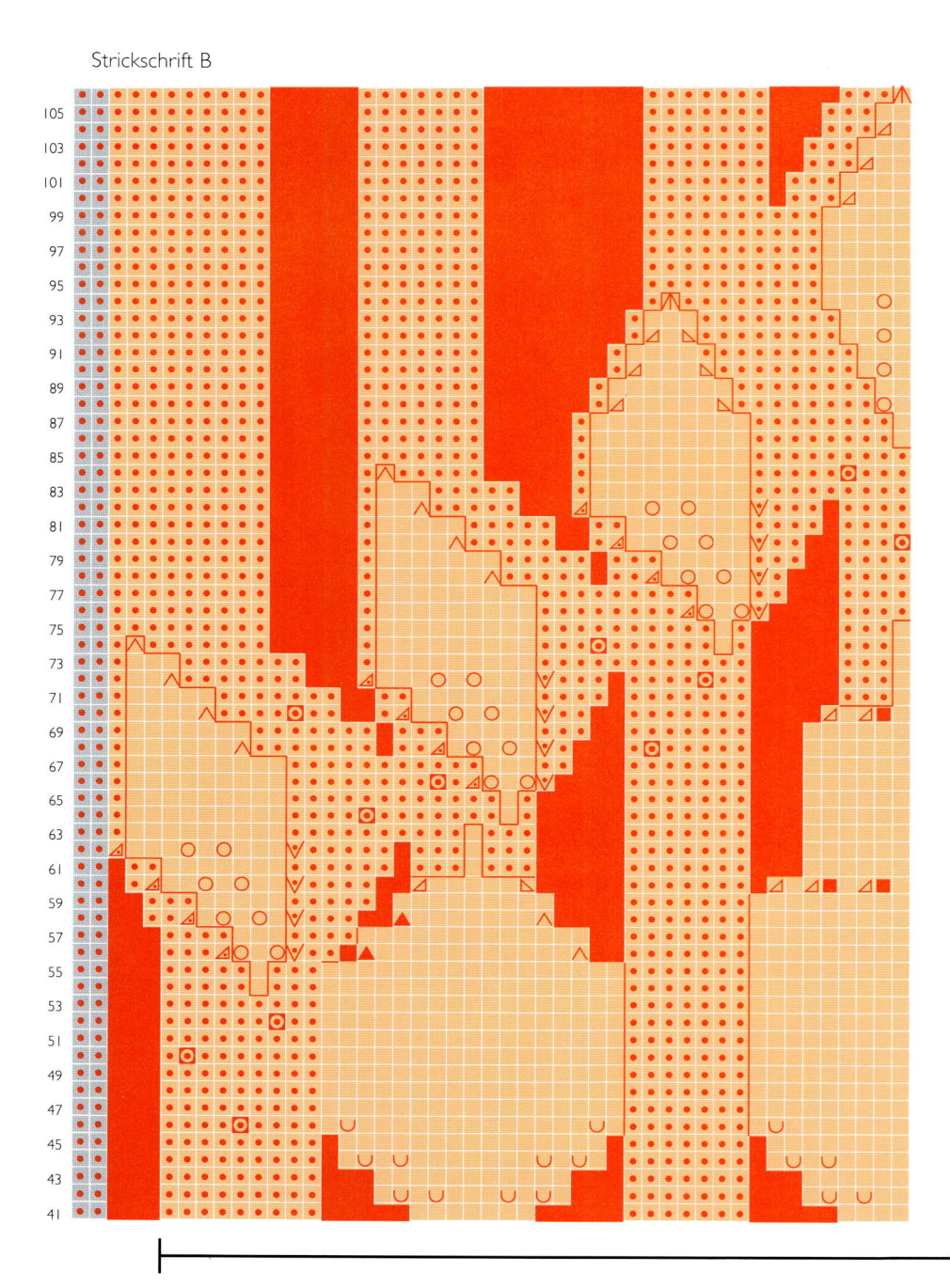

MUSTER AUS VERKREUZTEN MASCHEN

Strickschrift B

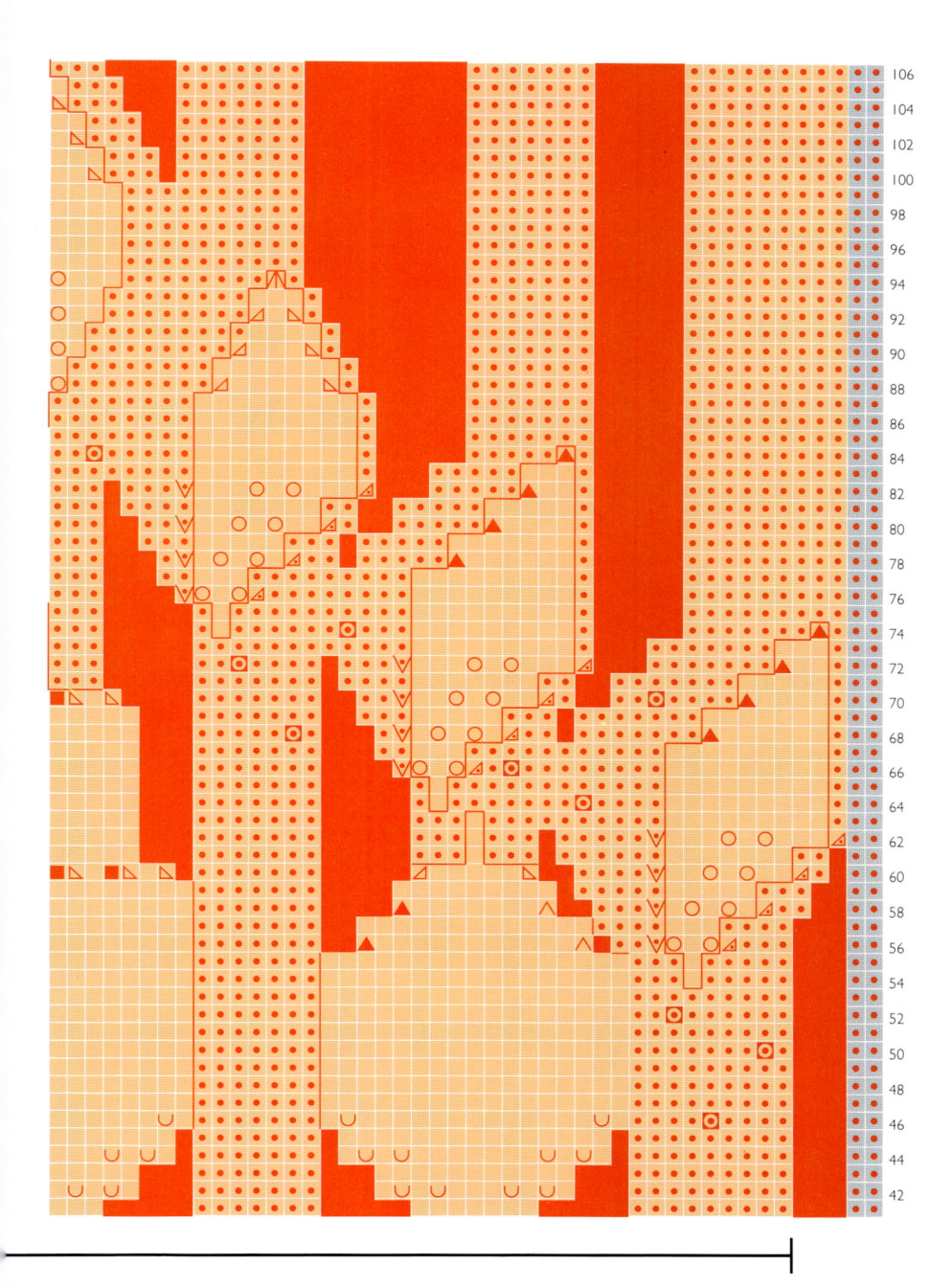

MUSTER AUS VERKREUZTEN MASCHEN

191